편집광만이 살아남는다

지은이 앤드루 S. 그로브 Andrew Stephen "Andy" Grove

인텔을 반도체 제국으로 만든 전설적 CEO. 1936년 헝가리 부다페스트 유대인 중산층 가정에서 태어났다. 1956년 자유를 요구하는 헝가리 혁명을 소련군이 무력으로 진압하자 오스트리아로 탈출했다가 미국으로 이주했다. 주방 보조 등으로 일하면서 학업에 열중해 뉴욕시립대학교 시티칼리지 화학공학과를 수석으로 졸업하고, 캘리포니아대학교 버클리캠퍼스에서 화학공학 박사 학위를 취득했다.

1963년 박사 학위를 마친 후 페어차일드 반도체에 연구원으로 들어가 개발부 차장까지 올랐다. 1968년 인텔이 설립되자 창립자인 고든 무어와 로버트 노이스에 이어 세 번째로 입사해 엔지니어링 이사로 일했다. 1979년에 사장, 1987년에 CEO로 취임했으며, 1997년부터는 CEO와 회장을 겸임했다. 1987년부터 1998년까지 CEO로 재직하는 동안 인텔을 세계 초일류 기업으로 성장시키는 혁혁한 성과를 거두었다. 인텔의 사업 방향을 전면 수정하는 경영 혁신, 철저한 관리와 끊임없는 실험, 거리낌 없는 논쟁 등 조직 관리와 기업 문화 혁신을 실현했다. 특히 구글, 아마존 등의 성공에 토대가 된 경영 방법론인 OKR(목표와 핵심 결과)의 창시자로 유명하다. 이런 경영 전략과 리더십 덕분에 인텔은 메모리 회사에서 세계적인 마이크로프로세서 기업으로 탈바꿈했다. CEO 재임 기간 동안 인텔의 연간 매출액은 19억 달러에서 260억 달러로, 시가 총액은 40억 달러에서 1970억 달러로 증가했으며 6만 4000명의 직원을 보유한 세계 7위 기업으로 올라섰다.

이러한 업적에 힘입어 1997년 《타임》 "올해의 인물"을 필두로 《Chief Executive》 "올해의 CEO", 《인더스트리위크》 "올해의 테크놀로지 리더"에 선정되었다. 이 밖에 프랭클린연구소 메달(1975), IEEE(전기전자기술자협회) 공로상(1993), 하인즈재단 하인즈 어워드(1995), IEEE 최고 명예 메달(2000), 전략경영협회 평생공로상(2001) 등을 수상했으며, 2004년에는 펜실베이니아대학교 와튼스쿨로부터 "지난 25년간 최고의 기업인" 칭호를 받았다. 회사 경영과 병행해 스탠퍼드대학교 경영대학원과 캘리포니아대학교 대학원에서 학생들을 대상으로 오랫동안 경영 전략과 컴퓨터 반도체 강의를 하기도 했다. 1998년에는 인텔의 CEO를 사임하고 2004년 은퇴할 때까지 이사회 의장을 역임했다. 2016년 3월, 80세를 일기로 인텔뿐 아니라 산업 전반에 막대한 영향을 끼친 경영 철학과 조직 문화를 유산으로 남긴 채 세상을 떠났다.

지은 책으로 《편집광만이 살아남는다》 외에 《반도체 소자의 물리학과 기술Physics and Technology of Semiconductor Devices》(1967), 《하이 아웃풋 매니지먼트High Output Management》(1983), 《앤디 그로브와 일대일 강의 One on One With Andy Grove》(1988), 《가로질러 헤엄치기: 회고록Swimming Across: A Memoir》(2001), 《전략은 운명이다: 전략 수립은 어떻게 회사의 미래를 만드는가Strategy Is Destiny: How Strategy-Making Shapes a Company's Future》(2001), 《전략적 역학: 개념과 사례Strategic Dynamics: Concepts and Cases》(2005) 등이 있다.

편집광만이
살아남는다

| 성공과 몰락의 변곡점에서 승리하는 단 하나의 원칙 |

앤드루 S. 그로브 지음 | 유정식 옮김

부·키

옮긴이 **유정식**

경영 컨설턴트이자 인사 및 전략 전문 컨설팅 회사인 인퓨처컨설팅 대표. 포항공과대학교(포스텍) 산업경영공학과를 졸업하고 연세대학교에서 경영학 석사 학위를 받았다. 기아자동차에서 사회생활을 시작했으며 LG CNS를 거쳐 글로벌 컨설팅 회사인 아서앤더슨과 왓슨와이어트에서 전략과 인사 전문 컨설턴트로 커리어를 쌓았다. 인퓨처컨설팅을 설립한 이후에는 시나리오 플래닝, HR 전략, 경영 전략, 문제 해결력 등을 주제로 국내 유수 기업과 공공 기관을 대상으로 컨설팅과 교육을 진행하고 있다. 매주 최신 경영 지식을 제공하는 〈주간 유정식〉의 발행인이기도 하다. 지은 책으로 《착각하는 CEO》《당신들은 늘 착각 속에 산다》《전략가의 시나리오》《경영, 과학에게 길을 묻다》 등이 있고, 옮긴 책으로 《최고의 팀은 왜 기본에 충실한가》《하이 아웃풋 매니지먼트》《피터 드러커의 최고의 질문》《에어비앤비 스토리》《디맨드》《창작의 블랙홀을 건너는 크리에이터를 위한 안내서》《순서 파괴》 등이 있다.

편집광만이 살아남는다

2021년 6월 29일 초판 1쇄 발행 | 2024년 10월 30일 초판 5쇄 발행

지은이 앤드루 S. 그로브 | 옮긴이 유정식
펴낸곳 부키(주) | 펴낸이 박윤우
등록일 2012년 9월 27일 | 등록번호 제312-2012-000045호
주소 서울시 마포구 양화로 125 경남관광빌딩 7층 | 전화 02) 325-0846
팩스 02) 325-0841 | 홈페이지 www.bookie.co.kr
이메일 webmaster@bookie.co.kr | 제작대행 올인피앤비 bobys1@nate.com
ISBN 978-89-6051-871-1 03320

교과서에서 묘사하는 것과 달리, 현실 자본주의에서 중요한 것은 (가격)경쟁이 아니라 새로운 상품, 신기술, 공급원, 새로운 유형의 조직과 벌이는 경쟁이다. … 경쟁은 기존 기업의 주변부가 아니라 그들의 토대와 그들의 삶 자체를 강타한다.

— 조지프 슘페터,《자본주의 사회주의 민주주의》

추천의 말

권오현

삼성전자 상임고문, 전 회장
《초격차》 저자

앤디 그로브는 세계 반도체 산업을 개척한 레전드이자 나의 롤 모델이기도 했다.

인텔의 창업 멤버로 반도체 공정 기술을 연구 개발하며 저술한《반도체 소자의 물리학과 기술Physics and Technology of Semiconductor Devices》은 반도체 전공자의 필독서가 되었다. 경영자로 변신해서는 인텔을 반도체업계의 선두로 만들었고 오랫동안 유지할 수 있는 기반을 구축한 경영의 귀재였다.

기술자로도 경영자로도 누구도 넘볼 수 없는, 차원이 다른 그야말로 "초격차"의 경지에 도달한 인물이다.

자신의 경영 경험을 담은《편집광만이 살아남는다Only the Paranoid Survive》는 1980년대에 처음 출간된 책이지만 지금 읽어도 경영의 진수를 느낄 수 있는 경영학의 고전이다. CPU 사업이 향후 반도체 산업의 주력이 될 것이라는 '전략적 변곡점'의 기회를 알아보는 통찰력, 선택과 집중을 위해 메모리 사업을 과감히 포기하는 결단력, CPU 사업의 성공을 위해 추진하는 실행력은 위대한 리더가 갖춰야 할 모든 능력을 완벽하게 보여 준다.

기술의 트렌드를 파악하고 준비하며, 컴퓨터와 인터넷 사업의 변화를 알아보는 능력도 대단하지만 'Intel Inside'라는 캠페인을 통해서는 부품사의 브랜드를 일반인들에게까지 각인시킨 마케팅의 귀재이기도 했다.

다양한 경영 분야에서 특출한 능력을 발휘하는 모습에 감명을 받을 수밖에 없다.

《편집광만이 살아남는다》는 저자의 리더십, 경영 철학과 올바른 기업 문화 등의 내용이 가득한 책으로, 경영자라면 그리고 진정한 리더가 되려는 사람이라면 꼭 읽어 보길 강력히 추천한다.

차상균

서울대학교
데이터사이언스대학원 원장

세상에 영원한 것은 없다. 대전환의 시기에는 과거의 룰이 더는 통용되지 않는 전략적 변곡점을 빠르게 인식하고 어려운 의사 결정을 과감하게 내리는 리더가 필요하다.

수학적으로 변곡점은 곡선이 오목에서 볼록으로 바뀌는 점이다. 하지만 앤디 그로브의 전략적 변곡점은 '점'이 아니다. 절박한 마음으로 헤쳐 나가야 하는 길고도 고통스러운 싸움의 과정이다.

그로브의 편집광 리더십으로 1980년대 일본 메모리 반도체 기업의 도전을 극복하고 CPU 분야의 최강자가 된 인텔은 오늘날 다시 위기에 처해 있다. PC 시대의 '인텔 인사이드' 전략은 모바일과 클라우드 시장을 장악한 애플, 구글, 마이크로소프트 같은 기업에 가려 더는 먹히지 않는다. 가성비가 좋은 인텔 호환 CPU를 만드는 가벼운 몸집의 다윗 AMD가 인텔의 아성을 위협하고 있다. GPU 기업 NVIDIA는 인공지능 컴퓨팅의 신생 다윗이 됐다.

또한 막대한 투자를 요하는 인텔의 자체 반도체 팹은 계륵이 됐다. 팹리스 반도체 설계 회사들을 고객으로 둔 TSMC와 삼성전자의 규모의 경제를 이길 수 없다. 그로브의 리더십이 그리운 상황이다.

팬데믹으로 가속화된 디지털 대전환으로 인해 기업은 물론 국가도 전방위적 전략적 변곡점을 맞고 있다. 미국과 중국의 기술 패권 다툼으로 인해 글로벌 시장이 재편되고 새로운 질서의 국제 사회가 펼쳐지고 있다. 한국 역시 여기서 예외일 수 없다.

이 책은 우리가 맞닥뜨린 이 거대한 위기와 변화에 대처하는 궁극의 솔루션을 제공한다. 그로브의 리더십과 경영 전략을 이해하고 남보다 앞서 실행하면서 우리 모두가 글로벌에서 파괴적 혁신을 선도할 수 있기를 기대한다.

이 책에 대한 찬사

위험한 책이다. 사람을 생각하게 만든다. -피터 드러커Peter Drucker

가장 중요한 단 한 가지 개념을 다루는 책. 당신도 전략적 변곡점에 대해 배워야만 한다. 언제든 이 변곡점을 지나야만 할 테니까. -스티브 잡스Steve Jobs

이 책에서 다루는 기본 주제가 바로 마이크로소프트의 문화다.
-빌 게이츠Bill Gates

여러분 모두 읽어 보기를 권한다. 왜냐고? 정말 끝내주는 책이기 때문이다.
-워런 버핏Warren Buffett

내가 여름 휴가 때 즐겨 읽은 최고의 책.
-제이미 다이먼Jamie Dimon, JP모건 체이스 회장 겸 CEO

지금까지 살면서 이런 책을 전혀 읽지 않고 똑똑한 사람을 나는 한 번도 못 봤다.
-찰리 멍거Charlie Munger, 투자자, 버크셔해서웨이 부회장

기업가 정신을 다룬 책 중 내가 가장 좋아하는 책.
-비노드 코슬라Vinod Khosla, 벤처 자본가, 선 마이크로시스템스 공동 창립자

경영 전략의 위대한 걸작. -벤 호로위츠Ben Horowitz, 실리콘 밸리 벤처 투자자, 앤드리슨 호로위츠 공동 창립자, 《최강의 조직》저자

내가 가장 좋아하는 책. 강력 추천한다.
-마크 앤드리슨Marc Andreessen, 페이스북 이사, 벤처 투자자, 넷스케이프 개발자

우리 모두가 그로브의 이 책을 읽었다.
-발라지 스리니바산Balaji Srinivasan, 앤젤 투자자, 언닷컴 공동 창립자

기업인이 쓴 최고의 경제경영서. -《포브스Forbes》

한숨 돌릴 시간? 그럴 여유는 거의 없다. 그로브에게 성공이란 "어떻게 재앙을 모면할 것인가에 달린 일"일 뿐이며, 재앙의 순간은 언제나 지평선 너머에서 다가오고 있다. 이 책은 파멸과 성공을 가르는 긴박한 순간을 어떻게 파악하고 기회를 붙잡을지 알려 주는 실질적 조언들로 가득하다. -《하버드비즈니스리뷰Harvard Business Review》

그로브는 산업, 기업 또는 개인 커리어에 중대한 영향을 미치는 정말 큰 변화에 관해 설명한다. 이러한 변화는 당신을 빈사 상태에 빠뜨릴 수도 있고 번영으로 이끌 수도 있다. 그로브는 이 변곡점을 인식하고 거기에 더 잘 대처하는 법을 알려 준다.
-《와이어드Wired》

테크놀로지 업계 CEO들이 꼽은 15권의 필독서 중 하나. 거대한 변화가 일어나고 회사는 사실상 하룻밤 사이에 적응하거나 길을 잃어야 한다. 그로브는 모든 리더가 두려워하는 그 악몽의 순간을 예측하고 거기에 대응하는 새로운 방법론과 전략을 제시한다. 에어비앤비 CEO 브라이언 체스키와 페이스북 CEO 마크 저커버그는 앤디 그로브의 열렬한 팬이다. 워런 버핏의 멘토이자 오른팔 찰리 멍거, 애플과 픽사 창립자 스티브 잡스는 전략적 변곡점에 대한 그로브의 가르침을 담은 《편집광만이 살아남는다》를 더없이 중요한 작품으로 꼽는다. 이러한 텍스트를 통해 앤디 그로브는 위에서 언급한 회사만 따져도 1조 2000억 달러에 달하는 기업의 리더십을 이끌어 냈다.
앤디 그로브의 책은 애플의 스마트폰, 태블릿과 음악 스트리밍 혁명, 페이스북과 트위터를 통한 소셜 네트워크 생성, 에어비앤비를 통한 공유 경제 창출에 영향을 미쳤다. 실리콘 밸리 생태계 전체가 그로브의 가르침을 기반으로 회사를 관리한다는 사실을 발견하는 건 결코 놀라운 일이 아니다. -《비즈니스인사이더Business Insider》

저자에 대한 찬사

나는 그와 함께 일하는 걸 사랑했다. 그는 20세기의 위대한 비즈니스 리더다.
-빌 게이츠Bill Gates, 마이크로소프트 창립자

앤디 그로브는 테크놀로지 업계의 거인이다.
-팀 쿡Tim Cook, 애플 CEO

나는 앤디를 너무나 존경했다. -래리 엘리슨Larry Ellison, 오라클 창립자 겸 회장

실리콘 밸리를 만든 사람을 한 명만 꼽으라면 바로 앤디 그로브다.
-마크 앤드리슨Marc Andreessen, 페이스북 이사, 벤처 투자자, 넷스케이프 개발자

기꺼이 함께 일하고 싶은 유일한 사람.
-스티브 잡스Steve Jobs, 애플 창립자

나는 페이스북 경영이 무척 힘든 시기에 처음으로 앤디를 만났다. 그와 같은 지위의 사람들이 나를 잘 만나 주지 않을 때였다. 그런데 그는 항상 너무나 너그럽게 만나 도움을 주었다. -마크 저크버그Mark Zuckerberg, 페이스북 창립자 겸 CEO

앤디 그로브에게 받는 멘토링은 마취도 안 하고 치과 치료를 받는 것과 같다. 만일 당신이 충분한 근거 자료 없이, 확고한 자신의 견해 없이 회의에 참석한다면 당신은 그 자리에 있을 자격이 없다. 앤디 그로브라는 이 거목은 오랜 세월 나의 친구이자 멘토, 나의 전부였다. -팻 겔싱어Pat Gelsinger, 인텔 CEO

우리 산업과 커뮤니티에 어마어마한 긍정적 힘을 끼친 위대한 인물.
-마크 베니오프Marc Benioff, 세일즈포스 창립자 겸 CEO

우리의 선구자, 리더, 위대한 교사.
-사티아 나델라Satya Nadella, 마이크로소프트 CEO

허례허식 없는 진실한 이야기로 모든 창업자에게 영감을 불어넣어 준 사람.
―옴 말리크Om Malik, 〈기가옴GigaOM〉 창립자

역사상 가장 위대한 스승, 벗, 리더.
―마이클 델Michael Dell, 델 창립자 겸 회장

컴퓨터와 인터넷 시대의 가장 명성 높고 영향력 큰 인물.
―《뉴욕타임스The New York Times》

실리콘 밸리에서 가장 탁월한 인물.
―《포브스Forbes》

하이테크 산업의 가장 중요한 유행 선도자.
―《월스트리트저널The Wall Street Journal》

테크놀로지 산업에서 영감의 원천.
―《포천Fortune》

실리콘 밸리의 기둥.
―《워싱턴포스트The Washington Post》

디지털 혁명의 핵심인 마이크로칩의 놀라운 성장에 가장 큰 공헌을 한 사람.
―《타임Time》

차례

CHAPTER 1　　　# 무엇인가 바뀌었다

CHAPTER 2　　　# '10배' 변화의 위력

왜 이 책인가

박소령

콘텐츠 퍼블리싱 플랫폼
'퍼블리' 대표

> "전략적 변곡점에서 '점'이라는 말은 사실 정확한 표현이 아니다.
> 그것은 점이 아니라 길고도 고통스러운 투쟁 과정이다."

책을 고르는 기준에 관하여

요즘 어떤 책을 읽는지, 어떤 기준으로 책을 고르는지에 대한 질문을 가끔 받는다. 좋아하는 작가의 신작이 나오면 읽고, 서점 베스트셀러 순위도 살펴보고, 내가 신뢰하는 사람들의 소셜미디어에 올라온 추천작들도 메모해 둔다. 책 리뷰가 실리는 주말판 신문이나 책을 다루는 팟캐스트도 좋은 통로다. 하지만 책 한 권을 읽는다는 것을 내 인생의 몇 시간을 투자한다는 개념으로 접근해 보면, 점점 더 까다롭게 고를 수밖에 없다. 이런 생각이 들 때 나는 책의 목차에 주의를 기울인다(단, 소설이나 에세이는 예외다).

목차에서 매력을 느끼는 책은 실제로 읽어 봐도 대체로 후회가 없다. 목차는 책을 쓴 사람이 세상에 전달하고 싶은 메시지가 무엇인지 보여 주는 일종의 지도 역할을 한다. 이 지도는 책을 집어 든 독자를 유혹해야 할 뿐 아니라, 책을 읽는 중에 독자가 길을 잃거나 지루함을 느낄 때 어디로 가면 좋을지에 대한 방향도 제시해야 한다. 경제경영서의 경우, 처음부터 끝까지 순서대로 읽기보다는 목차를 보고 관심 있는 주제를 골라 읽는 때도 많다.

그렇기에 책에서 목차란 자동차에서 내비게이션과 유사하다. 정교하고 친절한 내비게이션이 구비된 책일수록, 책을 쓴 사람도 자신이 무슨 말을 하고 싶은지에 대한 자신감이 높은 편이다(저자가 무슨 말을 하고 싶은지 잘 모르겠다고 느끼게 하는 책이 세상엔 얼마나 많은가).

시간의 힘에 사그라들지 않고 오히려 언제 읽어도 배움을 주는 책들이 있다. 우리는 이런 책을 클래식이라 부른다. 앤디 그로브가 쓴 책《편집광만이 살아남는다》는 1988년에 초판, 1996년에 개정판이 출간되었다. 한국어판은 1998년에 출간되었으나 절판되었기에 나는 이 책을 영문판으로만 가지고 있었다(그러나 영어 벽돌책의 운명이 보통 그러하듯, 이 책 역시 구입 후 책장 한구석에서 나오지 못했다).

23년 만에 다시 한국어판으로 나온 이 책은 클래식 중에서도 클래식이다. '레전드'라 불리는 세계 최고 경영자의 정신세계를 한 권의 책으로 배울 수 있다니, 이보다 더 좋은 학습법은 없다. 그리고 학습법의 시작은 목차부터 유심히 읽는 것이다.

엔지니어, 경영자 그리고 교사

앤디 그로브가 말하는 것을 처음 본 것은 유튜브 덕분이었다. 2015년 9월, 처칠 클럽에서 열린 '2015 레전더리 리더 어워드The 2015 Legendary Leader Award' 시상식에 앤디 그로브가 등장했기 때문이다. 실리콘 밸리에서 가장 잘나가는 벤처 캐피털인 앤드리슨호로위츠를 만들었으며 《하드씽》《최강의 조직》을 쓴 벤 호로위츠가 앤디 그로브의 업적을 설명하는 연설을 하고, 마크 저커버그 등 유명 인사들이 앤디 그로브 덕분에 어떻게 자신과 세상이 바뀌었는지 증언한다. 그리고 모든 관객의 기립 박수를 받으며 앤디 그로브가 무대에 등장한다.

벤 호로위츠의 부축을 받으며 그는 힘들게 몇 마디를 남긴다. 2016년 3월에 타계했으니 세상을 떠나기 반년 전의 모습이다. 2000년부터 오랫동안 앓아 온 파킨슨병 때문에 이 시기의 그는 혼자 서 있기조차 어려운 상태였다. 불분명한 발성 때문에 목소리마저 알아듣기 쉽지 않다. 그런데도 그는 왜 이 자리에 섰을까.

나는 그 이유가 그의 정체성 때문이었다고 생각한다. 그는 이

민자였고, 엔지니어였으며, 반도체 제국 인텔을 만든 위대한 경영자였다. 하지만 그가 '실리콘 밸리를 만든 사람'이라는 추앙과 존경을 받은 이유는 그의 본질적인 정체성이 교사였기 때문이다.

그는 자신이 배우고 경험한 것을 나누는 것에 인색함이 없었다. 회사를 경영하는 동시에 대학원에서 학생들을 가르쳤으며 여러 권의 책을 썼다(《편집광만이 살아남는다》 역시 스탠퍼드 경영대학원에서 수업을 하면서 생각을 정리한 결과물이다). 혼자만 알고 흘려보낼 수도 있을 법한 경영의 고민들을 그는 강연과 책으로 남겼다. 너그럽고 부지런한 교사였던 그의 정체성 덕분에 우리는 지금도 그에게 생생한 조언을 얻고 있다.

인생의 마지막 순간까지 그는 무대에 서서 미래를 만들어 갈 사람들에게 격려와 조언을 남겼다. 그 미래에 더 이상 그는 없지만.

이 책은 누가 읽어야 하는가

앤디 그로브가 1983년에 쓴 책《하이 아웃풋 매니지먼트》는 조직의 중간 관리자들을 명확히 타깃으로 삼은 책이다. 반면《편집광만이 살아남는다》는 경영자에게 초점을 두고 있다(물론 "당신의 커리어는 곧 당신의 사업이다"라는 그로브의 관점에 따르면 우리 모두가 경영자인 셈이다).

모든 기업은 흥망성쇠를 겪는다. 이것은 마치 생물이 태어나고 죽는 것처럼 자연의 섭리에 가깝다. 하지만 흥망성쇠를 겪는 과정에서도 링 위에서 완전히 패배해 사라지는 조직이 있는 반면, 인간의 수명 이상으로 오래 살아남는 기업들도 있다. 이 차이는 어디에서 오는 걸까? 앤디 그로브는 경영자에게 그 책임을 묻는다.

서문에서 그는 이렇게 쓴다.

"기업을 위기로부터 구해 내고 새로운 질서 아래 번영을 구가하는 위치로 이끄는 것, 이것은 경영자인 당신의 책임이다. 누구도 이를 대신할 수 없다."

기업의 흥망성쇠를 가르는 결정적인 시기를 앤디 그로브는 '전략적 변곡점'이라고 표현한다. 스티브 잡스가 이 책을 두고 "가장 중요한 단 한 가지 개념을 다루는 책. 당신도 전략적 변곡점에 대해 배워야만 한다. 언제든 이 변곡점을 지나야만 할 테니까"라고 한 이유는, 모든 조직에 찾아오는 흥망성쇠의 순간에서 방향을 제시하고 끌고 가는 무거운 책임감을 그 역시 몸서리치게 겪어 보았기 때문일 것이다.

앤디 그로브는 자신이 겪었던 두 번의 전략적 변곡점을 구체적으로 설명하는데 전체 목차 중 20퍼센트(1장과 5장)를 할애한다. 사례를 바탕으로 경영 개념을 정립하는 부분(2장, 3장, 4장), 기술 변화가 가져올 미래에 대한 전망(9장)도 좋지만 이 책의 백미는 경영자들을 위한 디테일한 코칭이 잔뜩 실려 있는 중반부터다.

전략적 변곡점은 고양이처럼 다가온다

그런데 문제는 조직의 흥망성쇠를 가르는 그 순간이 명확하지가 않다는 점이다. 대부분의 경우 극적으로 '빵' 터지기보다 고양이처럼 살금살금 다가온다고 앤디 그로브는 표현한다. 그래서 후에 돌이켜보고 나서야 그때가 전략적 변곡점이었구나, 하고 깨닫게 된다고 말이다. 그 당시에는 무언가가 변했다는 어렴풋한 느낌만 가질 수 있을 뿐인데, 이 느낌에 주의를 기울이지 않는다면 기업은 회복이 불가능한 치명적인 상황에 처할 수 있다는 것이다. 인텔만 해도 전략적 변곡점에 진입한 후 죽음의 계곡에서 빠져나오기까지 3년이란 고통스러운 시간이 걸렸다고 그는 회상한다.

특히 기술의 발전 속도가 숨 가쁘게 빠른 데다 경쟁이 글로벌 단위에서 이루어지는 시장에서는 '눈 뜨고 코 베인다' 같은 상황이 발생하기 십상이다. 경쟁의 역학 구도가 바뀌는 사소한 징조를 감지해 내는 능력이 탁월했던 앤디 그로브는, 수많은 징조 중에서도 진짜 전략적 변곡점인지 아닌지를 판단하기 위해 '신호'와 '잡음'을 구분하라고 강조한다. 그가 소개하는 노하우 중에서 바로 써먹을 수 있는 유용한 것이 '은제 탄환silver bullet' 테스트다.

이 테스트는 "만약 권총에 총알이 딱 한 발 남아 있다면, 수많은 경쟁자 중에 누구에게 쏠 것인가?"라는 질문을 하는 것이다. 우리의 핵심 경쟁자가 누구인지 규명하는 질문인데, 팀에 이 질문을 던졌을 때 답이 제각각 다르거나 예전에 주목받지 않았던 새로운 기업이 등장한다면 이때 특별히 주의를 기울여야 한다. 경쟁자의 중요도가 바뀔 때가 시장에서 심각한 일이 진행 중이라는 신호라는 것이다.

카산드라의 말에 귀를 기울여라

앤디 그로브는 1:1 미팅의 중요성을 설파한 리더였다. 아직 한국에서는 보편적이지 않은 매니지먼트 방식인데, 조직을 이끄는 리더와 팀원 간에 1:1 세팅으로 주기적으로 만나는 자리를 뜻한다. 이시간은 업무 중에 말하기 어려웠던 이슈를 솔직히 공유하고, 위에서 아래로 아래에서 위로 필요한 정보가 흐르게 만들며, 이 과정에서 상호 신뢰를 쌓는 것을 목적으로 한다.《하이 아웃풋 매니지먼트》에 목적과 방식이 상세히 나와 있다.

그런데《편집광만이 살아남는다》에서 소개하는 1:1 미팅은 팀원뿐 아니라 경영자에게 더욱 귀중한 존재다. 특히 시장과 고객의 최전선에 접해 있는, 그래서 실제 세계에서 부는 바람을 직접 마주하며 일하는 사람들과의 1:1 미팅이 중요하다. 이들은 트로이의 멸망을 내다보았던 예언자 카산드라처럼 다가오는 변화를 가장 빠르게 인식하고 경고하는 목소리를 내는 사람들이다. 하지만 트로이 사람들은 카산드라의 말을 듣지 않았고, 우리는 이 이야기의 결말을 알고 있다.

몸에 좋은 약은 쓰다. 그러나 알면서도 쓴소리를 듣고 싶어 하지 않는 것이 인간의 본능이다. 경영자에게는 인간의 본능을 거스르는 의지가 필요한데(사실 앤디 그로브가 하는 조언을 실행하기 위해서는 대부분 인간의 본능을 거슬러야 한다. 그래서 위대한 경영자는 드문 것 같다) 이 경우에도 마찬가지다. 지리적으로도 업무적으로도 멀리 떨어져 있는 팀원, 나의 사무실 책상에서 가장 먼 곳에서 고객을 직접 상대하는 팀원이 전해 오는 소식에 눈과 귀를 열어 두는 시간을 가져야 한다. 결코 쉽지 않지만, '그때 그 말을 들을걸'이라는 후회가 남지 않는 의사 결정을 하는 것도 경영자의 책임이다.

경영자의 스케줄이 회사의 전략을 보여 준다

피터 드러커는 경영자의 스케줄을 주기적으로 리뷰해야 한다고 강조했다. 경영자가 가진 가장 중요한 자원은 '시간'이기에, 시간 자원을 어디에 얼마만큼 배분하는지가 중요하다. 또한 회사가 집중해야 하는 우선순위가 경영자의 시간 자원 배분에 얼마나 반영되어 있는지 점검해야 한다는 것이다. 그런데 주간, 월간, 분기 단위로 쪼개어 경영자의 시간을 분석해 보면 아마 깜짝 놀랄 것이다(나역시 그랬다). 우리 회사가 이번 주, 이번 달, 이번 분기에 집중해서 성과를 내야 하는 일들이 내 스케줄에는 그에 걸맞게 필요한 자원으로 할당되어 있지 않은 경우가 정말 많다.

경영자의 일정 관리가 중요하다는 것은 너무 당연한 이야기다. 그런데 정작 회사의 전략이 경영자의 스케줄에 제대로 반영되지 않는 이유는 무엇일까. 앤디 그로브는 타성과 관성 때문이라고 말한다. 과거에 했던 대로 약속을 정하고 미팅에 참석한다. 태평성대 시절에는 그래도 될지 모른다(하지만 요즘같이 경쟁적인 기업 환경에서 태평성대 시절이란 좀처럼 없다).

전략적 변곡점의 시대는 다르다. 경영자는 항상 자신에게 물어야 한다. "내가 이 미팅에 참석하면 새로운 기술, 새로운 시장, 새로운 방향에 대해 배울 수 있을까? 새로운 통찰을 줄 사람을 만날 수 있을까?" 만약 그렇다면 내 스케줄에 반영을 하고, 그렇지 않다면 과감하게 거절해야 한다. 이 역시 쉽지 않은 일이지만, 시간이란 빌 게이츠조차 유일하게 더 이상 살 수 없는 상품인 것이다.

전략이란 근사해 보이는 보고서에 쓰인 공허한 말이 아니라, 자원 배분을 어디에 어떻게 하는지에 대한 실질적인 계획이다. 그래서 앤디 그로브는 경영자의 시간 자원 배분이 조직에 미치는 영향력이 그 어떤 연설보다 상징적이며 강력하다고 했다. 다르게 말하자면, 나는 경영자의 스케줄을 보면 그 조직의 전략을 알 수 있는 회사에 투자를 할 것이다.

더 일찍 더 과감하게

남의 눈에 있는 티끌은 보면서 제 눈의 들보는 보지 못한다는 속담이 있다. 그런데 이 말을 뒤집어 생각해 보면, 아주 작은 '티끌'조차 봐 줄 수 있는 타인의 존재는 소중하다. 그 타인이 신뢰할 수 있으며 이해관계에 얽혀 있지 않아 자유로운 제3자라면 더욱 그렇다.

앤디 그로브는 경영자들이 자주 빠지는 함정 중 하나로 너무 늦게 너무 소극적으로 행동하는 경향을 꼽는다. 이미 마음 깊은 곳에서는 변화가 필요하다는 아우성이 터져 나오는 중이지만, 현실의 제약 조건과 변수들을 고려하다 보면 의사 결정의 속도가 늦어지고 행동의 폭도 좁아지기 일쑤다. 그런데 반대로 다른 회사의 리더가 가져오는 고민에 대해서는 더 과감하게 더 적극적으로 행동해야 한다는 조언을 하기 훨씬 용이하다. 이런 상황에서는 흔히들 "외부인이니까 속 편한 소리 한다"라고 폄하하는 경우도 있다. 하지만 결정에 아무런 이해관계, 특히 감정적 이해관계가 없는 사람이 상황을 합리적으로 객관적으로 바라볼 가능성이 더 높다.

앤디 그로브가 증언하는 두 번의 전략적 변곡점 중 1985년에 있었던 한 토막의 대화는 대단히 인상적이다. 당시 인텔의 CEO였던 고든 무어와 앤디 그로브는 진퇴양난의 상황에 처해 있었다. 메모리 반도체는 인텔의 뿌리이자 핵심 정체성이지만 일본 회사들과의 치열한 경쟁 속에서 고객도 잃고 손실이 큰 폭으로 증가 중이었다. 다른 한편 마이크로프로세서는 빠르게 성장하고 있었지만, 메모리에 비해 작은 시장이다 보니 기술 개발에 큰 투자를 하지 않고 있었다. 인텔의 미래를 놓고 1년 이상 논쟁이 길어지던 시절, 앤디 그로브는 고든 무어에게 결정적인 질문을 던진다.

"만약 우리가 쫓겨나고 이사회가 새 CEO를 데리고 온다면 그 신임 CEO는 어떻게 할 것 같습니까?"

고든 무어는 주저 없이 이렇게 답했다고 한다. "메모리에서 손을 떼게 하겠지."

이 대화를 통해 인텔은 사업의 미래를 마이크로프로세서로 결정하고 메모리 시장에서 철수하게 된다. 그 후 인텔의 대성공은 당시의 전략이 옳았다는 것을 증명했다.

전략적 변곡점의 한가운데에서 결정적 의사 결정을 해야 하는 순간, 앤디 그로브가 던진 질문의 본질은 이렇다. "모든 이해관계에서 자유로울 때, 회사를 위한 가장 좋은 선택은 무엇인가?" 이 질문을 던지고 답할 수 있을 때, 우리는 더 일찍 더 과감한 결단을 내릴 수 있다.

당신의 커리어가 당신의 사업이다

이 책의 흥미로운 점은 마지막 10장이 개인의 커리어 관리에 대한 조언에 할애되어 있다는 것이다. 다소 뜬금없이 느껴질 수 있지만,

앤디 그로브는 전략적 변곡점이라는 개념을 기업뿐 아니라 개인의 커리어에도 적용해 설명을 해 준다. 기업이 전략적 변곡점을 거치면서 명운이 갈린다면, 그 기업에서 일하는 개인에게는 훨씬 더 큰 인생의 변곡점으로 다가올 것이다. 따라서 모든 직장인은 내 커리어를 내 사업이라고 생각하고, 기업을 경영하듯이 커리어를 경영하는 마인드가 필요하다는 것이다.

경영자가 시장 환경의 변화를 예민하게 감지할 수 있도록 항상 촉수를 곤두세우는 것처럼, 개인도 마찬가지다. 내가 속한 산업의 성격이 앞으로 2~3년 안에 어떻게 될 것인지, 이 변화 안에서 내가 갈고 닦아야 할 스킬은 무엇인지, 내가 닮고 싶은 커리어 롤 모델이 누구인지, 지금 내가 다니는 회사는 산업에서 성공할 수 있는 경쟁력을 갖춘 곳인지 등, 앤디 그로브는 스스로에게 던질 질문 목록까지 친절하게 알려 준다.

기업이 전략적 변곡점을 통과할 때 경영자의 명확한 비전을 바탕으로 정면 돌파를 해야 하는 것처럼, 개인도 마찬가지다. 커리어의 변곡점에서 우유부단할 여유는 없다. 한 개인은 하나의 커리어만 가질 수 있으며, 그래서 내가 가진 모든 자원을 쏟아부어서 주도권을 장악해야 한다는 것, 만약 그렇지 않으면 상황에 피동적으로 끌려다닐 수밖에 없다는 조언은 냉정하지만 유효하다.

책의 마지막에서 커리어 변화의 여정은 마치 새로운 나라로 이민을 가는 것과 같다고 앤디 그로브는 적는다. 그 자신이 스무 살 넘어 성인이 되어서야 자유를 찾아 헝가리에서 미국으로 이민을 온 사람이었고, 주방 보조 일을 하면서 대학을 졸업했다. '예전엔 이랬는데'라고 한탄할 시간에 불확실성을 감내하며 새로운 세계에 뛰어들라고, 그만큼 값어치가 있는 미래가 기다리고 있을 것이라고 담담히 말해 주는 조언은 진짜 경험을 해 본 사람만이 할 수 있는 이야기다.

왜 편집광만이 살아남는가

책의 마지막 장까지 읽고 나면, 다시 서문으로 돌아오자. 아마 앤디 그로브는 전체 원고를 다 쓴 다음에 이 서문을 최종적으로 다듬었을 것 같다(나라면 그랬을 것이다).

서문에서 앤디 그로브는 자신이 왜 사업에서 편집광이 되었는지 간단히 설명한다. 우리는 책을 다 읽었기에, 이 짧은 글에서 그가 얼마나 수많은 위기 속에서 고민과 불면의 시간을 보냈는지 충분히 짐작할 수 있다("한밤중에 문득문득 잠이 깰 정도로 의심이 가득할 때 신념을 지키는 것은 힘든 일이다"라고 그로브가 쓴 문장을 보라).

사업이 잘되고 있다는 잠깐의 즐거움은 더 많은 경쟁자의 출현과 그로 인한 위기를 불러온다. 예측하지 못한 곳에서 시장의 판도를 완전히 바꿔 버릴 기술도 속속 나온다. 경영자가 어렴풋하게 느껴지는 변화의 흐름을 놓치지 않으려면 시종일관 신경을 곤두세워야 한다. 카산드라의 목소리를 듣고, 신호와 잡음을 구분하며, 전략적 변곡점의 제물이 되기 전에 빠르고 과감하게 움직여야 한다. 생존하느라 너무 바빴기에 변화의 중요성을 뒤늦게 깨달았다는 말은 변명에 불과하다. 결국 리더가 뒤늦게 깨닫는 바람에 회사의 생존이 어려워지는 것이기 때문이다. 그렇기에 리더의 시간은 자원 배분의 관점에서 항상 경계하고 대비하는 일에 전략적으로 쓰여야 하는 것이다.

이 책이 처음 나온 때로부터 30여 년이 지난 지금, 앤디 그로브의 메시지가 여전히 울림이 있는 이유는 단순하다. 그는 자신의 글대로 살았고, 살아온 대로 글을 썼다. 그 결과 위대한 기업이 만들어졌고, 실리콘 밸리가 탄생했으며, 우리 모두는 그 덕분에 조금 더 나은 세상을 살고 있기 때문이다. 지금보다 더 나은 미래를 만드는 데 인생의 전부 또는 일부라도 걸고 싶은 모든 분들에게 이 책을 권한다.

나는 왜 편집광이 되었나

> "머지않아 비즈니스 세계에서
> 근본적인 것들이 변화할 것이다."

"편집광만이 살아남는다 Only the paranoid survive."

이 모토를 나는 자주 언급한다. 언제 처음 이 말을 꺼냈는지 기억나지는 않지만, 내가 비즈니스에서 편집광적 태도의 가치를 중시한다는 것은 부정할 수 없는 사실이다. 사업의 성공은 필연적으로 파멸의 씨앗을 내포하고 있다. 당신이 성공할수록 더 많은 사람이 당신 사업에 뛰어들어 아무것도 남지 않을 때까지 당신 몫을 빼앗고 또 빼앗으려 할 것이다. 나는 경영자의 가장 중요한 책임은 다른 사람들의 공격을 끊임없이 경계하고, 구성원들에게 그런 경계 마인드를 심어 주는 것이라고 믿는다.

내가 편집광적으로 대하는 것에는 여러 가지가 있다. 나는 제품이 불량이 나지 않을까 염려하고, 제품이 완전하지 않은 상태로 시판되지 않을까 염려한다. 또한 공장이 원활하게 운영되지 않을까 걱정하고, 공장 수가 너무 많은 건 아닌지 걱정한다. 올바른 사람을 채용했는지, 직원들의 의욕이 떨어지지 않았는지 늘 우려한다.

당연한 말이지만, 경쟁자에 대한 걱정도 한다. 나는 더 잘 만들고 더 싸게 만드는 우리만의 방법을 경쟁자들이 알아내 고객을 빼앗아 갈까 봐 두렵다.

하지만 내가 '전략적 변곡점Strategic Inflection Point'이라고 부르는 것에 비한다면 그런 걱정들은 어디까지나 사소한 것에 지나지 않는다.

전략적 변곡점이 무엇인지는 뒤에서 곧 설명하겠지만, 일단 지금은 어떤 사업에서 근본적인 것들이 변화하기 시작하는 시점이라고 이해하기 바란다. 그 변화는 새로운 성장의 기회가 될 수 있지만, 반대로 최후를 알리는 전조일 수 있다.

전략적 변곡점은 기술 변화에서 기인할 수 있지만, 사실은 기술 변화 이상의 것이다. 전략적 변곡점은 경쟁자들 때문에 생겨날 수 있지만, 그저 경쟁 때문만은 아니다. 사업이 이루어지는 방식의 전면적 변화가 바로 전략적 변곡점이다. 따라서 단순히 새로운 기술 도입이나 경쟁에서 이기기 위한 싸움만으로는 충분하게 대처하기 어렵다. 전략적 변곡점은 은밀하게 생겨나므로 정확하게 무엇이 바뀌었는지 꼬집어 말하기 힘들다. 단지 뭔가 변했다고 어렴풋이 느낄 수 있을 뿐이다.

단도직입적으로 말해, 전략적 변곡점에 주의를 기울이지 않으면 치명적인 상황에 처할 수 있다. 변화로 인해 사업이 기울기 시작한 기업을 예전 상태로 되돌리기는 불가능에 가깝다.

그러나 전략적 변곡점이 항상 재앙만 불러일으키는 건 아니다. 사업 운영 방식에 변화가 일어나면, 새로운 운영 방식에 능숙하게 대처하는 플레이어에게는 오히려 기회가 된다. 새롭게 사업을 시작하는 사람이든 기존의 경영자든 전략적 변곡점은 새로운 성장기를 열어 주는 기회를 의미할 수 있다.

당신은 전략적 변곡점의 제물이 될 수 있지만 그 원인이 될 수도 있다. 내가 일하는 인텔은 두 경우에 모두 해당한다. 1980년대 중반 일본 메모리 반도체 업체들이 일으킨 전략적 변곡점은 너무나 강력했다. 그래서 우리는 주력 제품이던 메모리를 포기하고 당시에는 상대적으로 생소했던 마이크로프로세서microprocessor(중앙 처리 장치CPU) 분야에 뛰어들 수밖에 없었다. 그 후 마이크로프로세스 사업에 전념해 온 인텔은 기존의 메인프레임컴퓨터mainframe computer(대형 컴퓨터) 산업에 고전의 시기를 안겨다 주는 등 여러 기업이 변곡점에 봉착하는 상황을 야기했다. 전략적 변곡점의 희생자인 동시에 원인 제공자였던 인텔, 물론 전자일 때가 인텔에 훨씬 힘든 상황이었다.

기술 산업에서 커리어를 쌓았기에 내 경험 대부분은 기술 산업에 뿌리를 두고 있다. 그래서 나는 기술적 개념과 비유로 사고하며, 또 이 책에 나오는 사례 대다수는 내가 아는 것에 근거한다. 그러나 전략적 변곡점은, 비록 기술의 성과로 종종 생겨나기도 하지만, 기술 산업에만 국한되지 않는다.

현금자동입출금기ATM가 은행업에 변화를 가져왔다는 것은 부인할 수 없는 사실이다. 저렴한 컴퓨터들을 서로 연결해 질병 진단이나 진료에 활용할 수 있다면 의료 업계 전체에 커다란 변화를 일으킬 수 있다. 모든 오락 콘텐츠가 디지털 형태로 제작되고 저장되고 전송되어 선보여진다면 미디어 업계에 엄청난 변화가 될 것이다. 한마디로 전략적 변곡점은 기술 산업만이 아니라 어떤 산업에서나 일어나는 근본적인 변화를 뜻한다.

이제 우리는 기술 변화의 속도가 갈수록 빠르게 요동치며 모든 산업에 걷잡을 수 없는 파장을 일으키는 세상에 살고 있다. 이런 변화의 가속도는 직업과 상관없이 당신에게 영향을 줄 것이고, 예상치 못한 곳에서 새로운 방식으로 경쟁할 수밖에 없는 상황을 야기할 것이다.

당신이 어디에 사느냐는 이제 중요하지 않다. 지금까지 '먼 거리'는 노동자들을 바깥세상으로부터 보호하고 격리하는 해자와 같았지만, 기술이 그 해자의 폭을 나날이 좁히고 있다. 머지않아 세상 모든 사람이 당신과 같은 사무실 건물에서 일하는 동료들처럼, 서로가 협력자인 동시에 경쟁자인 관계를 형성하며 일할 것이다. 기술 변화는 그 영향력을 뻗쳐 결국에는 비즈니스 세계에 근본적인 변화를 일으킬 것이다.

이러한 발전은 긍정적인가, 아니면 파괴적인가? 내 생각에는 둘 다이다. 그리고 기술 발전은 피할 수 없다. 기술 분야에서는 가능한 것이면 무엇이든 실현될 것이다. 우리는 이러한 변화를 막을 수도 피할 수도 없다. 그보다 우리는 기술 발전에 대비하는 데 집중해야 한다.

전략적 변곡점으로부터 얻을 수 있는 교훈은 회사 경영에서든 개인 커리어 개발에서든 동일하다.

당신이 사업체를 경영한다면 얼마나 체계적인 계획을 세우든 간에 이러한 변화를 '예상할 수 없음'을 인식해야 한다. 그렇다면 계획이 필요 없다는 뜻일까? 절대 아니다. 당신은 소방서가 하는 방식으로 계획을 수립할 줄 알아야 한다. 소방서는 다음번 화재가 발생할 곳이 어딘지 예상하지 못한다. 그래서 일상적인 상황뿐 아니라 예상치 못한 상황에 대응할 줄 아는 강하고 효율적인 팀을 구성하는 데 집중한다.

전략적 변곡점의 특성과 거기에 대응하는 법을 잘 안다면 당신이 경영하는 조직은 번영을 기대할 수 있다. 기업을 위기로부터 구해 내고 새로운 질서 아래 번영을 구가하는 위치로 이끄는 것, 이것은 경영자인 당신의 책임이다. 누구도 이를 대신할 수 없다.

만약 당신이 직원이라면 머지않아 전략적 변곡점에 영향받게 될 것이다. 격변하는 변화의 물결이 당신이 종사하는 산업과 기업을 휩쓸어 에워싸고 나면 당신 일자리가 어떻게 될지 그 누가 알겠는가? 당신 일자리가 존재하기는 할까? 솔직히 당신 말고 누가 신경이나 쓰겠는가?

최근까지도 우리는 대기업에 입사하면 평생직장이 보장되는 세상에 살았다. 그러나 이제 기업 자체의 수명이 불확실해진 상황에서 직원들의 '커리어 수명'을 누가 어떻게 보장하겠는가?

기업들이 변화에 적응하려고 고군분투하는 동안 수십 년간 효과를 발휘했던 사업 방식들이 이제는 역사 속 유물이 되고 있다. 여러 세대에 걸쳐 종신고용 정책을 고수하던 기업들이 이제 순식간에 1만 명이 넘는 직원을 거리로 내몰고 있다.

슬픈 이야기지만 아무도 당신의 커리어를 보장하지 않는다. 당신의 커리어는 말 그대로 '당신의 비즈니스'다('당신이 알아서 할 일'이라는 뜻-옮긴이). 당신 자신이 유일한 고용주면서 직원인 셈이다. 당신과 비슷한 업종에 종사하는 전 세계 수백만 명의 사람들이 당신의 경쟁자다. 당신 스스로 커리어와 스킬, 이직 시기 등에 책임을 져야 한다. 당신의 개인 비즈니스를 위기로부터 보호하고 환경 변화로부터 이득을 얻도록 새로운 위치를 잡는 것은 당신 자신의 몫이다. 누구도 이를 대신할 수 없다.

여러 해 동안 인텔의 경영자로 일하면서 나는 학생의 자세로 전략적 변곡점을 연구해 왔다. 그렇게 전략적 변곡점을 꾸준히 파고든 결과 더욱더 경쟁이 치열해지는 환경 속에서 우리 사업을 생존시키는 데 큰 도움을 얻었다. 나는 경영자면서 엔지니어지만, 경험을 통해 스스로 깨달은 점을 함께 나누고 가르치는 일에 언제나 열성을 다해 왔다. 이 책에서도 나는 내가 얻은 교훈을 당신과 나누고 싶다.

이 책은 회고록이 아니다. 나는 지금도 매일 고객과 협력 업체를 대하고 언제나 경쟁자들의 의도에 촉각을 곤두세우며 사업체를 경영하고 있다. 이 책은 그러한 상호 작용에서 얻은 지식과 깨달음을 소개하는 책이다. 그런 까닭에 공개되면 안 되는 이름이나 구체적인 상황을 언급할 가능성이 있었다. 비즈니스 이야기는 인텔뿐 아니라 다른 여러 기업과 관련된 것이라서 조심스럽게 쓸 수밖에 없었다. 따라서 몇몇 이야기는 어쩔 수 없이 개략적인 설명과 익명으로 대신했음을 양해해 주기 바란다.

이 책은 '규칙의 변화가 일으키는 영향'에 관한 책이다. 또한 '지도에 없는 땅에서 어떻게 길을 찾아야 하는지'에 관한 책이다. 책에 소개된 사례와 생각을 통해 급진적 변화를 뚫고 나아간다는 게 어떤 것인지, 그리고 그런 변화에 대처하는 방안을 마련한다는 게 어떤 것인지 당신이 알아차리기를 바란다.

앞서 언급했듯 이 책은 개인 커리어에 관한 책이기도 하다. 사업이 새로운 기반 위에 구축되거나 새로운 환경에 맞춰 운영되기 위해 재편되면, 개인 커리어는 거기에 좌우된다. 지금처럼 어려운 시기에 이 책이 커리어를 이끌어 갈 아이디어를 당신에게 선물할 수 있기를 나는 또한 기대한다.

뭔가가 크게 바뀔 때, 뭔가가 근본적으로 달라질 때, 하지만 하루하루 살아가느라 너무 바쁜 나머지 그런 변화의 중요성을 뒤늦게야 깨달았을 때, 주저하지 말고 전략적 변곡점의 한가운데로 뛰어들어 가 보자.

고통스러운 기억이지만, 1994년 늦가을 인텔의 대표 상품인 펜티엄Pentium 프로세서에서 발생한 문제와 관련된 사건으로 이야기를 시작해 보려 한다.

CHAPTER

1

무엇인가
바뀌었다

"이제 새로운 규칙이 세상을 지배하고 있다.
그 규칙은 우리에게 5억 달러 가까운
대가를 요구할 만큼 강력했다."

2만 7000년마다 1번씩 겪는 사소한 오류?

인텔의 사장이자 CEO로 일하기 시작한 초창기부터 나는 스탠퍼드대학교 경영대학원에서 파트타임으로 경영전략론 강좌를 진행했다. 공동으로 강좌를 운영했던 로버트 버겔먼Robert Burgelman 교수와 나는 학생들에게 학점을 줄 때면 명단을 훑어 내려가면서 아직 생생히 남아 있는 기억을 동원해 각 학생의 성적을 평가하곤 했다.

추수감사절을 앞둔 1994년 11월 22일 화요일, 아침에 시작한 학점 평가는 평소보다 조금 길어지고 있었다. 늦게 출근할 것 같다고 사무실로 전화를 걸려고 일어서는데 그와 동시에 전화벨이 울렸다. 회사 홍보 책임자였다. 나에게 급히 할 말이 있다고 했다. 그녀는 CNN 기자들이 인텔에 곧 들이닥칠 거라고 다급하게 전했다. CNN이 펜티엄 프로세서의 '부동 소수점floating point' 결함에 대한 소문을 듣고 이를 폭로하고자 했던 것이다.

여기에서 잠시 짚고 넘어갈 것이 있다. 우선 인텔에 관해서다. 1994년 당시 인텔은 매출 100억 달러가 넘는, 세계에서 가장 큰 컴퓨터 칩 제조사였다. 설립된 후 26년 동안 인텔은 현대 기술의 가장 중요한 2가지 주춧돌인 메모리 칩과 마이크로프로세서의 세상을 열었다. 1994년에 사업 대부분은 마이크로프로세서를 중심으로 아주 순탄하게 운영되고 있었다. 많은 이윤을 남겼고, 매년 30퍼센트가량 성장 중이었다(1986년부터 1994년까지 인텔의 연평균 성장률은 31.3퍼센트였다).[1]

1994년은 또 다른 의미로 우리에게 아주 특별한 해였다. 최신 마이크로프로세서인 펜티엄 프로세서의 대량 생산 체계를 갖추는 데 애썼던 해였기 때문이다. 이것은 우리의 수많은 직접 고객들인 컴퓨터 제조업체들과 관련된 매우 중요한 프로젝트였는데, 몇몇 제조업체들은 신기술을 열성적으로 도입했지만 다른 업체들은 그렇지 않았다. 우리는 온 힘을 다해 이 일에 몰두했고, 컴퓨터 구매자들의 주목을 끌기 위해 엄청난 광고비를 집행했다. 내부적으로는 해외 생산 공장 네 곳을 가동할 채비를 갖췄다. '잡 1 Job 1'이라고 명명된 이 프로젝트는 그 이름을 통해 직원들에게 우리의 우선순위가 어디에 있는지 똑똑히 일러 주었다.

그러던 중에 곤란한 사건이 발생했다. 몇 주 전 직원들이 인텔 제품에 관심이 높은 사람들이 만든 인터넷 포럼에서 일련의 의견을 발견했는데, "펜티엄 FPU에 버그" 같은 제목을 단 지적들이었다. FPU는 Floating Point Unit(부동 소수점 장치)의 약어로 복잡한 계산에 사용되는 칩의 일부다. 이 버그는 어느 수학 교수가 처음 제기했는데, 그는 복잡한 수학 문제를 풀다가 우연히 나눗셈에서 오류가 발생한다는 사실을 발견했다.

사실 우리는 이 문제를 몇 달 전부터 알고 있었다. 칩 설계상의 사소한 오류라서 90억 번에 1번씩 나눗셈에서 오류를 일으키는 정도였다. 처음에 우리는 이 문제를 심각하게 받아들이고 '90억 번에 1번'이란 빈도의 심각성을 판단하기 위해 본격적인 조사를 진행했다. 그리고 안심할 만한 수준이라는 결론을 얻었다. 예를 들어 평균적인 스프레드시트 사용자의 경우 그런 오류를 2만 7000년마다 1번씩 겪을 거라 판단했기 때문이다. 이 정도면 반도체 칩 제작 과정에서 일상적으로 맞닥뜨리는 다른 문제들보다 매우 낮은 빈도였다. 그래서 우리는 한편으로는 이 결함을 없앨 방도를 강구하면서 동시에 사업을 계속 진행하기로 결정했다.

그러다가 인터넷 포럼 내 논란이 업계 언론의 주목을 끌었고, 결국 어느 업계 주간지 1면에 상세하게 실렸다. 그리고 그다음 주에는 업계 신문 한 곳에 작게 실렸다. 그래도 추수감사절을 앞둔 화요일 아침까지는 이 정도 선에서 그치는 줄 알았다.

우리를 찾아와 취재를 요구하던 CNN은 마치 불을 질러 버릴 듯한 기세였다. 홍보 담당자들과 이야기를 나누던 PD는 공격적이고 비난하는 자세로 일관했다. 홍보 책임자가 전화로 전하는 이런 소식을 듣고 있자니 상황이 몹시 안 좋아 보였다. 나는 서류들을 챙긴 다음 사무실로 출근했다. 도착해서 보니 예상한 대로 상황은 나빴다. 다음 날 CNN은 매우 불쾌한 논조로 뉴스를 제작해 방송에 내보냈다.

그 후로 한동안 모든 주요 언론이 〈오류가 펜티엄 칩의 정밀함을 무너뜨렸다〉〈펜티엄에 대한 고민: 살 것인가, 말 것인가〉와 같은 헤드라인으로 기사를 내기 시작했다.[2] TV 기자들은 본사 앞에 진을 쳤고, 인터넷으로 온갖 메시지가 빗발쳤다. 흡사 모든 미국인이 이 사건을 주목하는 것 같았고, 뒤따라 전 세계인이 관심을 가지는 것처럼 느껴졌다.

사용자들은 교환용 칩을 요구하기 시작했다. 우리는 문제에 대한 진단을 근거로 교환 여부를 결정하기로 했다. 나눗셈 작업을 많이 하는 사용자에게는 칩을 교환해 주고, 그렇지 않은 고객에게는 이 문제에 관한 백서를 보냄으로써 우리의 연구와 분석 결과를 설명하고 안심시키기로 했다. 이 정책을 실시하고 1주일이 지나자 이런 양방향 조치가 상당히 합리적으로 작용하는 듯 보였다. 매일 걸려 오던 전화 건수가 줄어들었다. 우리는 칩 교환 절차를 구체화하는 작업에 착수했는데, 언론의 비판은 여전했지만 컴퓨터 판매량에서 칩 교환 요청 수에 이르는 모든 지표가 우리가 이 문제를 잘 극복하고 있음을 보여 주었다.

12월 12일 월요일 아침 8시에 사무실로 출근해 보니 비서가 전화 메시지를 모아 두는 작은 클립에 프린터로 뽑은 인쇄물이 접힌 채 끼워져 있었다. 그것은 어느 통신사의 보도 기사였는데, 속보를 전할 때 흔히 그러듯 제목만 덩그러니 적혀 있었다. 바로 IBM이 펜티엄 기반의 모든 컴퓨터를 출하하지 않기로 결정했다는 소식이었다.

순식간에 다시 아수라장이 되었다. 그런 결정을 내린 회사가 IBM이라는 사실 하나만으로 이미 치명적이었다. 비록 최근 들어 IBM의 PC(개인용 컴퓨터) 비즈니스가 예전 같지 않다지만, 이 회사는 인텔 기술 기반 'IBM PC'를 개발해 인텔의 마이크로프로세서를 세상에 널리 알린 기업이지 않은가? PC가 소개된 후 13년 동안 IBM은 이 산업에서 가장 중요한 존재로 인정받아 왔다. 그렇기에 그들의 행동 하나하나는 엄청난 관심의 대상이었다.

잘나가던 인텔에 닥친 거대한 변화

모든 부서에 전화가 빗발치기 시작했다. 상담 전용 회선 통화량이 폭주했다. 기존 고객들은 진행 상황을 알고 싶어 했다. 1주일 전까지만 해도 아주 희망적인 반응을 보였던 고객들이 이제 혼란스럽고 우려스러운 반응을 보였다. 우리가 할 일은 다시 최선을 다해 방어하는 것이었다.

이 문제에 대처하던 직원 대다수는 인텔이 꾸준하게 성장하던 시기인 지난 10년 동안 입사한 사람들이었다. 그들은 열심히 일해 좋은 성과를 거두고 남들보다 앞서 나가는 경험만 했다. 그런데 갑자기 성공을 기대하기는커녕 아무것도 바라기 어려운 상황으로 변해 버린 것이다. 그들은 최선을 다해 문제에 대처하면서도 동시에 동요하고 두려워했다.

더 큰 문제는 이 사태의 파장이 인텔이라는 회사 안에서 끝나지 않았다는 점이다. 직원들은 개인적으로 가족과 친구들로부터 "대체 일이 어떻게 돌아가는 거야? TV를 보니까 너희 회사가 굉장히 탐욕스럽고 거만하다던데?"라는 말을 들으며 의아해하고 비난하는 듯한 시선을 느꼈다. 자기 일터인 인텔에 대해 긍정적인 평가를 듣는 데 익숙하던 직원들은 이제 "수학자와 펜티엄을 교배하면 뭐가 나오는지 알아? 미친 과학자가 나오지"라는 비난 섞인 농담을 참아야 했다. 누구도 거기서 자유로울 수 없었다. 모든 가정의 저녁 식사 자리와 모든 휴일 파티 자리에서 인텔의 펜티엄 칩은 단연 화젯거리였다. 직원들에게 이런 돌변한 상황은 가혹했다. 그리고 다음 날 아침 회사에 출근해 쇄도하는 전화에 응하고, 생산 라인을 전면 개선하는 일을 해야 하는 그들의 사기를 꺾어 놓았다.

나 역시 괴로운 시간을 보내야 했다. 인텔 창업 이래 30년간 이 업계에서 일한 나는 어려운 비즈니스 상황을 여러 번 견뎌 냈지만 이번에는 달랐다. 훨씬 가혹했다. 사실상 모든 측면에서 전에는 겪어 보지 못한 상황이어서 너무나 낯설고 힘겨웠다. 나는 하루 종일 열심히 대처했지만 퇴근할 때면 금세 우울해졌다. 적에게 포위된 채 하염없이 공습을 받는 것만 같았다. 대체 왜 이런 일이 발생한 걸까?

내 방에서 6미터쯤 떨어져 있는 528호 회의실은 인텔의 대책 본부가 되었다. 12인용 원형 테이블이 놓인 그 방에 30명이 넘는 사람들이 하루에도 몇 번씩 몰려와 테이블 위에 앉거나 벽에 기댄 채 분주히 문서를 검토하고, 합의된 사항을 실행에 옮기기 위해 회의실을 박차고 나갔다.

그렇게 여러 날을 싸늘한 여론의 파도와 맞서 싸우고, 쇄도하는 전화와 비난을 퍼붓는 신문 사설에 대응하고 나자, 우리 조치에 큰 변화가 필요하다는 사실이 명확해졌다.

다음 주 월요일인 12월 19일, 우리는 정책을 완전히 바꾸었다. 통계 분석을 하는 사람이든, 컴퓨터 게임을 즐기는 사람이든 상관없이 원하는 사람들에게는 무조건 칩을 교환해 주기로 결정했다. 이것은 결코 사소한 결정이 아니었다. 이미 수백만 개의 칩이 출하된 상태였고 얼마나 많은 사람이 교환을 요구할지 아무도 감을 잡을 수 없었다. 일부만 요구할지, 아니면 모두가 원할지 알 수 없었다.

며칠 만에 우리는 빗발치는 문의 전화를 응대할 전담 조직을 새로 만들었다. 우리는 인텔의 사업이 최종 소비자를 대상으로 한 비즈니스라 생각해 본 적이 없었고 최종 소비자의 요구를 직접 응대한 경험도 없었다. 하지만 이제 갑작스럽게 인텔은 그런 일을 매일 주요 업무로 수행해야 했다. 처음에는 설계자, 영업 사원, 소프트웨어 엔지니어 등 인텔의 여러 부서에서 자원한 사람들로 인력을 구성했다. 그들은 원래 업무를 모두 내려놓고서 임시로 마련된 책상 앞에 앉아 고객 전화를 받고 이름과 주소를 적는 일을 했다. 우리는 수십만 개의 칩을 교환해 주는 작업을 체계적으로 관리하기 시작했다. 칩의 입출고를 추적하는 물류 시스템을 개발하고, 직접 칩을 갈아 끼울 줄 모르는 사람들을 위한 서비스망을 구축했다.

처음 부동 소수점 오류를 발견했던 지난여름에 우리는 칩의 설계를 수정했고, 칩이 새로운 문제를 발생시키지 않도록 매우 철저하게 확인했으며, 이 사건이 발발할 즈음에는 수정된 설계에 따라 생산을 이미 시작하고 있었다. 각 공장은 크리스마스 휴가를 반납하고 수정된 칩 생산에 몰두했고, 예전에 생산된 칩은 모두 폐기 처분했다.

결과적으로 우리는 4억 7500만 달러라는 엄청난 손실을 감수해야 했다. 이 손실금은 칩 교환 비용과 예전 칩 폐기 비용을 더한 금액이었는데, 1년 치 연구 개발비 또는 5년 치 펜티엄 프로세서 광고비와 맞먹는 수준이었다.

그리고 우리는 완전히 새로운 방식으로 사업을 다시 시작했다.

무슨 일이 벌어졌던 걸까? 바로 거대하고, 예전과 완전히 다르며, 전혀 예상치 못했던 무엇이었다.

26년간 매일 사업을 해 오면서 인텔은 자체 기준으로 제품의 좋고 나쁨을 결정했다. 자체 품질 기준과 성능을 설정했고, 우리가 정한 기준을 만족시키는 제품을 시장에 내놓았다. 결국 우리는 제품의 좋고 나쁨을 결정할 수 있는 암묵적 권리(그리고 의무)가 우리에게 있다고 여기며 제품을 설계했던 것이다. 아무도 우리에게 그런 권리가 있는지, 우리가 전반적으로 올바른 목표를 향하고 있는지에 의문을 제기하지 않았다. 26년이 넘도록 우리는 디램DRAM을 비롯한 여러 종류의 메모리 칩, 마이크로프로세서, 싱글보드컴퓨터 등 클래식이라고 칭할 만한 제품을 연이어 개척했다. 우리 제품들은 디지털 전자 사업의 초석이 되었다. 그러나 이제는 갑자기 모든 사람이 "왜 당신네가 나서서 이게 좋네, 저게 좋네 하며 우리에게 참견인가?"라고 말하는 듯 쏘아보고 있었다.

더욱이 지금까지 마이크로프로세서를 컴퓨터 사용자가 아니라 컴퓨터 제조업체에 판매했기에, 문제가 생기면 컴퓨터 제조업체와 엔지니어 대 엔지니어의 관계로 칠판이 마련된 회의실에서 만나 데이터 분석을 기반으로 논의해 왔다. 하지만 이제는 갑자기 매일 2만 5000명의 최종 사용자가 전화를 걸어 "나한테 새 부품을 보내요, 이상!"이라고 요구하고 있었다. 우리에게 직접 물건을 구입하지 않았지만 우리에게 분노하고 있는 사람들을 상대해야 했다.

감당하기 가장 힘들었던 점은 인텔의 대외 이미지 추락이었다. 그때까지 나는 인텔이 규모가 커지긴 했지만 창의적이고 역동적인 스타트업 기업과 다를 바 없다고 생각했다. 우리는 돈 한 푼도 소중히 했고, 직원들은 자기 이익보다 회사 이익을 우선시했으며, 문제가 발생하면 누가 시키지 않아도 모든 부서 직원이 달라붙어 해결에 전념하곤 했다. 그러나 이제는 세상 모든 사람이 인텔을 전형적인 공룡 기업쯤으로 여기는 듯했다. 그리고 대중의 눈에 우리는 사람들에게 속임수를 쓰는 기업이 되어 버렸다. 대외 이미지는 내가 생각했던 것과 완전히 달라졌다.

우리에게 대체 무슨 일이 생긴 걸까? 왜 지금 이런 일이 벌어졌을까? 무엇인가가 분명 있었지만, 사태의 한복판에 있을 때는 그게 무엇인지 파악하기 어려웠다.

무엇이 우리를 격랑의 소용돌이로 몰아넣었나

마이크로프로세서에서 발생한 작은 오류가 왜 6주도 안 되는 기간에 5억 달러 가까운 손실이라는 폭발을 일으킬 수 있었을까? 사건이 터지고 1년 정도 지나 나는 그 원인을 제공한 크고 장기적인 힘 2가지를 깨닫게 되었다.

첫 번째는 우리 제품에 대한 인식을 변화시키려 했던 노력과 관련이 있다. 몇 년 전 우리는 "인텔 인사이드Intel Inside"라는 캐치프레이즈를 내세워 대대적인 마케팅 캠페인을 벌였다. 이 시도는 일반 소비자를 대상으로 한 판매 마케팅과 맞먹을 정도로 당시 업계에서는 가장 큰 캠페인이었다. 자신의 컴퓨터에 탑재된 마이크로프로세서가 곧 컴퓨터 자체라는 인식을 컴퓨터 사용자들에게 인식시키는 것이 캠페인의 목적이었다.

여느 훌륭한 마케팅 캠페인들처럼 인텔의 시도는 사용자들에게 진실을 더욱 확실하게 인식시키는 효과를 발휘했다. 캠페인을 실시하기 전에 사람들에게 어떤 컴퓨터를 가지고 있느냐고 물으면, 대부분은 컴퓨터 제조업체나 깔려 있는 소프트웨어 이름을 말하기보다 "386 컴퓨터를 가지고 있어요"라는 식으로 마이크로프로세서 이름으로 답하곤 했다. 컴퓨터 사용자들은 컴퓨터의 정체성과 클래스는 무엇보다 그 안에 장착된 마이크로프로세서로 결정된다는 점을 본능적으로 알고 있었던 것이다. 이런 사실은 분명 인텔에 무척 좋은 일이었다. 컴퓨터 사용자들에게 우리만의 차별성과 정체성을 제시할 수 있었고 우리 제품에 대한 인지도를 높일 수 있었기 때문이다.

인텔은 좀 더 넓은 소비자층과 미래의 컴퓨터 구매자들을 대상으로 캠페인을 전개하기로 방향을 세웠다. 우리는 독특한 로고를 제작해 인텔의 마이크로프로세서를 사용하는 제조업체가 광고를 내보낼 때 로고를 노출시켜 줄 것과 컴퓨터 겉면에 스티커로 붙여 줄 것을 요청했다. 국내외 수백 개 제조업체가 이 캠페인에 동참했다.

우리는 이 브랜드 홍보에 어마어마한 비용을 쏟아부었다. 세계 곳곳에 'Intel Inside' 로고가 새겨진 대형 광고판을 세우고 여러 개의 언어로 TV 광고를 내보냈다. 또한 'Intel Inside'가 새겨진 자전거 반사판 수천 개를 중국에 배포했다. 1994년에 실시한 자체 조사에서 우리 로고는 코카콜라나 나이키와 어깨를 나란히 하는, 가장 인지도 높은 로고 중 하나가 되었다는 결과가 나왔다. 이런 상황이다 보니, 우리 주력 제품인 펜티엄 칩에 문제가 불거졌을 때 사용자들이 직접 우리를 겨냥해 공격했던 것이다.

엄청난 소용돌이로 악화시킨 두 번째 근본 요인은 순전히 회사 규모에 있었다. 수년 동안 인텔은 세계에서 가장 큰 반도체 제조업체로 군림해 왔다. 우리는 몇 년 전까지만 해도 공룡 기업이라 불렸던 미국의 여러 제조업체를 앞질렀고, 10년 전만 해도 우리를 시장에서 몰아낼 것처럼 위세를 떨치던 일본의 주요 제조업체들(5장에서 더 자세히 이야기하겠다)을 멀찌감치 따돌렸다. 인텔은 빠르게 성장했고 그 속도는 대부분의 대기업보다 빨랐다. 그리고 규모가 훨씬 어마어마했던 고객사들보다 더 큰 기업으로 성장했다. 아이가 성장하면서 아빠보다 키가 커졌음을 깨닫듯이, 인텔의 규모는 어느덧 고객사를 능가했다.

이 모든 일이 지난 10년 동안 비교적 빠르게 일어났다. 여기저기서 우리 규모를 인식하는 걸 보고 문득문득 감동하곤 했지만, 대개는 업계 내 다른 기업들로부터 받는 존경이었고 우리는 거기에 연연해하지 않았다. 그것은 부지불식간에 그냥 일어난 일이었고, 우리 스스로 인텔을 거대 규모의 조직이라 생각하지는 않았다.

하지만 이제는 우리의 거대한 규모와 강한 정체성이 빚어낸 생소하고 유쾌하지 않은 문제에 직면하고 만 것이다. 컴퓨터 구매자들의 눈에 인텔은 이미 공룡 기업이었지만, 불행히도 우리는 부동 소수점 사건이 터지고 나서야 현실을 깨달았다.

오랜 시간에 걸쳐 쌓이고 쌓여 생겨난 엄청난 변화인 터라 사업의 옛 규칙은 더 이상 유효하지 않았다. 세상을 지배하는 새로운 규칙은 우리에게 5억 달러라는 대가를 치르게 할 만큼 강력했다.

문제는 규칙이 바뀌었음을 깨닫지 못했다는 것만이 아니었다. 새롭게 등장한 규칙이 무엇인지 모른다는 게 더 큰 문제였다.

이 사건이 터지기 전 우리는 컴퓨터 제조업체들에 제품을 적절히 공급하고 제품 품질을 유지하는 데 최선을 다했다. 우리는 컴퓨터 제조업체 엔지니어들과 컴퓨터 사용자들 모두에게 우리 제품을 마케팅했다. 인텔은 스타트업 기업처럼 신속하고 민첩하게 그리고 열심히 일했다. 그러나 제대로 돌아가던 모든 것들이 갑자기 더 이상 효과를 발휘하지 못하는 것 같았다.

이 사건을 둘러싸고 우리에게 벌어진 일들은 다른 사업에서도 흔히 일어나곤 한다. 모든 사업은 암묵적인 규칙에 따라 운영되는데, 그 규칙은 때때로 아주 심각한 수준으로 변모하곤 한다. 하지만 그런 변화의 시작을 알리는 경고등은 없다. 예고 없이 서서히 다가와 우리를 덮친다.

우리는 그저 거대하고 중요한 무언가가 변했다는 것만 알 수 있을 뿐, 그게 정확히 무엇인지는 파악하지 못한다. 이것은 바람을 타고 항해하는 것과 비슷하다. 갑판 아래 선실에 있으면 배가 기우뚱하고 나서야 바람이 심상치 않음을 인지한다. 과거에 먹혔던 방법은 더 이상 효과가 없다. 문제가 생기기 전에 배의 방향을 신속하게 다른 쪽으로 바꿔야 하고, 새로운 항로로 배가 잘 운항하길 바란다면 바뀐 바람의 방향과 세기를 제대로 감지해야 한다. 이때 가장 힘든 점은 단호하고 어려운 행동이 요구된다는 것이다.

이런 현상은 매우 흔히 볼 수 있다. 사업은 다른 사업에 변화를 일으킨다. 경쟁 역시 변화를 일으킨다. 기술도 마찬가지다. 규제의 출현과 폐지는 또 다른 변화를 유발한다. 그러한 변화는 한 기업에만 영향을 미치기도 하지만, 업계 전체로 확산되기도 한다. 그러므로 배가 난파하기 전에 바람의 변화를 읽고 적절한 행동을 취하는 능력이야말로 기업의 미래에 대단히 중요하다.

항상 뒤늦게 깨닫는 사람

펜티엄 칩의 부동 소수점 오류 사건이 발생한 후 3개월 동안 여러 가지 일들이 있었는데, 마이크로소프트Microsoft가 새로운 운영 체제OS, operating system인 윈도 95Windows 95의 출시를 연기했고, 애플 Apple도 새로운 소프트웨어 코플랜드Copland 출시를 미뤘다. 예전부터 지적돼 온 윈도의 계산기 프로그램과 매킨토시Macintosh용 워드 Word 프로그램의 버그는 업계 신문 보도를 통해 상당한 주목을 끌었고, 디즈니Disney의 〈라이언 킹Lion King〉 CD롬 게임과 인튜이트 Intuit의 세무 프로그램은 사용하기 어렵다는 문제로 연일 일간지를 장식했다.[3] 무엇인가 변한 것이다. 인텔뿐 아니라 첨단 업계의 다른 업체들에도.

나는 이러한 변화가 첨단 산업만의 현상이라고 생각하지 않는다. 일간지에서 다른 산업의 사례를 얼마든지 찾아볼 수 있다. 금융과 의료 산업뿐 아니라 미디어와 통신 산업에서 벌어지고 있는 거침없는 투자, 인수, 시장 퇴출 등의 현상은 '무엇인가가 바뀌었다'고 시사하는 듯하다. 기술은 이 모든 변화와 관련이 있는데, 이는 오로지 기술이 각 산업에 속한 기업들에 그들을 둘러싼 질서를 뒤바꿀 힘을 부여해 주기 때문이다.

업계에서 중간 관리자 위치에 있다면, 회사 전체 또는 고위 경영자보다 먼저 상황 변화의 조짐을 느낄 수 있을지 모른다. 중간 관리자, 특히 영업직처럼 바깥세상을 상대로 일하는 중간 관리자는 예전에 잘 작동하던 것이 더 이상 효과가 없다는 것, 즉 규칙이 바뀌었다는 것을 제일 먼저 인식한다. 그들은 보통 고위 경영자에게 그런 변화를 편하게 설명할 기회를 갖지 못한다. 그렇기에 고위 경영자는 세계가 변화하고 있음을 나중에야 알게 된다. 리더는 흔히 가장 나중에 아는 사람이 되고 만다.

예를 들어 보자. 최근에 나는 우리 거래처 중 한 곳이 개발한 새로운 소프트웨어가 큰 호평을 얻고 있다는 소식을 들었다. 인텔의 IT 책임자는 우리가 이 신규 소프트웨어를 도입해 사용하면 예상치 못한 장애를 겪게 될 거라며 해당 소프트웨어의 다음 버전이 나올 때까지 기다리는 게 좋겠다는 의견을 밝혔다. 게다가 인텔의 마케팅 책임자는 다른 기업들 역시 그리한다는 이야기를 전했다.

나는 그 소프트웨어 회사 CEO에게 전화를 걸어 내가 보고받은 이야기를 들려준 후 이렇게 물었다. "전략을 변경해 곧장 새 버전을 개발할 의향이 있습니까?" 그는 "절대 그럴 일 없습니다"라고 잘라 말하며 지금껏 해 오던 대로 고수할 것이라고 답했다. 아무도 자신들의 전략에 문제를 제기하지 않았다면서 말이다.

내가 이 통화 내용을 전하자 우리 IT 책임자는 이렇게 말했다. "글쎄요, 그분은 항상 제일 나중에 아는 사람이잖아요." 대부분의 CEO들처럼 그는 여러 직위의 직원들에게 겹겹이 에워싸인 채 바깥세상 소식이 침투하기 어려운 요새에 머물러 있었다. 반면 인텔의 IT 책임자와 마케팅 책임자는 바깥세상을 상대로 뛰는 사람들이다.

나는 펜티엄 칩 사태의 영향력을 나중에 가서야 깨달은 사람 중 하나였다. 가차없는 비난 세례를 경험하고 나서야 무엇인가가 변했다는 것과 새로운 환경에 적응해야 한다는 것을 깨달았으니 말이다. 누구나 아는 소비 제품 업계의 거물이 되었다는 사실을 받아들이고 기존의 방식을 변화시킬 것인가? 아니면 새로운 고객 관계를 정립할 기회가 사라져 가고 기업의 평판과 안정성이 무너져 가는데도 옛 방식을 고수할 것인가?

여기서 얻을 수 있는 교훈은 '변화의 바람에 스스로를 노출해야 한다'는 것이다. 우리 고객들, 기존 고객들뿐 아니라 과거에 집착하느라 놓쳐 버릴 수 있는 고객들에게 우리 스스로를 열어 두어야 한다. 우리에게 경고 메시지를 전달하는 일선 직원들의 목소리에 귀를 기울여야 한다. 언론인과 금융 커뮤니티의 사람들처럼 우리를 지속적으로 평가하고 비판하는 사람들의 코멘트를 언제나 환영해야 한다. 입장을 바꿔 그들에게 물어 보라. 경쟁사, 업계 트렌드, 우리가 관심을 가져야 할 문제 등을 말이다. 변화 앞에 스스로를 적나라하게 노출할 때, 사업 감각과 본능은 다시 빠르게 예리함을 되찾을 것이다.

'10배' 변화의 위력

"이러한 변화가 사업에 끼치는 영향은 엄청나다.
그리고 이러한 변화에 어떻게 대처하느냐가
사업의 미래를 결정한다."

사업에 영향을 미치는 6가지 힘

"변화를 수용하라"는 말이 경영의 상투어가 될 정도로 경영자들은 변화에 관해 이야기하길 아주 좋아한다. 하지만 전략적 변곡점은 변화와 다르다. 비유하자면, 전략적 변곡점은 전문가들조차 조심스럽게 접근할 만큼 유속이 엄청나게 빠르고 물살이 거친 강을 조각배를 타고 가는 것과 마찬가지다.

앞 장에서 전략적 변곡점의 한가운데에 놓인다는 게 어떤 건지 살펴보았다. 이제는 한 발 뒤로 물러서서 전략적 변곡점을 초래하는 요인이 무엇인지 분석해 보자.

사업의 경쟁 요인에 대한 분석은 정적인 경우가 대부분이다. 그런 분석은 사업을 유리하거나 불리한 위치로 이끈 일시적인 영향력들을 매번 기술하는 식이라서 영향력들 사이의 균형에 중대한 변화가 일어나면 그다지 도움이 안 된다. 예를 들어 전통적인 경쟁 요인 분석법으로는 1가지 힘이 10배로 확대될 때 사업에 어떤 영향을 미치는지 이해하기가 쉽지 않다.

그럼에도 전통적인 분석법은 사업에 영향을 미치는 요인을 기술할 때 유용한 도구가 된다. 하버드대학교의 마이클 포터Michael Porter 교수가 제안한 고전적인 경쟁 전략 분석법을 간단하게 살펴보자. 그는 기업의 경쟁력을 결정하는 다양한 힘들을 규명했다. 여러 세대에 걸쳐 기업인들과 경영학도들은 이 힘들의 관점에서 사고하는 훈련을 해 왔기 때문에 나는 이를 출발점으로 삼고자 한다. 포터는 사업의 경쟁력을 결정하는 5가지 힘을 이야기한다.[1] 내 방식대로 새롭게 설명하면 다음과 같다.

- **기존 경쟁자**existing competitor**의 힘, 세력, 역량**

  경쟁자가 많은가? 재무 상태는 양호한가? 그들이 우리의 산업에 확실하게 집중하는가?

- **공급자**supplier**의 힘, 세력, 역량**

  공급자가 많아서 선택의 여지가 많은가, 아니면 소수의 공급자가 우리 사업을 장악하고 있는가? 공급자의 전략이 공격적이고 이익 창출에 열을 올리는가, 아니면 보수적이고 고객에 대해 장기적인 관점을 가지고 행동하는가?

- **고객**customer**의 힘, 세력, 역량**

  고객이 많은가, 아니면 한두 주요 고객에게 의존하고 있는가? 우리에게 매우 많은 것을 요구하는 고객인가(아마 치열한 경쟁 환경에 놓여 있어서), 아니면 '신사적인' 고객인가?

- **잠재 경쟁자**potential competitor**의 힘, 세력, 역량**

현재는 우리 산업 바깥에 있지만 상황이 바뀌면 진입할 수 있는 기업들이다. 기존 경쟁자들보다 규모가 크고, 경쟁력 있고, 자금력이 풍부하고, 공격적일지 모른다.

- **대체재**substitution**의 힘, 세력, 역량**

우리 제품이나 서비스를 다른 방식으로 만들거나 제공할 수 있는 가능성을 말한다. 이를 보통 '대체재'라고 부르는데, 나는 이 마지막 요인이 무엇보다 치명적이라고 생각한다. 새로운 기술과 새로운 접근 방식은 기존 질서를 뒤집어 놓고, 새로운 규칙을 강제하며, 사업 수행 방식에 완전히 새로운 바람을 불러일으킬 수 있다. 도로 운송과 항공 운송이 철도를 대체했고, 컨테이너 선적이 전통적 항만 시설을 대체했으며, 대형 할인 매장이 소매점을 대체했다. 마이크로프로세서가 계속해서 컴퓨터 산업을 대체해 가고 있는데, 앞으로 언젠가는 디지털 미디어가 엔터테인먼트 산업을 대체할지 모른다.

- **보완자**complementor**의 힘, 세력, 역량**

최근에 수정된 경쟁 이론은 이 여섯 번째 요인에 주목하고 있다.[2] 보완자란 다른 것과 결합해 더 나은 성능을 내도록 하는 제품이나 그것이 있어야만 다른 것이 작동하는 제품을 생산하는 업체를

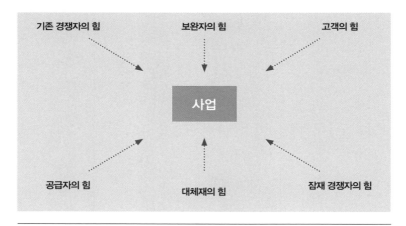

[2-1] **6가지 힘**

말한다. 자동차는 가솔린이 필요하고, 가솔린은 자동차가 필요하다. 컴퓨터는 소프트웨어가 필요하고, 소프트웨어는 컴퓨터가 필요하다. 보완자들은 보통 우리와 동일한 관심을 갖고 있으며 동일한 길을 간다. 그래서 나는 그들을 '동반자fellow traveler'라고 부른다. 각자의 관심이 일치하면 각자의 제품은 서로를 돕는다. 하지만 새로운 기술과 새로운 접근 방식은 기존 질서를 무너뜨리고 보완자의 상대적 영향력을 변화시키거나 동반자의 길에서 벗어나게 만들 수 있다.

이 6가지 힘을 정리하면 도표 [2-1]과 같다.

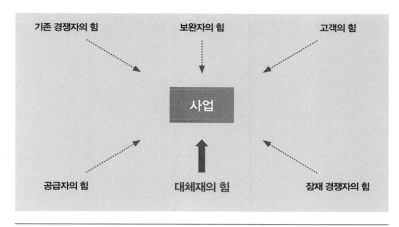

[2-2] 10배로 커진 대체재의 힘

'10배' 힘이 일으키는 '10배' 변화

사업의 어떤 요소에서 일어난 수행 방식의 변화가 익숙한 수준을 훨씬 뛰어넘어 커다란 질서로 자리를 잡으면 기존의 어떤 방법도 소용이 없어진다. 바람이 태풍이 되고 파도가 해일이 되듯이, 하나의 힘이 '슈퍼 파워'가 된다. 나는 6가지 힘들 중 하나의 힘에 이렇게 엄청난 변화가 일어나는 상황을 '10배 변화'라고 부른다. 도표 [2-2]는 6가지 힘들 중 대체재가 기존보다 10배로 커진 경우를 보여 준다.

　어떤 사업이 [2-1]에서 [2-2]로 이동한다면, 감당해야 할 변화는 엄청날 것이다. 이런 '10배 힘'에 봉착하면 사업의 운명을 통

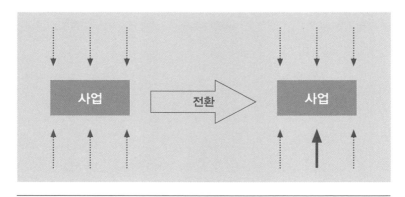

[2-3] **사업의 전환**

제하기가 대단히 힘들어진다. 예전에는 없었던 일들이 벌어지고, 지금껏 해 오던 대응 방법으로는 더 이상 사업을 끌고 가기 어렵다. '무엇인가 바뀌었다'라는 문구가 마침내 현실이 되고 만다.

'10배 힘'에 맞닥뜨리면 사업을 운영하기가 '아주, 아주, 아주' 어렵다. 지금껏 해 오던 대로 조치를 취하면 사업은 전혀 다르게 반응하기 때문에 통제력을 잃고 어찌할 바를 모르게 된다. 결국 산업은 새로운 평형 상태에 이르게 된다. 몇몇 업체들이 강력해지고 다른 업체들은 약해질 것이다. 도표 [2-3]에서 나타낸 전환기 중에는 특히 혼란스럽고 위험할 것이다.

아무도 당신이 전환기에 들어섰다는 사실을 경고해 주지 않는다. 이런 전환은 어떤 힘들이 점점 커지면서 그에 따라 사업의 특성들이 변화하기 시작하는 '점진적 과정'이기 때문이다. 오직 시작점과 끝점만이 명확하고, 그 사이의 전환 과정은 점진적이다. 그래서 우리는 뒤늦게 알아채고 당황하게 된다.

이러한 변화가 사업에 미치는 영향은 엄청나다. 그리고 이러한 변화에 어떻게 대처하느냐가 사업의 미래를 결정한다. 이 현상을 변곡점으로 설명해 보자.

전략적 변곡점이란 무엇인가

변곡점이란 무엇인가? 수학적으로 변곡점은 곡선 기울기의 변화율(이를 2차 미분계수라고 부른다)이 '양에서 음으로' 또는 '음에서 양으로' 변할 때를 말한다. 물리적으로는 곡선의 모양이 '오목에서 볼록으로' 또는 '볼록에서 오목으로' 바뀔 때를 일컫는다. 도표 [2-4]에서 보듯이, 변곡점은 한쪽 방향으로 휘던 곡선이 다른 방향으로 휘기 시작하는 지점이다.

변곡점은 사업 전략에서 중대한 의미를 지닌다. 전략적 변곡점은 기존의 전략이 새로운 전략으로 대체될 때를 말한다. 이 변곡점에 슬기롭게 대처하면 사업이 새로운 도약으로 나아가지만, 그러지 못하면 사업이 정점을 지나 쇠퇴하고 만다. 전략적 변곡점 주변에 이르면 경영자는 혼란스러워하며 '무엇인가가 변했다'라고 느끼게 된다.

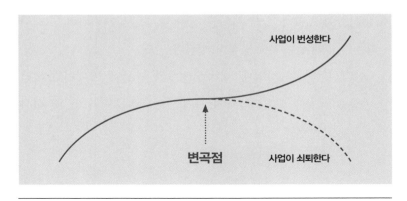

사업이 번성한다

변곡점

사업이 쇠퇴한다

[2-4] 변곡점

달리 말해 전략적 변곡점이란 구조, 사업 방식, 경쟁 방식이 옛 것에서 새것으로 전환되면서 힘의 균형이 이동할 때를 가리킨다. 전략적 변곡점에 이르기 전에는 모든 것이 예전과 다를 바 없지만, 그것을 지나면 새로운 양상이 펼쳐진다. 곡선이 미묘하게나마 다른 방향으로 휘기 시작하면 나중에는 예전으로 회귀하지 못하듯 말이다.

그렇다면 전략적 변곡점은 정확히 언제 생겨날까? 사실 그 시기가 지나가도 정확히 언제였는지 짚어 내기가 쉽지 않다. 친구들 여럿이 함께 하이킹을 하다가 길을 잃었다고 가정해 보자. 유난히 걱정이 많은 한 친구가 가장 먼저 리더에게 이렇게 말할 것이다. "우리가 어디로 가고 있는지 알고 있는 거야? 길을 잃은 거 아냐?" 리더는 질문을 일축하고 계속 나아간다. 하지만 이정표 같은 익숙한 표지가 보이지 않으면 불안한 마음이 쌓이게 되고 어느 지점에 이르면 리더는 주저하며 걸음을 멈추고 머리를 긁적거리며 인정한 다. "우리 길을 잃은 것 같아"라고. 이러한 순간이 사업에서 전략적 변곡점이다.

나중에 돌이켜 생각해도 정확히 언제 전략적 변곡점이 발생했 는지 말하기 어렵다면, 통과하는 동안에도 언제가 정확히 변곡점 인지 파악할 도리는 없을 것이다. 하이킹을 하는 친구들이 서로 다 른 지점에서 길을 잃었다고 의심하듯, 전략적 변곡점을 지나온 사 람들은 서로 다른 시점이 변곡점이었다고 주장한다.

변곡점이 한창 진행 중일 때 사람들 사이에서는 격렬한 논쟁 이 벌어지곤 한다. "우리 제품을 좀 더 개선하고 비용을 좀 더 줄인 다면 문제가 사라질 겁니다"라고 누군가 말한다. 그의 말은 부분적 으로 옳다. 또 다른 사람이 "단지 경기가 침체돼서 그래요. 설비 투 자가 반등하면 우린 다시 성장할 겁니다"라고 한다면 이 말 역시 어느 정도는 맞다.

그런데 무역 박람회를 다녀온 사람이 혼란스럽고 불편한 심기 를 드러내며 "도무지 이해가 안 돼요. 요즘 사람들이 컴퓨터를 왜 그런 용도로 사용하는지 정말 모르겠어요"라고 말한다. 일견 일리 가 있다 하더라도 이 의견은 다른 이들에게 그다지 진지하게 받아 들여지지 않는다.

전략적 변곡점의 인식 단계

그렇다면 어떤 상황이 전략적 변곡점임을 어떻게 알 수 있을까? 전략적 변곡점에 대한 인식은 대부분 다음과 같이 단계적으로 이루어진다.

먼저 무엇인가가 바뀌었다는, 막연하지만 불편한 느낌이 들게 된다. 모든 게 예전 같지 않다. 고객들의 태도가 변화했다. 성공작을 내던 개발팀은 더 이상 이렇다 할 제품을 제시하지 못하는 것 같다. 대수롭지 않다고 여기거나 존재하는지조차 몰랐던 경쟁자들이 우리 사업을 빼앗아 간다. 무역 박람회의 출품작들은 이상한 것들뿐이다.

그다음 우리 회사가 하고 있다고 생각하는 것과 실제로 조직 내부에서 벌어지는 일 사이에 부조화가 점점 커진다. 기업 정책과 실제 운영 사이의 엇박자가 익숙하던 수준을 넘어섰음을 깨닫게 된다.

마지막으로 새로운 체계, 새로운 통찰, 새로운 행동이 마침내 모습을 드러낸다. 길을 잃은 무리가 다시 방향을 잡듯이 말이다(이렇게 되기까지 짧게는 1년, 길게는 10년이 걸리기도 한다). 보통은 새로운 경영진이 마침내 새로운 기업 정책을 수립한다.

전략적 변곡점을 잘 통과해 가는 것은 하이킹을 하다가 길을 잃지 않는 것 이상으로 큰 모험이다. 마치 사업의 옛 방식과 새 방식 사이에 놓인 '죽음의 계곡'을 건너는 것과 같다. 하지만 동료 중 일부는 그 계곡을 건너지 못할 것임을 잘 알면서도 앞으로 나아가야 한다. 고위 경영자의 책무는 희생에도 불구하고 어렴풋이 감지되는 목표를 향해 전진하도록 구성원들을 독려하는 것이며, 중간 관리자의 책임은 그러한 결정을 따르고 지원하는 것이다. 다른 선택의 여지는 없다.

모두가 위기의 심각성을 크게 인식하지만 올바른 방향이 어디인지에 대해서는 같은 팀 내에서도 의견이 갈릴 것이다. 다양한 관점을 둘러싸고 흉흉한 갈등, 굽히지 않는 결의, 진지한 태도가 갈수록 도를 더할 것이고, 마치 종교 교리처럼 각자 의견을 고집하며 팽팽하게 맞설 것이다. 한때 합의를 이루며 건설적으로 운영되던 조직 내에서 '성전聖戰'이 벌어지면서 오랫동안 친구처럼 일한 동료들끼리 서로 반목할 것이다. 이럴 때 고위 경영자가 해야 할 일은 방향을 설정하고, 전략을 수립하고, 팀워크를 독려하고, 직원들의 사기를 높이는 것이지만, 사실상 불가능에 가까울 정도로 점점 더 어려운 일이 되고 만다. 그리고 중간 관리자가 해야 할 일은 정책을 실행하고, 고객을 잘 관리하고, 직원들을 훈련시키는 것이지만, 역시나 힘든 일이 되고 만다.

이처럼 확실한 실체를 가늠할 수 없는 변곡점과 맞닥뜨린 상황에서, 회사를 살리거나 일자리를 지킬 변화를 도모하고 적절한 행동을 취해야 하는 정확한 시점을 어떻게 파악할 수 있을까? 유감스럽게도 그것은 불가능하다.

하지만 그렇다고 마냥 손 놓고 기다릴 수는 없는 노릇이다. '타이밍이 전부'기 때문이다. 회사가 아직 건실하고 현재 운영 중인 사업이 안전망의 보호를 받고 있을 때 새로운 사업 방식을 실험할 수 있다면, 회사 자원을 아끼고 직원들과 전략적 위치를 상당 부분 보호할 수 있다. 하지만 실험은 지식과 데이터가 충분치 않을 때 이루어지기 마련이다. 그러므로 과학적 경영 방식을 신봉하는 사람이라 해도 본능과 개인적 판단에 의존해야만 한다. 전략적 변곡점이라는 소용돌이에 휩싸여 있다면, 애석하게도 본능과 개인적 판단만이 가야 할 방향을 안내해 주는 수단이다.

그러나 다행스러운 것은 자신의 판단 때문에 곤경에 처하기도 하지만 그 판단 덕에 힘든 상황에서 빠져나올 수도 있다는 점이다. 물론 달라진 여러 신호를 파악할 수 있도록 본능적 감각을 단련하는 일이 관건이다. 안 그러면 그런 신호들이 존재하는데 그냥 지나칠지 모른다. 깨어 주시하고 귀 기울여야 할 시점, 그때가 바로 전략적 변곡점이다.

컴퓨터 산업의
근본적 변화

"컴퓨터의 기반뿐 아니라,
 경쟁의 기반 또한 바뀌었다."

전략적 변곡점이 다가오기 전

경쟁의 여러 힘들(앞에서 언급한 6가지 힘들-옮긴이)에서 일어나는 변화 중 가장 대처하기 힘든 것은, 하나의 힘이 아주 막강해져 그것이 산업 내 사업의 핵심 운영 방식을 송두리째 바꾸는 경우다. 이를 보여 주는 역사적 사례는 아주 많다. 철도가 교통과 운송 산업 등 동시대의 많은 것들을 변모시키고, 작은 소매점이 대형 할인 매장 때문에 사라지는 것만 봐도 그렇다. 어떤 산업이든, 어느 지역이든, 어느 시대든 간에 그 교훈과 원리는 거의 비슷하다.

나는 내게 익숙한 컴퓨터 산업의 사례를 소개함으로써 이 모든 것들이 어떻게 작동하는지 설명할까 한다. 컴퓨터가 간단한 범용 프로세서를 기반으로 제작되고 그에 따라 PC가 등장하면서 이전 수준보다 10배 이상의 비용-효과성cost-effectiveness, 이른바 가성비(가격 대비 성능 비율)를 너끈히 달성하게 되었다. 5년이 조금 넘는 기간 동안 성능 대비 비용은 90퍼센트가 감소했는데, 이는 전례 없는 감소율이었다.[1] 이러한 컴퓨터 제작 방식의 엄청난 변화는 컴퓨터 사업에 거대한 결과를 선사했다.

수직적 구조 아래 돌아가던 컴퓨터 산업

그전까지 컴퓨터 산업은 수직계열화되어 있었다. 도표 [3-1]에서 보듯 컴퓨터 제조업체가 자체 반도체 칩을 개발하고, 자체 설계해 자체 생산한 칩으로 컴퓨터를 제조하고, 자체 운영 체제(모든 컴퓨터 작동의 기초가 되는 소프트웨어)를 개발하고, 자체 애플리케이션application(회계, 판매, 재고 관리 등 다양한 용도에 쓰이는 응용 소프트웨어)을 마케팅하는 식이었다. 영업 사원들은 자체 칩, 자체 컴퓨터, 자체 운영 체제, 자체 애플리케이션을 모두 묶어 판매했다. 이것이 바로 수직계열화의 의미다. 이 문단에서 '자체'라는 말이 얼마나 등장했는지 세어 보라. '자체'라는 말은 과거 컴퓨터 산업의 상투적 표현이기도 했던 '독자'라는 단어로 바꿔도 무방하다.

이렇게 수직계열화된 기업은 역시나 수직계열화된 다른 기업들과 경쟁해야 했다. 영업 사원들은 수직적으로 조합한 상품을 고객에게 제안했고, 고객사는 따로따로가 아니라 수직계열화된 상품 묶음을 구매해야 했다.

이런 산업 구조에는 장점과 단점이 공존했다. 장점은 한 회사가 자체 칩, 자체 하드웨어, 자체 소프트웨어를 개발하고 자체 직원

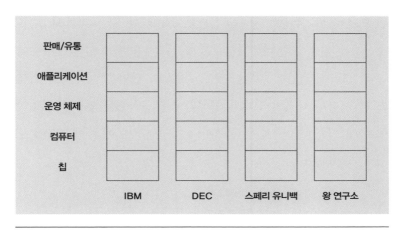

	IBM	DEC	스페리 유니백	왕 연구소
판매/유통				
애플리케이션				
운영 체제				
컴퓨터				
칩				

[3-1] 수직계열화된 컴퓨터 산업(1980년경)

들을 통해 판매하고 서비스하면 그 모든 부문이 이음매 없는 한 덩어리의 제품으로 여겨져 전체가 함께 작동한다는 것이었다. 반면에 단점은 이런 수직계열화된 제품에 고객이 얽매이게 된다는 점이었다. 한 블록에서 문제가 생기면 그 블록만 버릴 수 없고 덩어리째 전부 버려야 하므로 손해가 막심했다. 그렇기에 수직계열화된 컴퓨터 제조업체의 고객들은 최초에 선택한 솔루션에 오랫동안 머무르는 경향을 보였다. 두말할 필요 없이 최초 판매 시의 경쟁이 매우 중요했다. 주문을 따낸 기업이 장기적인 이득을 취했기 때문이다. 이것이 수십 년간 행해진 사업 방식이었다.

이때 마이크로프로세서가 등장했고 이를 기반으로 PC가 '10배' 힘을 발휘하게 되었다. 전에는 많은 칩이 필요했지만 기술 발전 덕분에 이제는 단 하나의 칩으로 충분했고, 모든 종류의 PC를 생산하는 데 동일한 마이크로프로세서를 사용할 수 있었기 때문에 10배 힘이 창출됐다. 마이크로프로세서가 산업을 지탱하는 초석이 됨에 따라 규모의 경제가 형성되어 컴퓨터 생산의 비용효과성이 극대화되었으며, PC는 집에서나 기업에서나 매우 매력적인 도구로 사용되었다.

수평적 구조로 변모한 컴퓨터 산업

시간이 흐르면서 마이크로프로세서의 등장은 컴퓨터 산업의 전체 구조를 수평적인 방향으로 변화시키기 시작했다. 이 새로운 구조에서는 어떤 기업도 모든 영역을 관장하지 못했다.

소비자는 여러 가지 칩 중 하나를 택했고 여러 컴퓨터 제조업체 중 하나를 골랐다. 마찬가지로 자신에게 맞는 운영 체제와 애플리케이션을 소매점이나 컴퓨터 전문점에서 골라 집으로 가져갔다. 소비자는 자신이 각각 선택해 구성한 컴퓨터를 원활하게 작동시키는 데 어려움을 겪기도 했지만, 그럼에도 그런 불편을 기꺼이 감수했다. 예전 같았으면 2만 달러를 주고도 못 살 컴퓨터 시스템을 2000달러 정도면 가질 수 있었기 때문이다. 이것은 너무나 매력적인 제안이라서 작은 불편쯤은 충분히 견딜 만했다. 이처럼 시간이 지나면서 도표 [3-2]와 같은 컴퓨터 산업의 수평적 구조가 자리를 잡았다.

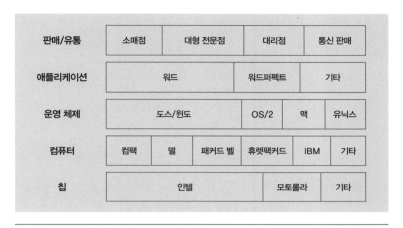

판매/유통	소매점	대형 전문점	대리점	통신 판매
애플리케이션	워드		워드퍼펙트	기타
운영 체제	도스/윈도		OS/2	맥 · 유닉스
컴퓨터	컴팩 · 델 · 패커드 벨		휴렛팩커드 · IBM	기타
칩	인텔		모토롤라	기타

[3-2] 수평적 구조의 컴퓨터 산업(1995년경)

이 도표에서 각 막대는 각 기업이 어느 영역에 특화되어 있고 어떤 기업들과 경쟁하는지 보여 준다. 칩 영역에서 인텔의 마이크로프로세서 아키텍처를 사용하는 마이크로프로세서 공급자들은 모토롤라 같은 다른 종류의 마이크로프로세서를 공급하는 기업들과 경쟁한다. 컴퓨터 영역에서는 컴팩Compaq, IBM, 패커드 벨Packard Bell, 델Dell 등과 같은 다양한 기업이 기본적 형태의 컴퓨터를 공급한다. 비록 각 기업의 컴퓨터 엔지니어들이 경쟁을 위해 각자의 컴퓨터 성능을 향상시킨다 하더라도 이 컴퓨터들은 본질적으로 비슷하다(그래서 각 회사가 막대에서 차지하는 면적이 비슷하게 표현돼 있다-옮긴이).

운영 체제로 눈을 돌리면 소수의 기업이 자리를 잘 잡고 있음을 볼 수 있다. 1980년대에는 마이크로소프트의 초기 운영 체제인 도스DOS가 시장을 석권했고, 1990년대 들어서 사용하기 더 간편한 윈도Windows가 등장해 IBM의 OS/2, 애플의 맥 OS, 그리고 유닉스UNIX 기반의 여러 운영 체제와 경쟁하고 있다(이 책 출간 시점이 1990년대라 현재 시제로 표현했다-옮긴이).

가까운 컴퓨터 전문점을 방문하면 스프레드시트, 워드 프로세서, 데이터베이스, 달력 소프트웨어 등 고객의 선택을 받으려고 진열대 공간을 놓고 경쟁하는 온갖 종류의 애플리케이션을 발견할 수 있다. 판매와 유통은 매우 다양한 루트로 이루어진다. 소매점은 대리점과 경쟁하고, 대리점은 다시 대형 전문점과 경쟁한다. 슈퍼마켓에서 다양한 브랜드의 치약을 판매하듯 이 판매점들은 다양한 컴퓨터와 소프트웨어 제품을 취급한다.

이처럼 1980년대를 지나면서 컴퓨터 산업은 과거의 수직적 구조에서 수평적 구조로 변화했다.[2] 처음에 사람들이 사용하던 컴퓨터는 PC로 바뀌었고, 그 후 컴퓨터 산업의 대세는 점차 이런 방향으로 진행되기 시작했다.[3] 시간이 흐르면서 컴퓨터 산업의 전체 구조는 도표 [3-3]에서 보듯 수평적 구조로 완전히 탈바꿈했다.

아무리 생각해도 나는 컴퓨터 산업의 변곡점이 정확히 어느 시점에 발생했는지 꼬집어 말할 수 없다. PC가 등장하기 시작했던 1980년대 초인가? 아니면 PC 기술 기반의 네트워크 수요가 증가하기 시작한 1980년대 후반인가? 확실히 말할 수는 없지만 몇

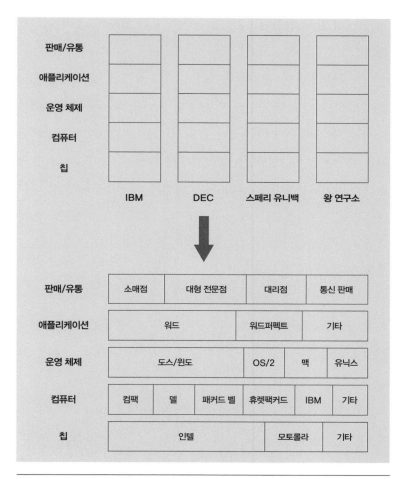

판매/유통			
애플리케이션			
운영 체제			
컴퓨터			
칩			
IBM	DEC	스페리 유니백	왕 연구소

판매/유통	소매점	대형 전문점		대리점	통신 판매
애플리케이션	워드			워드퍼펙트	기타
운영 체제	도스/윈도		OS/2	맥	유닉스
컴퓨터	컴팩	델	패커드 벨	휴렛팩커드	IBM	기타
칩	인텔			모토롤라	기타

[3-3] 컴퓨터 산업의 변모

가지 사실은 분명하다. 1980년대 초만 해도 기존 컴퓨터 기업들의 힘은 여전히 강력했고 여전히 성장을 이어 갔다. 그래서 IBM은

1980년대 말에 이르면 1000억 달러 규모의 회사가 될 거라 기대했다.[4]

하지만 수직적 구조를 유지하던 기존 컴퓨터 기업들은 1980년대 말이 되자 대대적인 인력 감축과 구조 조정을 단행해야 했는데, 이와 동시에 완전히 새로운 형태의 기업들이 시장에 등장하기 시작했다. 얼굴이 희미하게 흐려졌다가 완전히 새로운 얼굴로 변모하는 이미지를 떠올려 보라. 처음 얼굴과 나중 얼굴이 서로 다르다는 것은 알 수 있지만, 어느 시점에 얼굴이 바뀌는지 정확하게 지적할 수는 없을 것이다. 그래서 나는 고심 끝에 1980년대 말이 그 시점이라는 결론을 내렸다.

이러한 탈바꿈 과정이 진행되면서 과거의 수직적 구조 아래 번창하던 컴퓨터 회사들의 생존 가능성은 점차 낮아졌다. 그러나 동시에 산업의 새로운 질서는 수많은 신규 진입자들이 우위를 점할 수 있는 기회를 부여했다.

컴팩은 매출 10억 달러에 가장 빨리 도달한 '포천 500Furtune 500' 기업이 되었다.[5] 컴팩은 새로운 산업의 역학을 이해하고 자신들의 비즈니스 모델을 거기에 맞춤으로써 성장한 기업이었다. 델, 노벨Novell 같은 기업도 마찬가지였다. 이들 기업에 대해서는 나중에 자세히 언급하겠다.

전략적 변곡점 이후: 대량 생산과 대량 유통, 호환성

컴퓨터 산업의 기본 구조뿐 아니라 경쟁의 기본 양상 역시 바뀌었다. 기업들이 영역별로 더 많은 몫을 차지하려고 경쟁하면서 컴퓨터 산업의 경쟁력이 대량 생산과 대량 유통에서 나오기 시작했다. 경쟁의 승자는 더욱 강해졌고, 패자는 시간이 흐르면서 쇠락했다.[6]

1981년 이후 IBM이 자신들의 PC에 마이크로프로세서를 공급할 업체로 인텔을 선택하면서 인텔은 가장 널리 인정받는 마이크로프로세서 공급업체로 성장했다. 그 후 컴퓨터 제조업체와 운영 체제 공급자 등 시장 참여자들은 다른 곳보다는 인텔 아키텍처의 마이크로칩을 기반으로 자신들의 사업을 펼치는 것이 경제적으로 유리하다는 점을 알게 되었다. 왜 그럴까? 매년 생산되는 칩의 양이 훨씬 많았기 때문이다. '볼륨 리더volume leader'(시장에서 가장 많은 양의 제품을 생산하는 업체-옮긴이)에 맞춰 사업을 운영하면 향후에 더 큰 사업을 일구게 되는 법이니까.

애플리케이션 프로그램 개발업체들 역시 생산량이 많은 쪽을 따라가게 되었다. 처음에 그들은 제품 개발 방향을 시장점유율에서 선두를 달리는 마이크로소프트의 윈도에 맞출지, 아니면 그보다 작은 시장점유율을 차지하는 다른 운영 체제에 맞출지 선택해야 했다. 시간이 지나면서 그들은 윈도를 기반으로 제품을 개발하기로 선택했고, 인텔의 마이크로프로세서와 마이크로소프트의 운영 체제는 점차 성공을 구가하게 되었다.

과거 모델에서 새로운 모델로의 산업 전환은 갑자기 일어나지 않았다. 이런 탈바꿈은 몇 년에 걸쳐 일어났고, 메인프레임컴퓨터가 PC에 새로운 애플리케이션을 빼앗기고, 프로그래머들의 관심이 바뀌고, 기존 소프트웨어 기업들의 쇠락과 동시에 새로운 소프트웨어 공급자들이 성장하는 등 여러 작은 단계를 거쳐 발생했다. 시간이 흐르면서 이러한 개별 사건들이 쌓이고 쌓여 산업의 탈바꿈으로 이어졌다.

전략적 변곡점이 IBM에 끼친 충격

수직적 산업 구조에서 수평적 산업 구조로 탈바꿈한 것이 어떤 영향을 끼쳤는지, 메인프레임컴퓨터 기업이었던 IBM을 예로 들어 살펴보자. 과거의 컴퓨터 산업에서 IBM은 최강자였다. 그런 최강자에게 산업 구조의 탈바꿈은 어떤 충격을 주었을까?

무엇보다 컴퓨터 사용이 메인프레임컴퓨터에서 마이크로프로세서 기반의 PC로 전환하면서 IBM의 성장은 둔화되었다.[7] 그러나 그게 전부가 아니었다. IBM은 수직적 산업 구조 아래 전투에서 수십 년간 계속 승리했던 사람들로 구성되어 있었다. IBM의 경영자들은 그런 세계에서 성장했다. 그들은 제품의 우수성과 수직적 구조 아래 시장 경쟁력 덕에 고객에게 선택되었다. 그들의 오랜 성공은 수직적 산업 구조에서 자신들을 승리로 이끈 사고 과정과 직감을 더욱 강화하고 심화했다. 그렇기에 산업이 변화하는 조짐이 나타났어도 그들은 제품 개발과 경쟁력에 관해 과거에나 먹혔던 사고방식으로 대처하고 말았다.

심지어 'OS/2'라는 단순한 이름을 붙인 것만 봐도 IBM이 얼마나 수평적 산업 구조의 중요성을 간과했는지 알 수 있다. 당시 새로운 PC 운영 체제였던 OS/2는 IBM이 'PS/2'라고 불리는 새로운 PC 제품을 선보임과 동시에 등장했다. 반드시 그런 것은 아니었지만, 이름 때문에 OS/2는 PS/2 PC에서만 작동하는 것으로 오해받았다.[8] 이런 오해가 커다란 문제가 되는 건 PC 대부분을 IBM이 아니라 IBM의 경쟁 업체들이 생산했기 때문이다(이런 PC를 'IBM 호환 PC'라고 부른다-옮긴이).

그러나 사실 그것 말고도 다른 이유가 있었다. IBM이 다른 업체들의 컴퓨터에 OS/2가 호환되도록 수정하기까지 오랜 시간이 걸렸고, OS/2를 컴퓨터 제조업체들(즉 자신들의 경쟁자들)에 마케팅하는 데 더 오랜 시간이 걸리고 말았기 때문이다.[9] 그래서 OS/2를 탑재할 수 있었을 때는 이미 컴퓨터 제조업체들이 도스와 윈도에 익숙해진 후였다.

나는 PS/2와 OS/2 모두를 관장하던 IBM의 어느 임원이 OS/2를 최신 PC 제품군에 탑재해 달라고 대형 PC 제조업체를 설득하던 광경을 우연히 목격했다. 예전에는 볼 수 없었던 굉장히 이상한 만남이었다. PC 업계에서 경쟁 관계에 있는 양측은 각자 자신들을 최고라고 생각했다. IBM 임원은 자신의 최우선 임무가 OS/2를 대중화시키는 것임에도 경쟁 업체를 상대로 마케팅하는 과정에서 불쾌한 감정을 드러냈다. 마찬가지로 PC 제조업체의 대표는 운영 체제와 같은 중요한 기술을 IBM에 의존해야 한다는 점을 마뜩잖아했다. 불편하고 긴장된 분위기 속에서 대화가 이어졌고 결국 그 계약은 성사되지 못했다. 시장에서 OS/2는 여전히 별 인기를 끌지 못하고 말았다.

분명히 과거 세계는 더 이상 존재하지 않았다. 무엇인가가 변했다. 옛 산업 구조 아래서 성공을 구가하던 기업일수록 변화하기가 더욱 어려워졌다.

승자와 패자의 갈림길

하나의 산업이 전략적 변곡점을 지나갈 때 과거 방식을 고수하는 기업들은 곤경에 처할 수 있다. 한편으로 새로운 산업의 지평은 그 산업의 참여자가 아닌 기업에 그곳의 일원이 될 기회를 부여한다.

컴팩과 델 컴퓨터: 신흥 강자들의 등장

앞에서 나는 수평적 컴퓨터 산업의 일원이 됨으로써 고도성장한 컴퓨터 기업의 대표적 사례로 컴팩을 언급했다. 비록 컴팩의 원래 비즈니스 모델이 'IBM 호환 PC' 업체로서 IBM을 따라가겠다는 것이었지만, 1985년에 새로운 마이크로프로세서가 소개되자 IBM보다 앞서 이 기회를 잡아 시장을 선도하는 위치로 나아갔다. 이러한 주도권 덕에 컴팩은 PC 부문의 시장점유율을 끌어올렸고 세계에서 가장 큰 IBM 호환 PC 제조업체로서 IBM마저 앞지르게 되었다(1994년 컴팩은 전 세계에 480만 대의 컴퓨터를 수출한 반면 IBM은 400만 대에 그쳤다).[10]

새로운 질서 속에서 태어나 기존의 개념이나 과거의 규칙에서 자유로운 기업들이 몇몇 있었다. 1980년대 초 마이클 델Michael Dell은 텍사스대학교 기숙사 방에서 여러 부품으로 조립한 컴퓨터를 친구들에게 판매하기 시작했다. 기본적으로 그는 수평화된 PC 산업에서 저렴한 가격의 표준 컴퓨터 시스템을 원하는 고객들의 욕구를 충족시켰다. 나중에 델은 자신의 경험을 바탕으로 동급생들이 아닌 일반인들 역시 자기만의 특별한 요구 사항에 따라 맞춤 제작된 컴퓨터를 전화로 주문해 우편으로 배달받고 싶어 한다는 가정 아래 회사를 창업했다. 기존의 컴퓨터 제조업체 중 어느 곳도 사람들이 통신 판매로 컴퓨터를 구입할 거라는 생각은 감히 하지 못했다. 그들에게 우편을 통한 구매는 '날아다니는 개'를 상상하는 것과 마찬가지로 부자연스러운 일이었을 것이다. 적어도 기존 질서 속에서 그런 일은 없었으니까.[11]

텍사스 오스틴에 본사를 둔 델 컴퓨터Dell Computer Corporation는 매년 약 50억 달러 가치의 사업을 창출하고 있는데(1996 회계 연도 예상 매출액은 48억 달러다),[12] 구매자의 개별적 요구에 맞춰 컴퓨터를 조립하고 우편을 통해 판매한다는 원래의 통신 판매 방식에 충실하고 있다. 이런 일은 저렴한 가격, 대량 생산, 대량 소비가 특징인 컴퓨터 세계에서만 일어날 수 있다.

　새로운 수평적 컴퓨터 산업의 상위 10개 기업 중 과거의 수직적 산업 구조에서 성장한 기업은 거의 없다. 이 사실은 기존 세계에서 성공을 구가하던 기업이 완전히 새로운 산업 구조에 적응하는 일이 얼마나 어려운지를 증명한다.

노벨의 성공에서 배우는 교훈

　기존 산업 구조에 속해 있던 몇몇 기업들은 옛것을 버리고 새로운 산업 구조와 일치시키는 방식으로 어렵사리 자기 혁신을 단행했다. 이러한 전환이 가속화되기 전인 1980년대 초에 NCR은 수직적 산업 구조에서 가장 큰 기업 중 하나였다. 그리고 NCR은 변화의 힘을 가장 먼저 인식한 기업 중 하나이기도 했다. 1991년 AT&T에 인수되기 전까지 여러 해 동안 NCR은 전체 컴퓨터 생산 공정을 널리 호환되는 마이크로프로세서에 맞도록 전환했다. 그들은 자체 칩과 하드웨어 설계를 포기하고 소프트웨어에 대대적인 수정을 가했는데, 원래 독자적 아키텍처에서 돌아가도록 설계된 것을 범용 마이크로프로세서에서도 작동하도록 하기 위해서였다.

스페리Sperry와 버로스Burroughs라는 두 컴퓨터 기업이 합병하면서 탄생한 수직적 컴퓨터 기업인 유니시스Unisys는 기존 컴퓨터 산업에서 수십억 달러의 매출을 기록하던 기업 중 하나였다. 전략적 변곡점이 수직적 기업들을 사정없이 파괴하자 그들 역시 곤경에 처했다. 한때 정상급 컴퓨터 설계업체로 자부심이 높던 유니시스는 변화에 적응하기 위해 새로운 수평적 컴퓨터 기업들이 만드는 제품에 기초해 소프트웨어와 서비스를 제공하는 쪽으로 자신들의 전략적 초점을 전환했다. 그들은 산업 전반의 변화를 거스를 수 없다는 결론에 도달했고 그 변화에 적응했다.[13]

변화는 아주 극적으로 일어나기도 하는 법이다. 1980년대 초에 노벨은 기존 컴퓨터 산업 구조를 따르던 작은 기업이었다. 그들은 하드웨어를 생산했고 그 하드웨어에서만 돌아가는 네트워크 소프트웨어를 개발했다. 그들 역시 어려움에 처하게 됐는데, CEO였던 레이 누어다Ray Noorda는 당시 돌파구를 찾아내는 데 그리 어렵지 않았다는 이야기를 종종 한다. 그들은 그저 자금 사정이 여의치 않아 공급업체들에 그때그때 대금을 지불할 수 없었기에 하드웨어 사업을 포기하기로 했고, 공급업체들의 대금 청구를 걱정할 필요가 없는 소프트웨어 비즈니스에 집중했다. 그런 다음 그들은 저가격 표준 PC에 적합한 소프트웨어 쪽으로 방향을 옮겼다. 새 사업 방식으로 재빨리 전환함으로써 노벨은 새로운 수평적 산업 내에서 네트워킹 분야의 선두 기업이 되었고 1980년대 말에는 10억 달러

규모의 소프트웨어 기업으로 이름을 날렸다.[14]

노벨의 경험에서 배울 수 있는 중요한 교훈 하나가 있다. 하드웨어 제조업체로서 노벨은 경쟁사들과 맞설 만한 규모를 갖추지 못해 자신들에게 '어울리지 않는' 일을 하고 있었다. 이에 그들은 PC용 네트워킹 소프트웨어를 대중화하는 일에 과감히 뛰어들어 큰 몫을 차지함으로써 떠오르는 네트워킹 시장의 선두 기업이 되었다. 자신들의 규모에 '어울리는' 사업으로 재빨리 전환한 것, 이것이 패자였던 그들이 승자로 우뚝 선 요인이었다.

사실 2가지 교훈이 더 있다. 첫째, 전략적 변곡점이 산업 전체를 휩쓸 때 기존 산업 구조에서 성공을 구가하던 기업일수록 변화에 더 큰 위협을 받고 변화를 수용하는 데 더 강하게 저항한다는 점이다. 둘째, 유리한 고지를 점령한 기업들을 뚫고 기존 산업에 진입하기 위한 비용은 매우 높을 수 있지만, 그 구조가 무너지면 진입 비용은 하찮은 수준으로 떨어질 수 있다는 점이다. 컴팩, 델, 노벨 같은 기업들이 실제로 아무것도 아닌 수준에서 선두 기업으로 부상했듯이 말이다.

이 기업들의 공통점은 아래서 이야기할 수평적 산업의 성공 규칙을 본능적으로 따랐다는 것이다.

수평적 산업의 새로운 규칙들

수평적 산업에서 흥망은 대량 생산과 대중 마케팅mass marketing에 좌우된다. 수평적 산업에는 자체 규칙들이 존재한다. 경쟁이 치열한 수평적 컴퓨터 산업에서 성공을 거둔 기업들은 그러한 암묵적 규칙들을 학습했다. 규칙을 준수하면 경쟁의 기회와 성공의 기회가 동시에 생긴다. 반면에 규칙을 거부하면 제품이 얼마나 우수하든, 얼마나 계획을 훌륭히 실행하든 힘든 길을 걷게 된다.

그렇다면 그 규칙들은 과연 무엇일까?

첫째, 범용성 없이 차별화하지 마라

고객에게 실질적인 이득을 주지 못한 채 그저 경쟁자보다 더 뛰어나 보이려는 것이 유일한 목적이라면 개선된 제품을 시장에 출시하지 마라. PC 산업의 연대기에는 '더 좋은 PC'를 만들려는 욕망에 사로잡힌 제조업체들이 업계의 대세인 표준을 이탈해 결국 실패한 이야기들로 가득하다.[15] PC의 우수성을 논할 때는 호환성을 무시해서는 안 된다. 그렇기에 다른 PC들과 차별화된 '더 좋은 PC'는 기술적인 관점에서 모순이라 말할 수 있다.

둘째, 먼저 움직여라

경쟁이 극심한 수평적 산업에서는 새로운 기술이 등장하거나 근본적인 변화가 불어닥칠 때 기회가 찾아온다. 그 기회를 놓치지 마라. 다른 기업들이 주저할 때 먼저 행동하는 '퍼스트 무버First Mover'만이 경쟁사보다 시간적 우위를 점할 기회를 잡는다. 시간적 우위는 수평적 비즈니스에서 시장점유율을 높일 가장 확실한 방법이다. 반면에 새로운 기술의 흐름에 저항하는 기업은 아무리 기를 써 봤자 귀중한 시간만 허비한 채 실패하고 만다.

셋째, 시장과 생산량에 근거해 가격을 결정하라

시장이 수용할 만한 금액인지 그리고 생산량은 얼마나 될지에 따라 가격을 책정하고, 그 가격으로 비용을 충당하고 이익을 내도록 악착같이 일하라. 그렇게 해야 규모의 경제에 도달할 것이고, 규모의 경제 아래서만 대규모 투자가 효과를 발휘하고 생산적일 수 있다. 또한 대량 생산업체가 되어야 비용을 분산시키고 충당할 수 있다. 반면에 비용을 근거로 가격을 책정하면, 대량 생산 기반 산업에서는 그리 매력적이지 않은 틈새시장만 점유하고 말 것이다.

나는 이러한 규칙들이 수평적 기반의 산업에서는 아주 일반적이라고 생각한다. 또한 산업과 상거래의 많은 부분이 수평적 기반 구조로 전환되는 트렌드가 일반적이라고 생각한다. 어떤 산업에서 경쟁이 치열해질수록 기업들은 자신들의 강점을 더욱 전문화하려고 한다. 자신들이 차지하려는 분야가 무엇이든 간에 거기에서 세계 수준의 강자가 되기 위해서다.

왜 그럴까?

우리가 든 예에서 수직적 컴퓨터 기업은 컴퓨터 플랫폼, 운영 체제, 소프트웨어를 모두 생산해야 했다. 그러나 수평적 컴퓨터 기업은 하나의 제품, 즉 컴퓨터 플랫폼, 운영 체제, 소프트웨어 중 하나만을 생산한다. 기능적 전문화가 확산된 덕에 수평적 산업은 수직적 산업에 비해 더욱 비용효과적인 경향을 나타낸다. 간단히 말해 한 분야가 아닌 여러 분야에서 최고가 되는 건 훨씬 어렵다.

산업이 수직적 구조에서 수평적 구조로 전환할 때 각 기업은 전략적 변곡점을 뚫고 지나가야 할 것이다. 그러므로 결국 시간이 흐를수록 더 많은 기업이 이런 수평적 산업의 규칙들을 수용해야 할 것이다.

모든 곳에 존재하는
전략적 변곡점

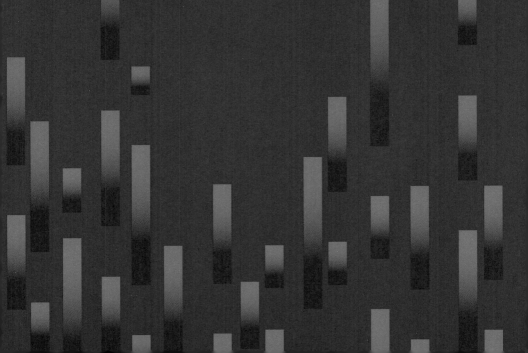

"전략적 변곡점은 첨단 산업만의 현상이 아니다.
다른 기업에만 일어나는 현상도 아니다."

'10배' 변화는 보편적이다

월마트Wal-Mart가 소도시로 진출하면 그 도시의 모든 소매점이 처한 환경이 변화하기 마련이다. '10배' 요인에 직면하기 때문이다. 영화에 음향이 삽입되는 기술이 일상화되자 무성영화 시절의 모든 배우가 기술의 '10배' 요인을 경험했다. 컨테이너 수송 방식이 해상 운송에 혁신을 일으키자 '10배' 요인은 세계 주요 항구들 간 질서를 새로 정립했다.

'10배'라는 렌즈를 통해 일간지를 읽으면 잠재 전략적 변곡점을 끊임없이 발견할 수 있다. 요즘 미국을 휩쓰는 은행 간 인수 합병의 물결은 '10배' 변화와 관계가 있을까? 디즈니가 ABC 방송사를 인수하거나 타임 워너Time Warner가 TBS에 합병을 제안한 것은? 그리고 AT&T의 자진 해체는?

다음 장부터 나는 전략적 변곡점이 닥칠 때 나타나는 일반적인 반응과 행동뿐 아니라, 전략적 변곡점에 대처하는 방법과 기법에 관해 이야기할 것이다. 이번 장에서는 각기 다른 산업에서 발생한 전략적 변곡점의 여러 사례를 훑어볼 생각이다. 다른 이들의 뼈아픈 경험을 통해 우리는 자신에게 곧 들이닥칠 전략적 변곡점을 인식하는 능력을 향상시킬 수 있다. 그래야 반은 이기고 들어간다.

나는 앞서 설명한 마이클 포터의 경쟁 전략 분석 모델 틀을 자주 사용할 것이다. 대부분의 전략적 변곡점이 비즈니스에 영향을 끼치는 여러 힘 중 하나에서 발생한 '10배' 변화에서 비롯하기 때문이다. 나는 경쟁자의 '10배' 변화, 기술의 '10배' 변화, 고객의 '10배' 변화, 공급자와 보완자의 '10배' 변화, 규제 시행 또는 폐지에 따른 '10배' 변화로 촉발되는 사례를 각각 살펴볼 것이다.

'10배' 요인이 이처럼 보편적이라는 점은 이런 질문을 불러일으킨다. "모든 전략적 변곡점은 '10배' 변화로 설명되는가?" "모든 '10배' 변화는 전략적 변곡점을 초래하는가?" 나는 이 질문에 대한 답이 사실상 "그렇다"라고 생각한다.

경쟁자의 10배 변화

경쟁이 있고, 그보다 훨씬 큰 '메가경쟁megacompetition'이 있다. 메가경쟁, 즉 '10배' 힘이 있을 때 사업의 지평은 급격히 변화한다. 메가경쟁의 특성은 때때로 명확한데, 곧 살펴볼 월마트 이야기는 이에 대한 좋은 사례가 될 것이다. 때로는 메가경쟁이 부지불식간에 나타나기도 한다. 그것은 지금껏 익숙했던 사업 방식과는 다른 방식을 요구하긴 하지만 고객을 끌어당기는 것은 마찬가지다. 다음 이야기가 바로 그 예다.

월마트: 도시를 장악하는 힘에 맞서는 전략

소도시 잡화점 입장에서는 예전부터 함께 장사하는 다른 잡화점들도 경쟁자지만, 월마트 매장은 훨씬 강력한 경쟁자다. 월마트는 '적기 공급just-in-time'이라는 뛰어난 물류 시스템, 현대적인 스캐너와 위성 통신을 기반으로 한 재고 관리, 지속적인 재고 보충을 위해 매장과 물류 허브 사이를 운행하는 여러 대의 트럭, 대량 구매로 인한 저렴한 매입가, 체계적인 전사 교육 프로그램, 경쟁이 약한 지역을 정확히 선정하는 시스템 등으로 무장하고 도시에 자리를 잡는다.[1]

예전 경쟁자와 비교할 때 이 모든 것은 잡화점에 '10배' 요인이 된다. 소도시 잡화점으로서는 월마트가 일단 들어오면 모든 것이 크게 달라지고 만다.[2]

월등한 경쟁자가 등장하면 당연히 변화할 수밖에 없다. 예전에 잘 들어맞던 것들이 더 이상 효력을 발휘하지 못한다.

월마트에 맞서려면 어떻게 해야 할까? 전문화가 한 방법이다.

홈 디포Home Depot, 오피스 디포Office Depot, 토이저러스Toys "R" Us 등과 같은 카테고리 킬러category killer들처럼 특정 시장 분야에 집중하는 전략은 규모의 불균형을 만회하는 데 효과적일 수 있다.[3] 스테이플스Staples가 치밀하게 전산화한 고객 데이터베이스를 구축했듯이, 고객 맞춤 서비스 역시 효과를 발휘할 수 있다.[4] 아니면 월마트 스타일의 경쟁 우위를 지닌 서점 체인에 맞서기 위해 '책이 있는 카페'로 변모한 독립 서점처럼, 제품보다는 사람들이 가치를 느끼는 환경을 제공하는 쪽으로 사업을 재정의하는 것 역시 방법이 될 수 있다.[5]

넥스트: 잡스의 '우아함'을 굴복시킨 PC의 '쓰레기스러움'

스티브 잡스Steve Jobs는 애플을 대단히 성공적이고 매우 수직적인 구조를 갖춘 컴퓨터 기업으로 일구어 냈다. 애플은 자체 하드웨어를 생산할 뿐 아니라, 자체 운영 체제를 설계하고, 자체 그래픽 유저 인터페이스graphical user interface(컴퓨터를 켰을 때 접하는 화면)를 만들었다. 그들은 또한 독자적인 애플리케이션을 개발하려고 노력했다.

1985년에 쫓겨나다시피 애플을 나온 잡스는 사실상 동일한 성공 스토리를 재창조하고자 했다. 아니, 더 성공적인 스토리를 꿈꿨다. 넥스트NeXT라는 새로 창업한 회사 이름에서 알 수 있듯이, 그는 최고 수준으로 만들어진 '차세대' 하드웨어, 애플의 매킨토시 인터페이스보다 훨씬 좋은 그래픽 유저 인터페이스, 맥보다 훨씬 고도화된 작업을 수행하는 운영 체제를 창조하고자 했다. 또한 그는 고객이 처음부터 일일이 소프트웨어를 설치하기보다 컴퓨터에 이미 탑재된 소프트웨어들을 자신의 용도에 맞게 조정할 수 있도록 하는 방식을 추구했다.

잡스는 하드웨어, 기본 소프트웨어, 그래픽 유저 인터페이스, 이 모두가 하나의 시스템으로 작동하는 컴퓨터를 원했다. 몇 년이 걸리긴 했지만 그는 자신의 의도에 근접한 결과물을 만들어 냈다. 넥스트의 컴퓨터와 운영 체제는 추구했던 모든 목적을 기본적으로 달성했다.

야심에 찬 잡스가 복잡한 개발 과제에 몰두하긴 했지만, 안타깝게도 그는 그런 노력 대부분을 헛되이 만들 수 있는 경쟁 제품 하나를 간과하고 말았다. 그가 직원들과 함께 최고 수준의 멋진 컴퓨터를 개발하려고 밤낮을 잊은 채 매진하고 있을 때, 마이크로소프트는 대량 생산 체계를 갖춘 범용 그래픽 유저 인터페이스인 윈도를 출시했다. 윈도의 수준은 넥스트의 인터페이스는 고사하고 매킨토시보다 못했고, 컴퓨터나 애플리케이션에 매끄럽게 통합되지도 못했다. 그러나 윈도의 가격은 저렴했고, 무엇보다 1980년대 말에 이르러 수백 개의 PC 제조업체들이 쏟아내는 값싸고 성능도 점차 강력해지는 PC에서 잘 돌아갔다.

잡스가 넥스트 내부에서 밤새워 일하는 동안 바깥세상에서는 무엇인가가 변화했던 것이다.

잡스가 넥스트 개발을 시작하면서 마음속에 두었던 경쟁 제품은 매킨토시였다. PC는 그의 관심 대상이 전혀 아니었다. 무엇보다 당시의 PC는 그래픽 유저 인터페이스조차 탑재하지 못했기 때문이다.

그러나 3년이 지나 넥스트 컴퓨터 시스템이 출시되는 시점에 이르자 윈도에 쏟은 마이크로소프트의 노력은 PC 환경을 뒤바꿔 놓기 시작했다. 윈도는 그래픽 유저 인터페이스를 지원한다는 점에서 맥의 특성을 갖추었을 뿐 아니라, 전 세계 수많은 업체가 생산한 컴퓨터에서 잘 돌아간다는 점에서 PC의 근본 특성을 유지했다. PC를 공급하는 수많은 컴퓨터 제조업체들이 치열한 경쟁을 벌인 결과로 PC 가격은 맥에 비해 훨씬 저렴해졌다.

넥스트의 설립과 동시에 잡스는 마치 타임캡슐로 들어간 꼴이 되었다. 몇 년 동안 경쟁 상대라고 생각했던 제품(매킨토시)을 이기기 위해 엄청난 노력을 기울였지만, 타임캡슐을 열고 세상에 나오자 경쟁 구도는 바뀌었고 경쟁 상대(윈도)는 생각보다 더 강력해졌으니 말이다. 의식하지는 못했겠지만, 넥스트는 전략적 변곡점 한가운데에 처하고 말았다.

넥스트의 컴퓨터는 날아오르기는커녕 주저앉아 버렸다. 투자자들의 계속된 자금 지원에도 불구하고 넥스트의 자본은 고갈되어 갔다. 그들은 고가의 컴퓨터와 최신 소프트웨어 개발 방식 그리고 대량으로 넥스트 컴퓨터를 생산하는 '완전 자동화 공장'을 추구했지만 대량 생산은 한 번도 실현되지 못했다. 설립 6년째인 1991년 넥스트는 재정적으로 곤경에 처했다.[6]

회사 내 일부 경영자들은 하드웨어를 포기하고 자신들의 핵심 기술을 대량 생산되는 PC에 적용하자는 의견을 냈다. 하지만 잡스는 이런 요구를 오랫동안 거부했다. 그는 PC를 좋아하지 않았다. 그는 PC가 우아하지 못하고 제대로 만들어지지 않았다고 생각했을 뿐 아니라, '아름다운 통일성'에 조금이라도 도달하는 기업은 없을 거라고 단정했다. 간단히 말해 잡스는 PC를 쓰레기라고 생각했다. 사실 그의 말이 옳다. 그러나 당시 잡스가 놓친 것은 자신이 경멸한 바로 그 '쓰레기스러움'이 PC 산업의 힘이 낳은 결과라는 점이었다. 즉 더 많은 고객에게 더 나은 가치를 제공하기 위해 많은 기업이 경쟁했던 것이다.

몇몇 경영자가 좌절을 맛보고 회사를 나갔지만, 그들의 생각은 점점 힘을 얻어 갔다. 넥스트의 자금 사정이 계속 나빠지자 결국 잡스는 우아하지도 않고 쓰레기 같은 PC 산업을 자신이 처한 환경으로 인정할 수밖에 없었다. 지금껏 반대했던 제안에 굴복한 것이다. 그는 모든 하드웨어 부문과 자동화 공장의 문을 닫고 직원 절반을 해고했다. PC 산업의 '10배' 힘에 굴복하면서 넥스트는 소프트웨어 기업으로 다시 태어났다.[7]

분명 스티브 잡스는 20세의 나이에 이미 PC 산업이 다음 세기에는 세계적으로 1000억 달러 규모의 시장으로 성장할 것이라고 전망했던 천재다. 하지만 10년이 지나고 30세가 된 잡스는 본인의 과거에서 벗어나지 못했다. 전에는 그가 즐겨 사용했던 "미치도록 뛰어난 컴퓨터"란 문구가 시장에서 통했다. 그래픽 유저 인터페이스는 PC 소프트웨어가 투박했기 때문에 내세울 수 있는 강력한 차별점이었다. 그러나 이제는 상황이 변했고 그와 함께 일하던 경영자들이 변화를 감지했음에도 불구하고 잡스는 자신을 열정적이고 의욕에 찬 개척자로 이끌어 주었던 신념을 쉽게 포기하지 못했다. 그 결과 오랫동안 고수해 온 신념을 버리지 않으면 경쟁에서 살아남을 수 없다는 냉엄한 현실 앞에 무릎을 꿇어야 했다.

기술의 10배 변화

기술은 늘 변화한다. 타자기는 점점 좋아지고, 자동차와 컴퓨터 역시 좋아진다. 대부분의 이런 변화는 점진적인 모습을 띤다. 경쟁자들이 새로운 향상을 이루어 내면, 우리가 거기에 응답하고, 그들은 다시 우리 도전에 응하면서 점진적 변화가 지속된다. 그러나 가끔은 극적인 모습으로 기술이 변화한다. 예전에는 불가능했던 일이 가능해지거나, 예전보다 '10배' 좋아지고 '10배' 빨라지고 '10배' 저렴해지는 일이 가능해진다.

지난 일이라 이제는 분명히 말할 수 있는 몇 가지 사례를 살펴볼까 한다. 앞으로 기술에서 진보는 과거와 비슷한 수준의 변화 또는 그보다 큰 변화를 불러일으킬 것이다. 디지털 오락물이 영화를 대체할까? 디지털 정보가 신문과 잡지를 대신할까? 원격 뱅킹이 전통적인 은행을 과거의 유물로 만들어 버릴까? 상호 연결된 컴퓨터들이 널리 퍼져 의료계에 전반적인 변화를 불러일으킬까?

분명히 말해 모든 기술적 가능성이 중요한 영향력을 발휘하지는 못한다. 전기차도 상용 원자력 발전소도 큰 영향력을 끼치지는 못했다. 그러나 몇몇 기술적 가능성은 엄청난 영향을 미쳤다.

영화 산업에서 무성영화를 무너뜨린 기술

〈재즈 싱어The Jazz Singer〉가 1927년 10월 6일에 개봉하자 '무엇인가가 변했다.' 그전까지 무성이던 영화가 마침내 소리를 내기 시작한 것이다. 그 하나의 본질적 변화로 인해 무성영화 시대의 많은 배우와 감독의 삶이 엄청난 영향을 받았다. 어떤 사람은 변화를 모색했고, 어떤 사람은 적응하고자 했다가 실패를 경험했다. 어떤 사람들은 엄청난 환경 변화에 직면해서도 거부하는 태도를 보였고 관객들은 소리 나는 영화를 원하지 않는다고 합리화하며 옛 방식을 고집했다.

1931년이 되어서도 찰리 채플린Charlie Chaplin은 유성영화로 전환하는 흐름을 거부했다. 그해 어느 인터뷰에서 그는 "나는 유성영화에 6개월의 시간을 더 주겠습니다"(유성영화 수명이 6개월 남았다는 뜻—옮긴이)라고 말했다.[8] 그가 무성영화에서 보여 준 막강한 표현력과 장인정신은 1930년대까지 무성영화로 성공을 구가하도록 이끌었다. 그러나 아무리 날고 기는 찰리 채플린이라 해도 대세를 막을 수는 없는 노릇이었다! 채플린은 1940년 개봉한 영화 〈위대한 독재자The Great Dictator〉에서 마침내 대사를 구사해야 했다.

다른 영화인들은 흐름에 신속하게 적응했다. 그레타 가르보Greta Garbo는 무성영화 시대의 슈퍼스타였다. 유성영화가 출현하자 그녀의 스튜디오는 1930년 〈안나 크리스티Anna Christie〉란 유성영화에 그녀를 출연시켰다. "가르보가 말을 한다!"라는 헤드 카피의 영화 광고가 전국에 뿌려졌다. 그 영화는 비평과 상업 측면에서 모두 성공을 거두었고, 가르보는 유성영화로 성공적으로 전환한 무성영화 시대의 스타라는 찬사를 받았다.[9] 그토록 민첩하고 영리하게 전략적 변곡점을 통과했다는 점은 많은 이들의 부러움을 마땅히 살 만하지 않은가?

그러나 살아 있는 듯하고 생생한 소리를 내는 디지털 창조물이 배우들을 대체할 수 있는 새로운 디지털 기술의 출현으로 또 다른 전략적 변곡점이 생겨났다. 영화 산업 종사자들은 이 변곡점을 이번에도 성공적으로 통과할 수 있을까? 픽사Pixar의 영화 〈토이 스토리Toy Story〉는 이러한 흐름에서 무엇이 가능한가를 보여 주는 좋은 예다. 이 영화는 새로운 기술의 결과로 탄생한 최초의 장편 영화다. 지금으로부터 3년, 5년, 아니 10년 후에 이 기술은 무엇을 가능하게 할까? 나는 이 기술이 또 다른 전략적 변곡점을 야기할 것이라고 믿어 의심치 않는다. 그것은 절대 멈추지 않을 것이다.

해운업의 대변동

음향이 영화 산업을 변화시켰듯이 기술이 전 세계의 해운업을 극적으로 그리고 결정적으로 변화시켜 놓았다. 해운업의 역사에서 거의 찰나에 해당하는 10년이라는 기간 동안 선박 설계의 표준화, 냉동 운반 선박의 건조, 화물을 쉽게 선적하고 하선할 수 있는 컨테이너 화물 운송 등이 가차없이 상승하는 비용 곡선을 뒤집으면서 해상 운송의 생산성에 '10배' 변화를 가져다주었다.[10] 항구에서 화물을 다루는 방식에 기술 혁신이 일어날 상황이 무르익었고 마침내 현실이 되었다.

영화 산업처럼 몇몇 항구는 변화를 이루어 냈지만, 몇몇 항구는 시도했음에도 실패를 경험했고, 여러 항구는 이런 트렌드에 크게 저항했다. 결과적으로 새로운 기술들이 전 세계 선적항의 질서를 재편했다. 이 글을 쓰는 동안 스카이라인을 형성할 만큼 최신 항만 시설이 가득한 싱가포르는 동남아시아 해운의 중심지로 떠올랐고, 시애틀은 서부 연안에서 컨테이너 화물선들이 오가는 가장 중요한 항구가 되었다. 한때 해운의 중심지였던 뉴욕시는 최신 설비를 갖추기는커녕 계속해서 지위를 잃어 가고 있다.[11] 새로운 기술을 채택하지 않은 여러 항구들은 쇼핑몰, 위락 시설, 해안가 아파트 단지 등으로 재개발될 처지에 놓여 있다.[12]

전략적 변곡점이 지나가면 승자와 패자가 갈리는 법이다. 분명 항구의 흥망성쇠는 기술의 '10배' 힘에 어떻게 대응했는가로 결정되었다.

PC 혁명: 거부와 수용 이야기

'가능한 것이면 무엇이든 이루어진다.' 이것이 기술의 기본 규칙이다. PC가 '10배' 낮은 가격으로 동일한 성능을 보장하게 되자 그 영향이 컴퓨터 산업 전반에 확산되어 산업의 지평을 뒤바꿔 놓는 건 단지 시간문제일 뿐이었다. 이러한 변화는 하루아침에 이루어지지 않는다. 가격 대비 성능 추이를 나타내는 도표 [4-1]처럼 변화는 점진적으로 이루어진다.

컴퓨터 산업에서는 이러한 트렌드의 출현을 예측하면서, 우수한 가성비 덕분에 마이크로프로세서 기반 PC가 언젠가 시장을 장악할 거라고 결론 내린 사람들이 있었다. NCR, 휴렛팩커드Hewlett-Packard, HP 같은 기업들은 마이크로프로세서의 힘을 활용하기 위해 자신들의 전략을 수정했다.[13] 다른 기업들은 채플린이 유성영화를 거부했듯이 이런 변화를 부정했다.

거부의 양상은 다양하게 나타났다. 1984년 당시 미니컴퓨터 minicomputer(중형 컴퓨터)를 제조하는 가장 큰 회사였던 DEC(디지털

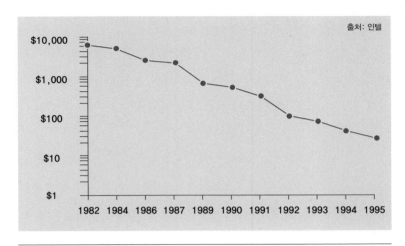

출처: 인텔

$10,000
$1,000
$100
$10
$1

1982 1984 1986 1987 1989 1990 1991 1992 1993 1994 1995

[4-1] 컴퓨터의 경제학: MIPS당 비용

MIPS는 million instructions per second의 약어로 1초당 100만 개의 명령어를 처리하는 능력이다. 비용은 1995년 현재의 완성품 가격을 기준으로 한 것이다.

이큅먼트 코퍼레이션Digital Equipment Corporation)의 대표는 채플린이 유성영화를 평했던 것과 유사하게 PC는 "오래가지 못하며 정교하지 못한 싸구려 기계"라고 언급했다.[14] 이러한 태도는 이 회사의 과거를 떠올려 보면 아주 모순된 것이었다.

DEC는 메인프레임컴퓨터가 지배하던 1960년대에 설계가 단순하고 가격이 저렴한 미니컴퓨터를 가지고 컴퓨터 세계에 뛰어들었고, 이 전략 덕분에 매우 큰 기업으로 성장했다.[15] 하지만 새로운 기술이 환경을 변화시키는 상황에 직면하자 한때 메인프레임 세계를 공략했던 혁명적 기업 DEC가 메인프레임 시대의 기업들처럼 이런 변화에 강하게 저항했다.

또 한 사례로 IBM을 들 수 있다. 이 회사의 경영진은 1980년대 말과 1990년대 초에 IBM이 겪은 부진의 원인을 세계 경제의 불황 탓으로 돌렸고,[16] PC가 컴퓨터 산업의 얼굴을 계속해 변화시키는 와중에도 오랫동안 그렇게 변명했다.

커리어를 쌓아 가며 똑똑한 경영자로 인정받던 컴퓨터 기업의 임원들이 왜 기술이 몰고 온 전략적 변곡점을 현실에서 직면했을 때는 그토록 어리석은 모습을 보였을까? 주위에서 들려오는 소식에 귀를 막았기 때문이었을까? 아니면 새로운 기술이 무엇을 야기하든 간에 과거의 성공에 도움이 됐던 스킬이 역시나 유용할 거라고 과신했기 때문이었을까? 또는 새로운 컴퓨터 세상을 수용하면 엄청난 인력 감축처럼 상상하기 어려운 고통이 수반될까 봐 두려웠기 때문이었을까? 나는 이 3가지 이유 모두가 어느 정도 일조했다고 생각하지만, 그중에서 마지막 이유(새로운 세계가 야기할 고통을 회피하려 한 것)가 가장 핵심이었다고 본다.

채플린이 새로운 미디어(유성영화)를 뒤늦게 받아들인 것과 비슷한 최근 사례로는, 엄청난 성공을 거둔 크레이Cray 슈퍼컴퓨터supercomputer의 핵심 설계자였던 스티브 천Steve Chen이 산업 표준의 고성능 마이크로프로세서 칩을 기반으로 자신의 회사를 창업한 일을 들 수 있다. 세계에서 가장 빠른 슈퍼컴퓨터를 추구했던 천의 전 직장(크레이 컴퓨터)은 낡은 컴퓨터 패러다임을 마지막까지 손에서 놓지 않았던 기업 중 하나였다. 천은 자신이 한때는 멀리했던 기술적 접근법으로 전환한 것을 두고 약간 절제된 표현으로 이렇게 말했다. "이번에는 다른 접근 방식을 택했다."[17]

고객의 10배 변화

예전의 구매 습관을 버리는 고객들은 전략적 변곡점을 일으키는 가장 미묘하고 가장 은밀한 원인을 제공할지 모른다. 미묘하고 은밀한 이유는 천천히 발생하기 때문이다. 비즈니스 실패의 역사를 분석한 하버드 경영대학원의 리처드 테들로Richard Tedlow 교수는 과거에 효과를 발휘하던 전략을 마음대로 바꿔서 고객을 저버리기 때문에(명확한 변화), 또는 고객이 기업을 떠나 버리기 때문에(미묘한 변화) 사업이 실패한다는 결론에 도달했다.[18]

미국의 모든 젊은 세대는 컴퓨터 소유를 당연한 일로 받아들이며 성장했다. 그들에게 마우스 조작은 부모가 '전원' 버튼을 눌러 TV를 켜는 것처럼 더 이상 신비로운 행위가 아니다. 그들은 컴퓨터 사용을 매우 편안하게 여기고 컴퓨터가 다운되더라도 부모가 추운 겨울 아침에 자동차 시동이 걸리지 않을 때보다 덜 당황한다. 그들은 그저 어깨를 한번 으쓱하며 뭔가를 중얼거리다가 컴퓨터를 재부팅한다. 대학에 진학하면 네트워크로 연결된 학교 컴퓨터를

사용해 과제를 하고, 인터넷으로 자료를 조사하며, 이메일로 주말 활동을 계획한다.[19]

이런 젊은이들을 미래의 고객으로 설정한 소비재 기업들은 젊은이들이 정보를 취합하고 도출하는 방식과 사업을 하고 개인 생활을 영위하는 방식에 전반적인 변화가 일어나는지 관심을 가질 필요가 있다. 그렇지 않으면 고객의 관심으로부터 멀어질지 모른다. 인구학적인 관점에서 볼 때 이것은 시한폭탄과 같다('10배' 힘으로 폭발하는 것은 시간문제라는 뜻-옮긴이).

자동차에 대한 취향 변화

이 변화는 새삼스러울 게 없다. 1920년대의 자동차 시장은 느리게 변화했다. 헨리 포드Henry Fort가 '모델 TModel T'를 출시하면서 외친 "이 차는 당신을 데려다주고 데려온다It takes you there and brings you back"라는 슬로건은 기본 운송 수단으로서 자동차의 본래 매력을 전형적으로 보여 줬다. 1921년에 미국에서 판매된 자동차 중 절반 이상이 포드의 것이었다.[20]

그러나 1차 세계대전 후 스타일과 레저가 사람들의 삶에 중요한 관심사로 대두하자, GM(제너럴 모터스)의 앨프리드 슬론Alfred Sloan은 "모든 주머니 사정과 목적에 맞는 자동차a car for every purse and purpose"라는 관점으로 시장을 바라보았다.[21] 다양한 자동차를 출시하고 매년 모델을 변경한 덕에 GM은 1920년대 말 이익과 시장점유율에서 앞서나갔고, 이익에서는 그 후 60년 이상 포드를 압도했다.[22] GM은 시장 변화를 감지했고 거기에 맞춰 나갔다.

고객 태도의 변화

때때로 고객 기반 변화는 태도 변화로 나타나는데, 겉으로는 미미해 보이지만 '10배' 힘을 가져올 수 있을 만큼 강력하다. 돌이켜 보면 1994년에 펜티엄 프로세스의 부동 소수점 결함에 대한 소비자들의 반응은 그러한 변화의 단적인 예다. 인텔의 핵심 고객 기반은 시간이 흐르면서 컴퓨터 제조업체에서 컴퓨터 사용자로 전환되었던 것이다. 1991년 시작된 '인텔 인사이드' 캠페인은 비록 우리(인텔)에게서 직접 물건을 구입하지는 않지만 컴퓨터 사용자의 마음속에 자신들이 사실상 인텔의 고객이라는 생각을 각인시켜 놓았다. 사실 이것은 우리가 고무시킨 태도의 변화였지만 우리는 그 영향을 충분히 이해하지 못했다.

펜티엄 프로세스의 부동 소수점 결함은 흔히 발생하는 독립적인 문제, 즉 전자업계의 용어를 빌리자면 '잡음noise'에 해당하는 문제인가? 아니면 우리가 판매하고 서비스하는 대상(고객)에 근본적인 변화가 일어난다는 '신호signal'일까? 나는 후자라고 생각한다. 컴퓨터 산업은 제품 구입을 위해 재량껏 돈을 지출하고 다른 가전제품과 동일한 기대를 하는 소비자들에게 서비스하는 쪽으로 크게 변화했다. 인텔은 이러한 새로운 현실에 적응해야 했고, 컴퓨터 산업 내 다른 기업들 역시 그러했다. 모든 기업을 둘러싼 환경이 예전과 달라졌다. 좋은 소식은 시장이 더 커졌다는 것이고, 나쁜 소식은 예전보다 경쟁이 훨씬 치열해졌다는 것이다.

요컨대 소비재 기업들이 안고 있는 '인구학적 시한폭탄'은 컴퓨터 업계에서 일하는 우리에게는 좋은 소식이다. 컴퓨터에 익숙한 수백만 명의 젊은이들이 컴퓨터를 삶의 일부분으로 여기며 성장하고 있다. 그러나 그들은 컴퓨터로부터 더 많은 걸 요구할 것이고 컴퓨터의 단점을 더 많이 지적할 것이다. 컴퓨터 산업에 종사하는 우리 모두는 이토록 미묘한 변화에 잘 대비하고 있는가? 나는 확실하게 "그렇다"라고 말할 수 없다.

슈퍼컴퓨터의 이중고

때때로 6가지 경쟁 요인 중 하나 이상이 크게 변화한다. 경쟁 요인 몇 가지가 한꺼번에 변화하면 하나의 경쟁 요인이 변화할 때보다 더 극적인 전략적 변곡점이 출현한다. 모든 컴퓨터 중에서 가장 강력한 컴퓨터를 공급하는 슈퍼컴퓨터 산업이 좋은 사례다. 슈퍼컴퓨터는 원자력 에너지에서 날씨 패턴에 이르는 모든 것을 연구하는 데 사용된다. 이 산업의 접근 방식은 과거의 수직적 컴퓨터 산업과 비슷했다. 슈퍼컴퓨터의 고객 기반은 정부 지출, 국방 프로젝트와 같은 '거대 연구 프로젝트'에 크게 의존했다.

그런데 기술과 고객 기반 모두 동일한 시기에 변화하기 시작했다. 기술은 마이크로프로세서 기반으로 이동했고, 냉전이 종식되자 국방비 감축에 대한 압력이 증가하면서 정부 지출 역시 고갈되었다. 이는 미국 기술의 자부심이자 즐거움이었고 미국 국방의 중추였던 10억 달러 규모의 산업이 갑자기 축소되는 결과로 이어졌다. 슈퍼컴퓨터 시대의 아이콘인 시모어 크레이Seymour Cray가 설립한 기업 크레이 컴퓨터가 자금 부족 때문에 경영을 지속할 수 없게 된 사실만큼 이 상황을 더 잘 대변하는 일은 없었다.[23] 옛 시대의 스타가 흔히 변화를 수용하려 들지 않듯, 슈퍼컴퓨터는 전략적 변곡점의 흐름에 저항하느라 나락으로 떨어지고 있음을 알아차리지 못한 또 하나의 사례다.

공급자의 10배 변화

기업들은 공급자를 당연한 것으로 받아들이곤 한다. 우리는 공급자들이 어디에나 존재하고, 그들이 마음에 들지 않으면 우리 요구를 잘 만족시키는 다른 공급자로 언제든 교체할 수 있다고 생각한다. 하지만 기술 변화나 산업 구조 변화로 공급자들의 힘이 아주 강력해지곤 하는데, 그 힘이 너무나 강력한 나머지 업계의 사업 방식에 영향을 끼치는 경우가 있다.

항공사의 위력

최근 여행 산업의 공급자 기반이 위력을 행사했던 일이 있다. 여행 산업에서 가장 중요한 공급자는 항공사로, 티켓당 10퍼센트의 수수료를 여행사에 지불했다. 여행사 수수료가 항공업계에서 세 번째로 큰 비용(인건비와 연료비 다음)이었지만, 항공사들은 수수료율을 변화시키고자 하지 않았는데, 항공권의 85퍼센트를 구매해 주는 여행사의 반감을 사고 싶지 않았기 때문이었다. 그러나 물가 상승과 항공 산업의 위축으로 항공사들은 결국 수수료를 깎기로 했다.[24]

수입의 심각한 하락에도 불구하고 여행사들은 예전처럼 항공권을 구매할 수 있을까? 항공사의 결정 이후 며칠 되지 않아 미국에서 가장 큰 여행사 두 곳은 항공권을 저가로 구매하는 고객에게 요금을 별도로 부담시키는 정책을 실시했다.[25] 이러한 변화가 고수될까?

만약 수수료 인하 조치가 피할 수 없는 현실로 계속된다면, 그리고 고객들이 별도 요금 부과 정책을 수용하지 않는다면, 여행사는 어떻게 해야 할까? 미국여행사협회는 여행사 중 40퍼센트가 문을 닫을 수 있다고 예상했다.[26] 공급자(항공사)의 수수료 인하 조치라는 단 하나의 행동이 여행 산업 전체를 뒤바꿔 놓는 전략적 변곡점을 촉발시킬지 모른다.

2차 공급 관행의 종말

인텔은 마이크로프로세서의 공급자로서 가진 능력을 통해 '2차 공급second sourcing'이란 관행을 몰아냄으로써 컴퓨터 산업의 탈바꿈을 가속화했다.

한때 컴퓨터 산업 내에서 흔히 이루어지던 2차 공급은 '공급자가 자신의 제품을 널리 퍼뜨리기 위해 경쟁사들을 찾아가 기술 노하우를 제공함으로써 경쟁자들 역시 동일한 제품을 생산할 수 있도록 만드는 관행'을 일컫는다.

이론상으로 보면 이 부자연스러운 경쟁 행위는 모두에게 이득으로 작용한다. 제품 제조업체는 더 넓은 공급자 기반을 확보한 결과로 더 많은 고객에게 제품을 공급할 수 있기에 이득을 얻는다. 기술을 전수받은 2차 공급자는 벌어들이는 이익은 적지만 가치 있는 기술을 확보할 수 있으므로 이득을 취한다. 그리고 고객은 자신의 사업을 위해 경쟁하는 수많은 공급자를 확보할 수 있기에 이득을 얻는다.

하지만 실제로는 그리 잘 이루어지지는 않는다. 제품을 막 시장에 내놓고 시장 확대를 위해 도움이 필요한 시점인데 2차 공급이 아직 이루어지지 않는 경우가 보통이다. 그래서 1차 공급자와 고객은 공급 확대에 따른 이득을 얻지 못한다. 제품이 양산되고 공급이 수요를 따라잡아야 2차 공급이 이루어지고, 그래야 많은 기업이 동일한 비즈니스를 위해 서로 경쟁하게 된다. 이것은 고객에겐 즐거운 일일지 모르지만 1차 공급자의 이익을 분명히 침해한다.

1980년대 중반에야 인텔은 이런 2차 공급 관행의 장점보다 단점이 많음을 깨달았다. 그래서 우리는 변화를 꾀하기로 결정했다. 어려운 사업 환경(다음 장에서 자세히 설명하겠다)으로 인해 우리의 결심은 더욱 확고해졌고, 우리는 우리 기술에 대해 실질적인 보상을 요구하기로 했다.

우리의 경쟁자들(인텔의 아키텍처에 따라 칩을 만드는 기업들-옮긴이)은 우리가 사실상 공짜로 제공한 기술에 대해 대가를 지불하기를 꺼렸다. 그래서 우리는 새로운 마이크로프로세서 세대로 전환되는 시점부터 더 이상 2차 공급자에게 의존하지 않기로 결정했고, 그럼으로써 우리는 고객들에게 유일한 마이크로프로세서 공급자가 되었다. 우리 기술을 공짜로 얻지 못하게 된 경쟁자들은 결국 자체적으로 유사한 제품을 개발했지만, 그러기까지는 오랜 시간이 걸렸다.

이 비교적 사소한 변화가 PC 산업 전체에 미친 영향은 지대했다. 대부분의 PC에 설치되는 핵심 부품인 표준 마이크로프로세서는 오직 우리를 통해서만 얻을 수 있게 되었다. 이것은 2가지 결과로 이어졌다. 첫째, 고객에 대한 우리의 영향력이 커졌다. 고객의 관점에서 볼 때 이 상황은 '10배' 힘으로 느껴졌을 것이다. 둘째, 한 공급자로부터 마이크로프로세서를 공급받아 대부분의 PC가 만들어지자 PC는 서로 비슷해졌다. 이 현상은 바로 소프트웨어 개발자들에게 영향을 끼쳤다. 이제 소프트웨어 개발자들은 많은 PC 제조업체가 각기 생산하지만 기본적으로는 비슷한 컴퓨터에서 돌아가는 소프트웨어 개발에 집중할 수 있게 되었다. 범용 마이크로프로세서의 장착은 컴퓨터 산업의 탈바꿈, 즉 호환 가능한 컴퓨터의 등장을 가능케 하는 데 크게 기여했다.

보완자의 10배 변화

보완자(당신이 의존하는 제품을 만드는 회사)의 사업에 영향을 끼치는 기술 변화는 당신의 사업에도 상당한 영향을 미칠 수 있다. PC 산업과 인텔은 PC용 소프트웨어 개발 기업들과 상호 의존 관계를 유지해 왔다. 중요한 기술 변화가 소프트웨어 비즈니스에 영향을 미치면 그 변화는 보완 관계를 통해 우리(인텔)의 사업에도 영향을 끼칠 수 있는 것이다.

　예를 들어 인터넷 기반 소프트웨어가 점점 중요해지고 결국 PC에 크게 확산할 거라는 예상이 있다. 만약 이것이 현실로 나타나면 우리(인텔)의 사업 역시 간접적으로 영향을 받을 것이다. 인터넷이 초래할 변화에 대해서는 9장에서 더 자세히 살펴보겠다.

규제의 10배 변화

지금까지 우리는 사업의 경쟁력에 영향을 끼치는 6가지 힘이 각각 '10배' 요인에 의해 변할 때 발생할 수 있는 변화를 살펴보았다. 이러한 역학 관계는 외부 기관이나 정부로부터 규제를 받지 않는 자유 시장free market의 작동 방식을 잘 보여 준다. 그러나 현실의 비즈니스 세계에서는 수많은 규제가 출현하거나 폐지됨으로써 우리가 지금껏 논의한 것과 같은 엄청난 변화를 야기할 수 있다.

특허 의약품의 소멸

미국 제약 산업의 역사를 살펴보면 규제의 출현으로 환경이 어떻게 변할 수 있는지 보여 주는 극적인 사례를 발견할 수 있다. 20세기 초 알코올과 마약으로 만들어진 특허 의약품patent medicine(의사 처방 없이 구입할 수 있는 효과가 검증되지 않은 의약 상품-옮긴이)들은 소비자들에게 위험성과 중독성을 경고하는 문구 없이 자유롭게 판매되었다. 특허 의약품이 걷잡을 수 없이 확산되자 정부는 결국 약병에 들어가는 모든 성분을 규제하기 시작했고, 제약 회사는 반드시 모든 약품에 라벨을 써 붙여야 한다는 법이 제정되기에 이르렀다. 1906년 의회는 식품의약품법Food and Drug Act을 통과시켰다.[27]

제약 산업은 하루아침에 변화해야 할 처지에 놓였다. 성분 표시의 의무화로 인해 특허 의약품들에 알코올을 비롯해 모르핀, 마리화나, 코카인 등이 첨가되어 있음이 세상에 알려졌다. 그 때문에 제약업체들은 약품 성분을 재조정해야 했고 그러지 못할 경우 기존 제품을 전량 폐기해야 했다. 식품의약품법의 통과와 함께 경쟁의 양상이 변화했다. 제약 사업을 계속하려면 예전과 근본적으로 다른 지식과 스킬을 개발해야 했다. 몇몇 기업은 전략적 변곡점을 잘 항해해 갔지만 많은 기업은 그러지 못한 채 사라졌다.

AT&T 분할: 통신 산업의 질서 재편

규제의 변화는 대규모 산업의 특성을 변화시키는 중요한 요인으로 작용해 왔다. 미국의 통신 산업이 그러했다.

1968년 이전까지 미국의 통신 산업은 실질적으로 한 기업이 독점하고 있었다. 전화 회사인 AT&T는 전화기부터 교환 시스템에 이르기까지 자체 장비를 설계하고 생산했으며, 시내 전화뿐 아니라 장거리 전화까지 모두 제공했다. 그러던 중 1968년 연방통신위원회Federal Communication Commission는 전화 회사가 고객들에게 자기네 설비를 이용하라고 강제할 수 없도록 규정했다.[28]

이 결정은 전화기와 교환 시스템을 둘러싼 환경을 변화시켜 놓았다. 이 조치로 일본 통신 회사들을 포함한 외국 장비 제조업체들에 사업의 문이 활짝 열렸다. 천천히 변화하는 시장에서 독점적 지위를 누리던 마음씨 좋은 '엄마 벨Ma Bell'(AT&T의 애칭-옮긴이)은 캐나다의 노던 텔레콤Northern Telecom, 일본의 NEC와 후지쓰 Fujitsu, ROLM 같은 실리콘 밸리 스타트업들의 공격을 받게 되었다. 예전에는 AT&T가 고객들에게 서비스로 제공했던 전화기는 전자 제품 대리점에서 구입하는 상품이 되었다. 새로 시장에 나온 전화 기들은 인건비가 싼 아시아 국가에서 대부분 제조되었는데, 모양과 크기와 기능이 제각기 달랐고 치열한 가격 경쟁을 벌였다. 그리고 친숙했던 전화벨 소리는 온갖 다양한 소리로 대체되었다.

그러나 이 모든 일은 더 큰 사건의 서곡에 불과했다.

1970년대 초 AT&T의 경쟁자인 MCI의 독점 제소 후 미국 정부는 '벨 시스템Bell System'을 분할하고 장거리 전화 서비스와 시내 전화 서비스를 분리할 것을 요구하며 소송을 제기했다.[29] AT&T는 몇 년에 걸쳐 연방법원에서 법정 투쟁을 벌여야 했는데, 그런 상황이 여러 해 더 지지부진하게 계속될 것 같자 회장인 찰스 브라운Charles Brown은 어느 날 아침 참모들을 한 사람씩 불러, 불확실한 결과를 기다리며 몇 년간 법정 공방을 계속하느니 차라리 자발적으로 회사를 쪼개는 데 동의하겠다고 전했다. 이 결정은 1984년 연방 판사 해럴드 그린Harold Greene이 내린 '최종 수정 판결Modified Final Judgement'의 기초가 되었다. 판결에는 벨 시스템을 장거리 전화 사업을 운영하는 회사(AT&T)와 7개 지역 벨 전화 회사Regional Bell Operating Company로 분할하라는 명령이 들어 있었다. 이로써 전화 서비스의 독점은 말 그대로 하루아침에 무너져 버렸다.[30]

당시 나는 인텔의 마이크로프로세서를 판매하기 위해 AT&T
의 교환 시스템 사업부를 방문한 적이 있었다. AT&T 경영자들이
정말로 혼란스러워하던 모습을 지금도 똑똑히 기억한다. 입사 후
그때까지 똑같은 사업을 해 왔던 그들은 상황이 어떻게 돌아가는
지 감을 잡지 못했다. 자신들에게 익숙했던 규칙이 모두 무너져 내
렸기 때문이다.

이 사건이 통신 산업 전체에 미친 영향 역시 지대했다. 장거리
전화 부문의 경쟁이 치열해졌던 것이다. 그 후 10년 동안 AT&T는
장거리 전화 시장의 40퍼센트를 MCI, 스프린트Sprint 등 여러 경
쟁자들에게 빼앗겼다(AT&T 60퍼센트, MCI 20퍼센트, 스프린트 10퍼
센트, LDDS 3퍼센트, 윌텔Wiltel 1퍼센트, 기타 6퍼센트).[31] MCI와 스프
린트는 수십억 달러 규모의 기업으로 성장했다. 그리고 '베이비 벨
Baby Bell'이라 불리는, 지역 전화 시스템을 운영하는 7개 독립 기업
들이 또한 탄생했다. 각각 100억 달러가량의 매출을 올리는 베이
비 벨들은 각자 자신들의 지역에서 개인들과 기업들을 서로 연결
시키고 장거리 네트워크에도 연결시켜 주는 역할을 부여받았다.
최종 수정 판결에 따라 그들은 사업상 여러 가지 제한을 수용한다
는 조건 아래 자신들의 지역에서 독점적인 운영을 보장받았다.

기술 변화가 규제 변화를 더욱 촉발함에 따라 이제 베이비 벨
들 역시 과거와 유사한 격변기에 직면하고 있다. 휴대전화의 발전
과 미국 가정의 60퍼센트를 담당하는 케이블 네트워크가 개인 고

객의 상호 연결 방식에서 대안을 제시하고 있기 때문이다(1993년 미국에서는 61.4퍼센트에 해당하는 5700만 가정이 케이블 TV를 시청했다).[32] 지금 이 글을 쓰는 시점에도 의회는 이러한 기술 변화의 영향에 보조를 맞추려고 애쓰고 있다. 통신 관련 법안이 어떻게 개정되든, 통신 산업의 '찰리 채플린과 시모어 크레이'가 변화에 얼마나 저항하든, 변화는 오고 있다. 이 변곡점이 지나고 나면 통신 사업의 모든 측면에서 훨씬 치열한 경쟁 양상이 펼쳐질 것이다.

물론 뒤돌아보고 나서야 90년 전의 제약 산업 규제와 지금의 통신 산업을 형성한 10년 전의 사건이 분명한 전략적 변곡점이었음을 알 수 있다. 바로 지금 경험하는 흐름이 전략적 변곡점인지 아닌지를 판단하기란 상당히 어려운 게 사실이다.

민영화

'모든 규제 변화의 어머니'라고 말할 수 있는 민영화가 전 세계를 휩쓸고 있다. 중국, 러시아, 영국에 이르기까지 오랜 역사를 지닌 국영 독점 기업들은 한 번의 펜 놀림으로 경쟁이 치열한 환경에 나앉았다. 그들은 경쟁 환경에 어떻게 대처해야 하는지 경험이 전혀 없다. 과거 그들은 소비자들에게 마케팅할 이유가 없었다. 그도 그럴 것이 독점인데 고객의 환심을 살 필요가 있겠는가?

예를 들어 AT&T는 경쟁 환경에 처해 본 일이 전혀 없었기에 자신들의 제품이나 서비스를 마케팅할 필요가 없었다. 모든 고객이 그들 차지였다. 규제 기관들을 응대하는 능력이 핵심 역량의 기본이었기에 그들의 경영진 역시 규제 환경만 잘 다루면 됐고, 그에 따라 구성원들은 온정주의적 업무 환경에 익숙해져 있었다.

최종 수정 판결에 따라 빚어진 치열한 무한 경쟁으로 AT&T는 10년 동안 장거리 전화 시장의 40퍼센트를 잃었다. 그러나 이 덕분에 그들은 소비자 마케팅 기법을 습득할 수 있었다. 이제 AT&T는 신규 고객을 대상으로 TV 광고를 하고, 전화를 할 때마다 AT&T를 이용해 줘서 감사하다는 멘트를 한다. 또한 자신들의 존재감을 알리는 독특한 벨 소리를 개발했다. 이 모든 활동은 마케팅을 '남의 일 보듯' 했던 회사가 세계 수준의 소비자 마케팅을 어떻게 펼치게 됐는지에 관한 좋은 예라 할 수 있다.

독일의 국영 통신 기업인 도이체 분데스포스트 텔레콤Deutsche Bundespost Telekom은 1997년 말까지 민영화하기로 예정되어 있다. 도이체 텔레콤Deutsche Telekom으로 개명한 기업을 여러 위험 속에서 올바로 이끌기 위해 이사회는 소니Sony로부터 영입한 45세의 소비자 마케팅 책임자를 차기 CEO로 최근 임명했다.[33] 이런 조치는 미래가 과거와는 아주 다를 것임을 이사회가 잘 이해하고 있음을 보여 준다.

옛 규제 환경에 익숙한 대부분의 기업이 갑자기 경쟁 환경 속에 처하면, 그들이 겪는 변화는 어마어마하게 커진다. 이제 경영진은 세계의 많은 제품들이 불협화음을 내며 경쟁하는 상황 속에서 자신들의 서비스를 마케팅하는 데 심혈을 기울여야 하고, 직원들은 지구 반대편의 유사 기업에서 일하는 사람들과 일자리를 놓고 갑자기 경쟁해야 한다. 이것이야말로 가장 큰 전략적 변곡점이다. 이토록 근본적인 변화가 경제 전반을 동시에 강타하면 그 충격은 그야말로 대격변이라 말할 수 있다. 그런 변화는 한 국가의 정치 시스템, 사회 규범, 생활 방식 등 모든 것에 영향을 미친다. 우리는 소련 붕괴 이후 러시아를 비롯해 거기 속했던 나라들에서 이미 이런 현상을 목격하고 있지 않은가? 중국 역시 좀 더 잘 통제되고 있다는 점만 빼고 마찬가지다.

이 장에서 나는 전략적 변곡점이 일반적이라는 사실을 보여주고자 했다. 전략적 변곡점은 일시적 현상이 아니다. 첨단 산업에만 국한된 일도 아니고, 다른 기업에서만 일어나는 일도 아니다. 모든 전략적 변곡점은 비슷한 특성을 지니고 있다. 표 [4-2]는 이번 장에서 든 예시를 종합한 것이다. 이 표를 볼 때마다 나는 전략적 변곡점이 얼마나 다양하고 흔히 발생하는지 새삼 깨닫는다.

어디에나 승자와 패자가 존재함을 명심하라. 또한 어떤 기업이 승자 또는 패자가 되느냐는 주로 적응력degree of adaptability에 달려 있음을 기억하라. 전략적 변곡점은 위기뿐 아니라 성공 가능성 또한 가져다준다. "적응하느냐, 죽느냐"란 상투적 표현이 진정한 의미를 갖는 근본적 변화의 시점이 바로 전략적 변곡점이다.

예(유형)	변화	조치	결과
월마트(경쟁자)	대형 할인 매장의 중소도시 진출	'카테고리 킬러'가 되는 쪽으로 전문화	홈 디포와 토이저러스가 번창하고, 많은 소매점이 소멸함
넥스트(경쟁자)	윈도를 탑재한 PC의 시장 점유	넥스트는 소프트웨어 기업으로 변모	넥스트는 규모가 축소됐지만 수익성 높은 회사로 생존함
유성영화(기술)	무성영화의 쇠퇴	그레타 가르보의 변신	가르보는 스타가 되었고, 다른 무성영화 스타들은 사라짐
해운(기술)	신기술로 인한 생산성 향상	싱가포르와 시애틀은 컨테이너 항만 시설 수용, 샌프란시스코와 뉴욕은 거부	싱가포르와 시애틀 항만은 번성하고, 샌프란시스코와 뉴욕 항만은 쇠퇴함
PC(기술)	PC의 가격 대비 성능이 크게 향상	어떤 기업들은 새 환경의 구성원이 되어 마이크로컴퓨터에 적응한 반면, 다른 기업들은 시스템 통합 업체system integrator, SI가 됨	적응한 기업은 번창하고, 그렇지 않은 기업은 어려움에 봉착함
인구학적 시한폭탄(고객)	컴퓨터에 익숙한 아이들의 증가	아이들을 대상으로 한 교육과 오락 소프트웨어 CD-ROM의 성장	컴퓨터의 보편화
여행사(공급자)	항공사의 수수료 제한	여행사가 고객에게 비용을 청구	여행사의 자금난
통신(규제)	장비와 장거리 전화 서비스의 경쟁 심화	AT&T는 소비자 마케팅으로 경쟁이 치열한 세계에 적응	AT&T와 여러 벨 회사의 합산 가치가 10년 전에 비해 4배 이상 증가함34
민영화(규제)	정부의 독점 해제와 보조금 철폐	도이체 텔레콤은 론 좀머Ron Sommer를 새 CEO로 선임	앞으로 고통스러운 구조 조정 작업이 예상됨

[4-2] 전략적 변곡점: 변화와 결과

어떻게 우리는 변곡점을 뚫고 반도체 제국을 건설했나

"메모리 사업의 위기와 그 위기에 대처하는 과정을 통해
우리는 전략적 변곡점의 의미를 배웠다."

인텔의 역사: 창업에서 승승장구까지

경영, 특히 위기 상황일 때 경영은 리더에겐 개인적으로 지극히 어려운 일이다.

여러 해 전 한 경영 강좌에서 강사가 2차 세계대전을 다룬 영화 〈정오의 출격Twelve O'Clock High〉의 한 장면을 보여 주었다. 이 영화에서는 저절로 망할 것처럼 군기가 빠질 대로 빠진 항공 대대의 규율을 바로잡기 위해 신임 지휘관이 부임한다. 신임 지휘관은 부임 길에 차를 세우고 내려 먼 곳을 응시하며 담배 한 대를 피운다. 마지막 연기를 내뿜고 꽁초를 바닥에 던져 신발로 비벼 끈 그는 운전병에게 말한다. "좋아, 병장. 이제 가자." 강사는 이 장면을 여러 번 보여 주었는데, 견디기 어려운 모진 변화 속에서 부하들을 이끌어야 하는, 힘들고 위험한 과업을 수행하기 위해 마음을 다잡는 모습, 즉 어떤 일이 있어도 전진하리라 다짐하는 리더의 모습이 훌륭하게 표현된 예였기 때문이다.

나는 이 장면을 떠올리며 그 지휘관의 마음에 공감하곤 했다. 그 영화를 처음 봤을 때는 몇 년 후 비슷한 상황에 놓일 거라는 생각을 전혀 하지 못했다. 그러나 그러한 위기를 개인적으로 경험했다는 사실 자체는 별로 중요하지 않다. 여기서 하고 싶은 이야기는 전략적 변곡점이 무엇이고, 고통스럽지만 조금씩 나아가는 데 필요한 것이 무엇인지를 내가 어떻게 온몸으로 배웠느냐 하는 것이다. 객관성, 신념에 따라 행동하려는 의지, 그런 신념을 지지하도록 사람들을 움직이려는 열정이 필요하다. 무리한 요구처럼 들리는가? 그렇다. 정말로 어려운 일이다.

이제부터 하는 이야기는 어떻게 인텔이 본래 뿌리를 둔 사업을 버리고 완전히 다른 사업에서, 그것도 거대한 위기 한가운데에서 새로운 정체성을 확립했는지에 관한 것이다. 나는 이런 경험 덕에 전략적 변곡점을 통과하는 과정에서 어떻게 조직을 경영해야 하는지에 관해 엄청나게 많은 것을 배웠다. 이번 장에서 나는 내가 배운 바를 설명하기 위해 이 이야기(인텔의 사업 전환-옮긴이)를 할 것이다. 지나치게 자세히 설명하는 것 같아 마음에 걸리지만 부디 양해해 주기 바란다. 인텔 이야기지만 그 교훈은 보편적이라고 나는 생각한다.

인텔은 1968년 창립했다. 모든 스타트업은 핵심 아이디어를 가지고 있기 마련이다. 우리의 핵심 아이디어는 단순했다. 반도체 기술은 수많은 트랜지스터를 1개의 실리콘 칩에 집적할 수 있을 만큼 발전했는데, 우리는 이 기술이 장래성 있다고 생각했다. 집적된 트랜지스터 수가 증가할수록 저렴한 가격과 고품질이라는, 고객에게 엄청난 이익으로 곧바로 이어질 수 있다. 지나치게 단순화해 설명하는 듯하지만, 실리콘 칩에 트랜지스터를 적게 넣으나 많이 넣으나 생산 비용은 동일하다. 그렇기에 한 칩에 더 많은 트랜지스터를 집적할수록 트랜지스터당 비용은 더욱더 하락할 것이다. 이뿐 아니라 트랜지스터를 작게 만들수록 서로 거리가 가까워지므로 전자 신호를 더 빨리 처리할 수 있어 계산기, VCR, 컴퓨터 등 어떤 기기에서든 더 높은 성능을 발휘하게 된다.

이 높아진 트랜지스터 집적도로 무엇을 할 수 있을까 고민한 끝에 우리는 분명한 해답을 얻었다. 바로 컴퓨터에서 메모리 기능을 수행할 칩을 개발하는 것이었다. 다시 말해 하나의 칩에 훨씬 더 많은 트랜지스터를 집적해 컴퓨터의 메모리 용량을 늘리는 데 사용하는 것이었다. 이 접근법은 다른 방법들보다 틀림없이 비용효과적일 것이기에 우리는 이제 세상이 우리 것이 되리라 생각했다.

시작은 그리 대단치 않았다. 우리의 첫 제품은 64비트bit 메모리였다. 64비트라고? 정말이다. 그것은 64개 숫자를 저장할 수 있었다. 요즘은 6400만 개 숫자를 저장할 수 있는 칩을 사용하고 있지만, 그건 지금 이야기고 당시에는 그랬다.

인텔이 이런 시도를 시작할 무렵 알고 보니 거대 컴퓨터 회사

중 하나가 꼭 그런 장치를 만들어 달라며 제안 요청서를 공지한 상태였다. 이미 6개 업체가 이 프로젝트에 입찰했는데, 인텔은 일곱 번째 입찰자로 참가하기로 했다. 우리는 밤낮으로 일하며 칩을 설계하고 동시에 제조 공정을 개발했다. 우리는 마치 거기에 우리 목숨이 달린 듯 일했는데 어떤 면에서는 진짜로 그랬다. 이 프로젝트를 통해 작동 가능한 최초의 64비트 메모리가 출현했다. 그리고 우리는 작동 가능한 칩을 처음으로 생산한 업체가 되어 경쟁에서 승리했다. 스타트업으로서는 엄청난 승리였다!

그런 다음 우리는 256비트 메모리 개발에 온 힘을 기울였다. 다시 밤낮으로 일했는데 이 일은 훨씬 힘들었다. 엄청난 노력 덕에 우리는 첫 번째 칩을 출시한 지 얼마 되지 않아 두 번째 칩을 시장에 내놓았다.

이 제품은 1969년 당시엔 경이적인 기술이었기에 모든 반도체 제조업체뿐 아니라 모든 컴퓨터 제조업체의 모든 엔지니어가 앞다투어 구매할 것처럼 보였다. 그러나 어느 누구도 대량으로 구입하지는 않았다. 반도체 메모리는 당시 신기한 물건에 불과했다. 하지만 우리는 계속 돈을 투자하기로 하고 차세대 칩 개발에 전념했다.

컴퓨터 업계의 전통이 그러하듯 우리는 새 칩에 예전 칩보다 더 많은 트랜지스터를 집적하기로 했다. 우리는 4배나 복잡한, 1024개 숫자를 담을 수 있는 메모리 칩을 목표로 삼았다. 이것은 어느 정도는 기술적으로 무모한 도박이었다. 우리는 메모리 엔지니어, 기술자, 테스트 엔지니어 등으로 구성된 팀을 만들었다. 팀원들은 때론 화합하고 때론 갈등하면서 누구보다 열심히 일했다. 압박감 때문인지 팀원들은 문제를 해결하기 위한 시간만큼 서로 논쟁을 벌이는 데 시간을 보내곤 했다. 하지만 프로젝트는 착착 진행됐고 마침내 잭팟이 터졌다.

새로운 칩은 엄청난 히트를 쳤다. 우리에게 놓인 새로운 과제는 어떻게 새 칩의 수요를 만족시킬 것인가였다. 솔직히 말하자면 우리는 아직은 생소하고 취약한 설계 능력과 기술을 보유한 소수의 인력으로 이루어진 회사였고, 만족할 줄 모르는 거대 컴퓨터 기업의 입맛에 맞춰 칩을 공급하려고 애쓰는 회사였다. 작은 건물에 세 들어 살면서 칩 개발이라는 엄청나게 힘든 과업을 수행하는 우리에게 실리콘으로 접합된 장치를 생산하는 일은 마치 풍선껌으로 철사를 이어 붙이는 일처럼 악몽 같았다. 이 칩에는 '1103'이라는 이름이 붙여졌다. 나를 포함해 그때를 함께 견딘 '생존자'들은 지금까지도 전자시계에서 '11:03'이라는 시간을 볼 때면 그 시절을 떠올리곤 한다.

팔리진 않았지만 기술적으로 경이로웠던 첫 두 제품, 그리고 잘 팔렸지만 생산하느라 엄청나게 힘들었던 세 번째 제품과 벌인 악전고투 덕분에 인텔은 사업을 일구어 냈고 메모리 칩은 산업이 되었다. 돌이켜 생각하면 그토록 힘들었던 기술 및 생산 문제와 벌인 고군분투가 분명 인텔의 정신에 지워지지 않을 DNA를 새겼다고 생각한다. 우리는 문제 해결에 능숙해졌고, 손에 잡히는 결과(우리는 이를 '아웃풋output'이라 부른다)에 무엇보다 집중하게 됐다. 그리고 초기에 겪은 갈등 덕에 우리는 서로 치열하게 싸우면서도 친구 관계를 유지하는(우리는 이를 '건설적 대립'이라 부른다) 기업 문화를 구축했다.

메모리 칩 선도자로서 우리는 사실상 100퍼센트의 시장점유율을 차지했다. 그 후 1970년대 초에 다른 기업들이 진입하면서 산업을 넓혀 갔다. 다들 소규모 미국 기업이었고 규모와 조직 구조 측면에서 우리와 비슷했다. 유니셈Unisem, 어드밴스드 메모리 시스템스Advanced Memory Systems, 모스텍Mostek 같은 회사들이었다. 이 이름들을 들어본 적이 없다면 모두 오래전에 사라졌기 때문이다.

1970년대 말에 이르자 메모리 칩 비즈니스에서 12개가량의 기업이 최신 기술 혁신을 통해 서로 경쟁했다. 메모리 칩의 여러 세대를 거치는 동안 몇몇 회사가 성공을 경험했다. 항상 인텔이 선두를 차지한 건 분명 아니었다. 당시 유명한 어느 재무 분석가는 권투 경기에 비유해 메모리 비즈니스에 관한 자신의 견해를 발표하곤 했다. "2라운드는 인텔, 3라운드는 모스텍, 4라운드는 텍사스 인스트루먼츠Texas Instruments가 승리했다. 이제 우리는 5라운드를 눈앞에 두고 있다"라는 식으로 말이다. 우리는 시장점유율을 유지했다. 메모리 칩 비즈니스에 뛰어든 지 10년이 되었지만 인텔은 여전히 핵심 기업 중 하나였다. 인텔 하면 메모리가 연상되었고 메모리 하면 인텔이 떠올랐다.

우리가 맞닥뜨린 전략적 변곡점

1980년대 초에 일본 메모리 제조업체가 전면에 등장했다. 우리는 1970년대 말에 불황을 겪으며 생산 능력에 대한 투자를 줄였는데, 일본 업체들은 그때 발생한 제품 부족을 메우기 위해 처음으로 시장에 나왔다. 당시에는 일본 업체들이 도움이 되었다. 그들이 우리에게 가해지는 압박을 완화해 주었기 때문이다. 하지만 1980년대 초에 이르자 그들은 위세를 떨치기 시작했다. 위력적이고 압도적인 세력을.

상황이 전과 다르게 느껴지기 시작했다. 일본을 방문하고 돌아온 사람들은 무서운 이야기를 전하곤 했다. 예를 들면 어느 일본 대기업은 커다란 건물을 통째로 쓰며 메모리 개발에 몰두 중이라고 했다. 각 층에서 일하는 엔지니어들은 세대가 각기 다른 메모리를 동시에 개발하고 있었다. 한 층에서는 16K(K는 1024비트를 말한다), 그 위층에서는 64K, 또 그 위층에서는 256K의 메모리를 말이다. 100만 비트 메모리 개발이라는 비밀 프로젝트를 어디에선가 진행 중이란 소문도 있었다. 캘리포니아 샌타클래라에 있는 작은 회사인 우리에게는 이 모든 것이 매우 두려울 수밖에 없었다.

그러던 와중에 우리는 품질 문제에 봉착했다. 휴렛팩커드 경영진은 일본 메모리의 품질 수준이 일관되고 미국 기업의 메모리 품질보다 상당히 높다고 발표했다. 사실 일본 기업의 품질 수준은 우리가 가능하다고 생각했던 것 이상이었다. 처음에 우리는 현실을 부정했다. 사실이 아니어야 했다. 이런 상황에서 일반적으로 그러듯 우리는 불길한 데이터를 맹렬하게 공격했다. 우리는 우리 주장이 어느 정도 옳다는 것을 확인받고 나서야 제품 품질을 높이는 일을 시작했다. 그러나 우리는 분명 뒤처져 있었다.

이것만이 아니었다. 일본 기업들은 자금상 이점도 지니고 있었다. 그들은 자금을 무한 조달받을 수 있었다(또는 그렇다는 이야기가 있었다). 정부로부터? 모기업의 교차 보조cross subsidy를 통해? 아니면 수출 기업에 저금리 자금을 거의 무한정 제공하는 일본 자금 시장의 수수께끼 같은 시스템으로부터? 우리는 어떻게 그런 일이 가능한지 정확하게는 알지 못했지만, 일본 측 자금이 풍부했다는 사실 자체는 논란의 여지가 없다. 1980년대에 일본 제조업체들은 현대화된 대규모 공장을 건설함으로써 우리가 보기에는 무시무시한 생산 능력을 갖추었다.

메모리의 붐을 타고 일본 제조업체들은 세계 반도체 시장을 잠식해 갔다. 일본의 세계 시장 침투는 하루아침에 일어난 일이 아니었다. 도표 [5-1]에서 보듯 10년에 걸쳐 침투가 이루어졌다.

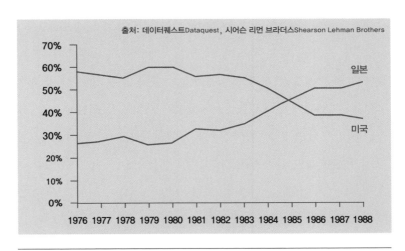

출처: 데이터퀘스트Dataquest, 시어슨 리먼 브라더스Shearson Lehman Brothers

[5-1] 세계 반도체 시장점유율

우리는 열심히 싸웠다. 품질을 개선하고 원가를 낮췄다. 하지만 일본 업체들이 반격을 가해 왔다. 그들의 주무기는 엄청나게 저렴한 가격으로 고품질의 제품을 제공하는 것이었다. 어느 날 우리는 일본 기업의 영업 부문에 전달된 메모를 손에 넣었는데 핵심 내용은 이랬다. "10퍼센트의 룰로 따내라. AMD(미국의 또 다른 메모리 기업)와 인텔의 칩을 사용하는 업체를 찾아라. 그들보다 10퍼센트 낮은 가격을 제시하라. 그들이 더 낮은 가격을 제시하면 다시 10퍼센트 낮은 가격을 말하라. 멈추지 마라. 수주를 따낼 때까지!"[1]

이런 것들은 분명 우리 기를 꺾어 놓기에 충분했지만 우리는 계속 싸울 수밖에 없었다. 우리는 여러 가지 시도를 했다. 메모리 시장의 틈새에 초점을 맞춰 보려 했고, '고부가가치 설계value-added design'라 불리는 특수 목적의 메모리를 개발하고자 했으며, 훨씬 앞선 기술을 메모리 제조에 적용하고자 했다. 일본의 저가 공세에 대응할 수 없었기에 우리는 필사적으로 우리 제품에 대한 프리미엄을 시장에서 얻고자 했다. 당시 인텔에서는 이런 말이 오갔다. "우리가 잘한다면 일본 메모리 가격의 '2X'(2배)를 받을 수 있습니다. 하지만 'X'값(일본 업체의 메모리 가격-옮긴이)이 점점 작아지는데 무슨 소용이 있나요?"[2]

무엇보다 중요한 건 우리가 연구 개발R&D에 집중 투자를 계속했다는 점이었다. 결국 우리는 기술에 기반을 둔 기업이었기에 모든 문제에는 기술적 해결책이 있을 거라고 믿었다. 당시 우리의 연구 개발은 세 영역으로 나뉘어 있었다. 대부분의 역량은 메모리 칩에 집중되었지만, 1970년에 발명한 또 다른 장치와 관련된 기술을 소규모 팀이 동시에 연구 중이었다. 그것은 바로 마이크로프로세서였다. 마이크로프로세서는 컴퓨터의 두뇌에 해당한다. 메모리 칩은 그저 저장만 하지만 마이크로프로세서는 계산을 수행한다. 마이크로프로세서와 메모리는 동일한 실리콘 칩 기술로 만들지만 마이크로프로세서의 설계는 메모리와 다르다. 마이크로프로세서 시장은 메모리 칩에 비해 느리게 성장하는 작은 시장이었기에 우리는 기술 개발에 크게 신경을 쓰지 않았다.

메모리 칩의 개발은 오리건주에 있는 기가 막힐 정도로 최신

식 시설에서 이루어진 반면, 마이크로프로세서 기술 연구원들은 멀리 떨어진 곳에서 생산 인력들과 낡은 생산 설비를 공유해야 했다. 사업의 우선순위는 우리 정체성에 따라 매겨졌다. 메모리가 인텔이고 인텔이 메모리였기 때문이다.

메모리 전쟁은 치열했지만 전반적인 상황은 괜찮았다. 1981년 우리의 선도적인 마이크로프로세서가 IBM PC에 들어가도록 설계됐는데, 그 수요는 IBM의 예측을 뛰어넘을 만큼 폭발적이었다. 그러자 IBM은 인텔이 IBM PC의 생산 증대에 도움을 주기를 기대했다. IBM PC의 모든 경쟁자들 역시 그랬다. 1983년과 1984년 초에 우리는 뜨거운 열기를 내뿜는 시장 속에 있었다. 우리가 만드는 것 모두가 공급 부족 상태였다. 사람들이 좀 더 많은 부품을 달라고 간청하는 바람에 우리는 아주 먼 미래까지 예약 주문을 받으며 공급을 약속했다. 우리는 여러 지역에 공장을 건설하고 인력을 확충하며 서둘러 증산을 준비했다.

그러나 1984년 가을, 모든 것이 바뀌고 말았다. 경기가 하락하기 시작한 것이다. 칩을 사려는 사람은 아무도 없는 것 같았다. 밀려 있던 예약 주문은 봄눈처럼 사라져 버렸다. 우리는 현실을 부정하고 싶었지만 생산을 감축할 수밖에 없었다. 하지만 오랫동안 생산 시설을 확충한지라 수요 하락에 맞춰 신속하게 생산을 줄일 수가 없었다. 우리는 사업이 하강 국면임에도 여전히 재고만 늘리고 있었다.

우리는 일본 업체가 대량 생산한 저가격 고품질의 부품과 경쟁하느라 메모리 부문에서 꽤 오랫동안 손실을 입었다. 그러나 업황이 아주 좋았기 때문에 우리는 프리미엄 가격을 가져다줄 마법의 해결책을 찾으며 사업을 유지할 수 있었다. 그렇게 할 여유가 있었기에 그나마 버텼다. 하지만 사업이 전면적으로 부진에 빠지고 다른 제품들이 그 빈틈을 메울 수 없게 되자 손실은 정말로 걷잡을 수 없었다. 출혈을 멈추어 줄 지금까지와는 다른 메모리 전략에 대한 필요성이 점점 절실해졌다.

우리는 회의를 거듭하며 언쟁하고 토론했지만 상충하는 제안만 오갈 뿐 아무런 소득이 없었다. 어떤 이는 '한번 해 보자Go for it'라는 전략을 제안했다. "오로지 메모리만 생산하는 거대한 공장을 건설해 일본 기업과 결전을 벌입시다." 또 다른 사람은 우리가 영리해져야 하고 '아방가르드'한 기술을 사용해야 한다고 주장했다. '한번 해 보되' 생산보다는 기술적으로 우위에 있어야 하고 일본 업체들이 만들 수 없는 것을 만들어야 한다고 말이다. 어떤 사람은 메모리가 세계적으로 균일한 일상용품이 되어 가는 상황에서 가능성이 점점 줄고 있는 '특수 목적 메모리'를 계속 생산해야 한다는 아이디어를 여전히 고수했다. 이렇게 격한 논쟁을 이어 가는 동안 우리는 점점 더 많은 돈을 잃어 갔다. 잔인하고 절망적인 해였다. 그 시간 동안 우리는 어떻게 해야 상황을 개선할 수 있을지에 대한 분명한 생각 없이 그저 열심히 일만 할 수밖에 없었다. 우리는 방향

감각을 상실한 채 죽음의 계곡을 헤매고 있었다.

1985년 중반이었던 것으로 기억한다. 거의 1년 동안 목표를 잃고 헤매던 때, 나는 내 사무실에서 인텔의 회장이자 CEO인 고든 무어Gordon Moore와 함께 진퇴양난의 상황에 대해 논의 중이었다. 토론 분위기는 침울했다. 나는 창문 밖으로 멀리 보이는 그레이트 아메리카Great America 놀이공원의 대관람차를 응시하다가 돌아서서 무어에게 물었다. "만약 우리가 쫓겨나고 이사회가 새 CEO를 데리고 온다면 그 신임 CEO는 어떻게 할 것 같습니까?" 무어는 주저 없이 대답했다. "메모리에서 손을 떼게 하겠지." 나는 망연자실한 채 잠시 그를 바라보다가 이렇게 말했다. "회장님과 제가 지금 문밖으로 나갔다가 새로운 사람이 되어 돌아오면 되지 않을까요? 우리가 메모리를 끝내면 되지 않겠습니까?"

생존의 길을 찾아서

이 말을 시작으로 우리는 지난한 여정을 시작했다. 솔직히 말해 메모리 칩 철수 가능성을 동료들과 터놓고 토론하기가 매우 힘들었다. 말을 꺼내기가 너무 민감한 사안이었다. 우리 모두의 마음속에서 인텔은 곧 메모리였기 때문이다. 어떻게 우리의 정체성을 포기할 수 있단 말인가? 어떻게 우리가 메모리 비즈니스 없이 존재할 수 있단 말인가? 그것은 상상조차 불가능했다. 무어에게 그 이야기를 하는 것과 다른 사람들에게 털어놓고 본격적으로 추진하는 것은 전혀 다른 문제였다.

그러나 나는 이런 조치를 놓고 동료들과 토론하기를 결코 주저하지 않았을 뿐 아니라, 내 말을 듣고 싶어 하지 않는 사람들과도 논의했다. 사람들이 내 이야기를 제대로 들으려 하지 않는다는 사실에 짜증이 난 나머지 내 말투는 점점 직설적으로 변했고 잔소리가 늘어났다. 그럴수록 공개적으로나 은연중으로나 내가 받는 저항은 점점 심해졌다.

나는 동료들과 끝없이 논쟁했다. 한번은 토론을 마무리하고 고위 임원 한 사람에게 이 문제에 대한 우리 입장이 무엇이라고 생각하는지 적어 보라고 요구한 적이 있었다. 그가 논쟁을 벌일 때 뜨뜻미지근한 태도를 보이기에 직접 쓴 메모로 오금을 박을 심산이었다. 그러나 실패로 끝났다. 이렇게 우리는 두서없는 싸움을 벌이며 몇 개월을 보냈다.

그러던 중 나는 인텔의 어느 지사를 방문했다가 늘 그러듯 그곳 고위 관리자들과 저녁 식사를 함께했다. 그들은 메모리 사업에 대한 내 입장을 듣고 싶어 했다. 나는 메모리 사업에서 철수할 거라는 계획을 공개할 준비가 되어 있지 않았다. 이 사업을 포기한다는 것이 과연 어떤 의미인지 파악하느라 분주하던 초기 단계였기 때문이다. '앞으로 우린 어떻게 되는 거지?' 이것이 그들에겐 초미의 관심사였다. 나는 아무 일도 일어나지 않을 것처럼 시치미를 뗄 수가 없었다. 그래서 은근슬쩍 부정적인 답변을 했는데 그들은 바로 낌새를 알아챘다. 한 사람이 공격적으로 질문을 해 왔다. "그 말은 인텔이 메모리 사업에서 철수할 수 있다는 뜻입니까?" 나는 침을 꿀꺽 삼키고 대답했다. "맞아요. 그럴 수 있다고 생각합니다." 저녁 식사 자리는 순식간에 아수라장으로 변했다.

인텔은 종교 교리만큼이나 강력한 2가지 신념을 가지고 있었다. 모두 인텔의 제조와 판매 활동의 중추인 메모리 사업의 중요성과 연관이 있었다. 하나는 메모리가 우리의 '기술 동인technology driver'이란 신념이었다. 이 말은 테스트의 용이성 때문에 우리가 항상 메모리 제품을 통해 기술을 개발하고 다듬어 왔다는 뜻이었다. 메모리를 대상으로 기술 결함을 해결하면 그것을 바로 마이크로프로세서나 다른 제품에 적용해 왔던 것이다. 또 하나는 '전 제품 라인full-product-line'이란 신조였다. 즉 영업 사원들이 고객에게 최상의 서비스를 하려면 '전 제품 라인'이 갖춰져 있어야 한다는 믿음이었다. 만약 그렇지 못하면 고객은 전 제품 라인을 보유한 경쟁자들과 거래하게 된다는 뜻이기도 했다.

이 두 신념이 워낙 강력한 탓에 메모리 사업 철수에 관해 편견 없이 합리적으로 논의하기란 실질적으로 불가능했다. 메모리가 없다면 새로운 기술 동인은 뭐가 있겠는가? 제품군이 불완전한데 영업 사원들이 어떻게 영업을 할 수 있겠는가?

나는 위에서 언급한 저녁 식사 자리에서 이 두 신념의 문제점을 지적했다. 그들과 나는 한 치도 앞으로 나아가지 못하는 이야기로 논쟁을 벌였고 서로를 백안시하는 상황까지 치달았다.

메모리 철수 문제를 논의할 때마다 이런 모습이 자주 연출되곤 했다. 메모리 사업을 총괄하던 본부장은 논의가 시작되고 몇 달이 지나도록 진지하게 토론에 임하지 않았다. 결국 그는 다른 보직으로 이동됐다. 나는 후임자에게 그가 해야 할 일을 분명히 밝혔다. "메모리 사업을 접어야 합니다!" 몇 개월간의 실망스러운 논쟁 끝에 비로소 나는 내 입장을 분명하게 표출할 수 있었다. 하지만 새로 임명된 본부장은 상황을 파악한 후에도 필요한 조치를 하는 둥 마는 둥 했다. 그는 신제품 연구 개발은 더 이상 하지 않을 거라고 공언했지만, 개발팀이 현재 진행 중인 신제품은 완성시켜야 한다고 나를 설득하려 들었다. 팔 계획도 없는 제품에 연구 개발 노력을 기울여야 한다니! 그 사람이나 나나 이성적으로는 어디로 가야 하는지 알고 있었지만 감정적으로는 새로운 방향을 여전히 거부하고 있었던 셈이다. 나조차 그처럼 큰 변화는 여러 작은 단계로 나눠서 진행해야 한다고 스스로 합리화했으니까.

그러나 몇 개월 뒤 그런 어정쩡한 태도는 더 이상 지탱할 수 없다는 결론에 도달했고, 결국 경영진뿐 아니라 조직 구성원 모두가 메모리 사업에서 완전히 손을 떼기로 결정했다.

'고객들은 어떤 반응을 보일까?' '우리가 자신들을 나 몰라라

한다고 우리와 거래를 끊어 버릴까?' 우리는 이런 두려운 생각에 사로잡혔다. 하지만 메모리 고객들에게 사업 철수 사실을 알리라고 영업 사원들에게 어렵사리 지시했다. 그런데 기우였다. 정작 그들의 반응은 "당연한 거 아냐?"라는 식이었다. 고객들에게 우리는 시장에서 별로 존재감을 주지 못했을뿐더러 그들은 우리가 시장에서 철수할 것임을 어느 정도는 눈치채고 있었던 것이다. 고객사 대부분은 이미 다른 기업과 메모리 공급 계약을 맺어 놓은 상황이었다.

우리의 결정을 알리자 몇몇 고객사는 이런 반응을 보였다. "진작에 그랬어야죠." 결정에 아무런 감정적 이해관계가 없는 사람이 무엇을 해야 하는지 빨리 알아차릴 수 있는 법이다.

나는 이것이 요즘 CEO가 자주 교체되는 현상을 가장 잘 설명하는 이유라고 생각한다. 기업이 전략적 변곡점의 시기를 극복하고자 할 때 그 조직에서 평생 일한 경영자가 회사를 떠나는 경우를 자주 보곤 한다. 그들이 떠난 CEO 자리는 흔히 외부인으로 채워진다.

나는 새로 영입되는 외부인이 회사를 떠나는 사람보다 반드시 더 뛰어난 경영자 또는 리더라고 생각하진 않는다. 하지만 외부인에게는 결정적인 장점이 있다. 일생을 바쳐 회사에 헌신했고 그렇기에 현재 발생한 문제와 깊은 연관을 지닌 내부인과는 달리, 외부에서 영입된 경영자는 개인감정에 구속되지 않고 상황을 합리적으로 판단할 수 있다. 전임자보다 객관적으로 문제를 바라볼 수 있는 것이다.

사업 기반이 심각한 변화에 직면할 때 만약 기존 경영진이 자기 자리를 계속 유지하고 싶다면 외부인처럼 합리적이고 객관적인 시각을 반드시 갖춰야 한다. 과거에 대한 감정적 집착에 사로잡히지 말고 전략적 변곡점을 성공적으로 헤쳐 나가는 데 필요한 일을 해야 한다. 이것이 바로 "회장님과 제가 지금 문밖으로 나갔다가 새로운 사람이 되어 돌아오면 되지 않을까요?"라고 무어에게 했던 말의 의미다.

우리가 문밖으로 나갔다가 새로운 사람이 되어 돌아왔을 때 가장 중요한 질문은 이것이었다. "만약 우리가 메모리 사업을 접는다면 어디에 집중해야 할까?" 두말할 필요 없이 마이크로프로세서가 유력한 후보였다.

인텔은 5년째 IBM 호환 PC에 사용되는 메인 마이크로프로세서를 공급 중이었고 우리의 시장점유율이 가장 컸다. 게다가 우리에게는 생산 돌입을 코앞에 둔 차세대 마이크로프로세서 '386'이 있었다. 앞서 말했듯 386의 개발은 오래된 생산 공장의 한쪽 구석에서 개발된 기술에 기초했다. 만약 오리건주의 최신식 공장에서 작업을 진행했다면 훨씬 더 좋은 제품을 개발했겠지만 당시 그곳은 메모리를 개발하느라 여력이 없었다. 메모리 사업에서 철수함으로써 우리는 인텔에서 최고라 평할 수 있는 오리건의 개발자 그룹에게 더 빠르고 더 저렴하며 더 뛰어난 386 프로세서를 제조하게끔 임무를 부여할 수 있었다.

나는 오리건으로 달려갔다. 개발자들의 마음 한편에는 미래에 대한 걱정이 자리 잡고 있었다. 그들은 마이크로프로세서에 대한 애착이 그리 크지 않은, 메모리 칩 전문 개발자들이었다. 나는 그들을 강당에 불러놓고 강연을 했다. 주제는 '주류에 입성하신 걸 환영합니다'였다. 나는 인텔의 주류는 마이크로프로세서가 될 거라고 강조했다. 마이크로프로세서 개발에 참여함으로써 그들은 인텔의 핵심 사업을 이끄는 주력이 될 거라고 말이다.

기대했던 것보다 일이 훨씬 잘 진행되었다. 고객사들이 그랬듯 개발자들은 경영진이 상황을 인식하기 전부터 피할 수 없는 변화가 오리란 것을 이미 알고 있었다. 회사가 주력으로 삼지 않는 제품에 더 이상 공들일 필요가 없다는 사실에 그들은 안도했다. 개발자들은 마이크로프로세서 개발에 몰두했고 그 후 엄청난 결과물을 쏟아 냈다.

하지만 다른 쪽에서는 상황이 그리 긍정적이지만은 않았다. 우리에겐 너무나 힘든 시기였고 엄청난 손실을 입어야 했다. 또한 수천 명의 직원을 해고해야 했다. 메모리를 생산하던 공장이 당장 필요 없어지자 문을 닫을 수밖에 없었고 메모리 생산과 관련된 조립 공장과 테스트 공장 역시 폐쇄 조치를 내려야 했다. 애매한 처지에 놓여 있고 당시 이미 사업에서 차지하는 비중이 극히 미미한 가장 오래된 공장을 폐쇄하는 일이라 공장을 현대화할 수 있는 기회였지만, 그렇다고 해서 그 과정이 덜 고통스러웠던 건 아니었다.

메모리 회사에서 마이크로프로세서 기업으로 거듭나기

나는 메모리 사업의 위기와 거기에 대처하는 과정에서 전략적 변곡점의 의미를 깨달았다. 이는 아주 개인적인 경험이었다. 익숙한 수준보다 '10배' 큰 힘에 직면할 때 나 자신이 얼마나 보잘것없고 무력한지 나는 알게 됐다.

사업에서 무언가 근본적인 변화가 발생할 때의 혼돈을 경험했고, 과거에 효과를 발휘하던 조치가 전혀 먹히지 않을 때의 좌절감을 맛보았다. 그리고 가까운 동료들에게 새로운 현실을 설명하는 일이 너무나 힘든 나머지 도피하고 싶은 마음까지 든다는 사실을 깨달았다. 불확실한 상황에서 이를 악물고 새로운 방향으로 나아가는 일이 얼마나 큰 흥분을 가져다주는지도 경험했다. 매우 고통스러운 과정이었지만 내가 더 나은 경영자가 되게 해 주었다. 이렇듯 나는 몇 가지 기본 원리를 알게 됐다.

전략적 변곡점에서 '점'이라는 말은 사실 정확한 표현이 아니다. 그것은 점이 아니라 길고도 고통스러운 투쟁 과정이다.

일본은 1980년대 초부터 메모리 사업에서 우리를 앞서나가기 시작했다. 인텔의 실적은 산업 전반이 어려움에 봉착한 1980년대 중반에 갑자기 하락하기 시작했다. 고든 무어와 내가 결단을 내렸던 때는 1985년이었고, 1986년이 되어서야 메모리 사업 철수에 착수했다. 그리고 나서 수익성이 개선될 때까지 1년이라는 시간이 더 소요됐다. 전략적 변곡점을 모두 통과하기까지 총 3년이란 시간이 걸렸던 셈이다.

10년이 지난 현재의 관점에서 보면 짧고 집중적인 시기처럼 여겨지지만 당시에 3년은 참으로 길고 험난하며 소모적인 시간이었다. 피할 수 없는 변화와 맞서 싸우려 들고, 괜찮다 싶은 마케팅 수단은 죄다 써 보고, 일상용품 시장에서는 존재하기 어려운 틈새를 찾느라 시간을 허비하고, 적자라는 깊은 수렁에 빠져들었으며, 결국에는 상황을 바로잡기 위해 훨씬 혹독한 조치를 취하도록 우리 스스로를 몰아세워야만 했다. 그러고 나서야 우리는 비로소 사업 철수라는 옳은 조치를 취할 수 있었다. 우리가 직면한 현실에 대한 깨달음은 무어와 나눈 짧은 대화에서 순간적으로 떠오른 직관이었지만, 그 대화의 결론을 실행하는 데는 몇 년이 걸렸다.

또한 나는 전략적 변곡점이 모든 구성원에게 괴롭기는 하지만 정체된 상태에서 벗어나 한층 더 높은 성취로 도약하는 계기가 된다는 사실을 배웠다. 사업 전략을 바꾸지 않았더라면 우리는 재정적으로 매우 힘든 상황에 처했을 것이고 틀림없이 산업 내 영향력 또한 크게 상실했을 것이다. 단호한 조치를 취하고 행동에 나서자 우리 상황은 훨씬 더 나아졌다.

그 후 어떤 일이 벌어졌을까? 386은 당시까지 그 어떤 마이크로프로세서보다 더 큰 엄청난 성공을 거두었다. 오리건 공장의 전 메모리 칩 개발자들 덕이었다.

우리는 더 이상 메모리 반도체 회사가 아니었다. 회사의 새로운 정체성은 마이크로프로세서 사업이었다. 회사의 모든 노력이 거기에 집중되었기 때문이다. 인텔은 스스로를 "마이크로컴퓨터 회사"로 특화하기로 했다. 처음에는 공식적인 발표문, 책, 광고에서 이 말이 사용됐지만, 386이 대성공을 거두자 경영자와 대부분의 직원 마음을 사로잡았다.[3] 결국 외부에서도 우리를 그렇게 인식하기 시작했다.

1992년이 되자 마이크로프로세스의 성공 덕에 인텔은 메모리 부문에서 앞서갔던 일본 기업들보다 훨씬 규모가 큰, 세계에서 가장 거대한 반도체 회사가 되었다. 그리고 '인텔 하면 마이크로프로세서'라는 정체성이 매우 확고하게 자리 잡아 이제 마이크로프로세서 제품 없이는 인텔을 논하기가 불가능한 지경이다.

그러나 만약 우리가 오랫동안 망설이기만 했다면 그 모든 기회를 날려 버렸을 것이다. 우리는 점점 쪼그라드는 메모리 사업의 시장점유율을 지켜 내기 위한 영웅적인 노력과, 폭발적으로 성장하는 마이크로프로세서 시장에 뛰어들기에는 너무나 미약한 노력 사이에서 갈팡질팡했을지 모른다. 만약 우리가 우유부단했더라면 두 마리 토끼를 모두 잃었을 것이다.

마지막 교훈이 있는데, 이것이 가장 핵심이다. 인텔의 경영진이 절대 이길 수 없는 전쟁에서 어떻게 싸워야 하는지 전략을 모색하며 논쟁을 벌이는 동안, 조직의 더 낮은 자리에 있던 직원들이 경영진이 모르는 사이에 힘을 발휘해 전략적 전환이 가능하도록 미리 준비를 해 두어 우리의 목숨을 구하고 위대한 미래를 선사했다는 점이다.

갈수록 떠오르는 분야인 마이크로프로세서 사업에 이미 더 많은 생산 자원이 할당되고 있었다. 이것은 고위 경영진의 전략적 지시 때문이 아니라 중간 관리자들이 내린 일상적인 의사 결정의 결과물이었다. 생산 계획자들과 재무 관리자들은 테이블에 둘러앉아 생산 자원 할당에 대해 끊임없이 논의했다. 그들은 손해를 보는 메모리 사업에서 마이크로프로세서 같은 수익성 좋은 생산 라인으로 실리콘 웨이퍼silicon wafer 생산 능력을 조금씩 조금씩 옮겨 할당했다. 이처럼 단순한 일상 업무를 통해 중간 관리자들은 인텔의 전략적 위상을 재조정했다. 그래서 메모리 사업에서 철수하기로 결정 내린 시점에 이르자 8개 실리콘 제조 공장 중 하나만이 메모리 생산에 집중하고 있었다. 이런 중간 관리자들의 사전 조치 덕분에 철수 결정의 후폭풍은 생각보다 그리 크지 않았다.

결코 특이한 일이 아니다. 최일선에서 일하는 직원들은 보통 절박한 변화를 일찍 알아차린다. 영업 사원들은 경영진보다 고객 수요의 변화를 먼저 파악한다. 재무 분석가들은 언제 사업의 근본적 변화가 일어날지 누구보다 빨리 인지한다.

경영진이 초기 성공으로 형성된 생각만 믿고 제대로 대처하지 않았던 반면, 생산 계획자들과 재무 분석가들은 철저히 객관적 입장에서 자원을 배분했고 수치를 분석했다. 고위 경영자들은 경기 순환 위기와 지속적인 적자 상황을 겪고 난 다음에야 과거와 결별하는 데 필요한 용기를 겨우 낼 수 있었다.

인텔이 유별난 회사였기 때문일까? 나는 그렇게 생각하지 않는다. 물론 당시 인텔이 훌륭한 기업 문화, 뛰어난 직원, 좋은 성과를 두루 갖춘 잘 관리되는 회사였다고 나는 생각한다. 무엇보다 우리는 17년이 채 되지 않은 젊은 회사였고, 그 기간 동안 몇 가지 주요 사업 영역을 잘 일구어 냈다. 인텔은 칭찬받을 만했다.

하지만 전략적 변곡점에 봉착하자 인텔은 시장에서 사라질 뻔했다. 하마터면 또 하나의 유니셈, 모스텍, 어드밴스드 메모리 시스템스가 될 뻔했던 것이다.

신호인가
잡음인가?

"변화가 전략적 변곡점인지 아닌지 어떻게 알 수 있을까?
광범위하고 집중적인 논쟁을 통해 규명해 가는 과정이
유일한 방법이다."

엑스레이 기술은 10배 힘인가

사업을 하다 보면 항상 변화를 맞이하기 마련이다. 어떤 변화는 사소하고, 어떤 변화는 중대하다. 어떤 변화는 일시적이고, 어떤 변화는 새 시대의 도래를 알린다. 모든 변화에 대처할 필요가 있지만 그렇다고 그 모두가 전략적 변곡점이 되지는 않는다.

일련의 변화가 과연 전략적 변곡점인지 아닌지 어떻게 알 수 있을까? 달리 말해 어떻게 '신호'와 '잡음'을 구별할 수 있을까?

여러 해 전 IBM의 핵심 기술자들은 인텔과 다른 기업의 기술자들에게 "일본의 반도체 제조업체들은 보통 기술로는 도달할 수 없는 고성능 반도체를 생산하기 위해 거대하고 매우 값비싼 설비에 투자하고 있다"라고 말한 적 있다. 그 설비는 칩 설계에 일반 광선 대신 엑스레이를 사용할 거라면서 말이다. IBM 기술자들에 따르면 일본 기업들은 이미 열두 군데가 넘는 공장을 건설 중이라고 했다. 그들은 엑스레이 기술에 대한 일본 기업들의 투자가 반도체 생산 공정에 근본적인 변화를 가져올 것이고. 그에 따라 미국 기업들이 영원히 뒤처질 수 있다며 두려움을 감추지 못했다. 만약 이 말이 맞는다면 엑스레이 공정은 '10배' 기술 요인이 되어 미국 기업들을 회생 불능의 전략적 변곡점으로 밀어 넣고 말 것이다.

IBM은 이를 매우 중대한 위험으로 판단하고 엑스레이 장비에 대한 대대적 투자를 결정했다. 인텔 역시 이 소식을 매우 심각하게 받아들였다. 매우 유능한 IBM 기술자들의 상황 인식이니 더욱 불안하게 느껴졌고 많은 전문가들도 같은 의견을 보였기 때문이다. 그러나 인텔의 기술자들이 관련 이슈를 파악한 결과, 엑스레이 기술은 여러 가지 문제를 안고 있었고 생산성에 기여하지도 못했다. 무엇보다 중요한 점은 우리의 현재 기술을 진화시키면 미래에 훨씬 뛰어난 성능에 도달할 수 있다고 우리 기술자들이 판단했다는 사실이다.

엑스레이 기술의 위협이라는 동일한 문제를 놓고 IBM은 '신호'라고 인식한 반면, 인텔은 '잡음'이라고 간주했다. 인텔은 엑스레이 공정을 도입하지 않기로 결정했다. 10년이 지나자 이 결정이 옳았음이 증명되었다. 내가 아는 한 이 글을 쓰는 시점에 IBM이나 일본 기업 중 어느 곳도 엑스레이 기술 도입을 계획하고 있지 않다.

엑스레이 기술 문제와 관련해 유능하고 진지한 사람들조차 일련의 알려진 사실을 두고 각기 다른 결론에 도달했다. 이는 전혀 드문 일이 아니다. 무엇이 신호고 무엇이 잡음인지 결정할 수 있는 확실한 공식은 세상에 없다. 확실한 공식이 없기에 자신이 내린 모든 결정을 계속해서 조심스럽게 검토하고 재차 확인해야 한다. 10년 전 인텔은 엑스레이 기술이 '10배' 요인이 아니라고 결론 내렸다. 하지만 우리는 긴장의 끈을 놓지 않고 그 위협이 커지는지 아니면 그대로인지 계속 지켜봤다.

기술적이든 다른 것이든 어떤 환경 변화를 레이더 화면 위에 깜박거리는 점이라고 상상해 보라. 한 번의 깜박임을 보고 그것이 무엇을 나타내는지는 알 수 없다. 하지만 어느 정도 속도로 물체가 다가오고 있고 가까워질수록 어떤 모습을 띠는지 알기 위해 계속해서 화면을 주시할 것이다. 그 물체가 주변부에 머물러 있다고 해도 그것이 경로와 속도를 바꾸지 않는지 화면에서 눈을 떼지 않고 지켜볼 것이다.

엑스레이 기술 문제 역시 그러했다. 우리의 레이더에 감지됐던 그 기술은 지금도 화면에 남아 있다. 여전히 우리는 그것에 투자할 필요가 없다고 생각한다. 하지만 앞으로 1년, 3년, 5년이 지나 현재의 비용효과적인 수단들을 모두 동원하고 나면, 균형점이 이동해 한때는 잡음이라 판단했던 것이 우리가 주의를 기울여야 할 신호로 떠오를지 모르는 일이다. 확정된 것은 없다. 지금은 그렇더라도 상황은 언제든 바뀐다. 그러므로 우리는 사업에서 '10배' 요인이 될지 모를 기술 발전에 끊임없이 관심을 집중해야 한다.

RISC 대 CISC 논쟁

엑스레이 기술이 잠재적인 '10배' 요인이냐 아니냐 하는 문제는 비교적 간단한 것이었다. IBM 기술자들의 의견과 인텔의 의견은 서로 달랐고, 인텔은 회사 내부의 공동 결정을 따랐다.

　의견 차이가 타사와 우리 사이가 아니라 우리 내부에서 불거지는 경우라면 상황은 훨씬 더 복잡해진다. 지금까지 계속되는, 악명 높은 'RISC 대 CISC 논쟁'이 그런 상황에 대한 좋은 예다. RISC는 Reduced Instruction Set Computing(축소 명령어 집합 컴퓨팅), CISC는 Complex Instruction Set Computing(복잡 명령어 집합 컴퓨팅)의 약자다. 어려운 컴퓨터 용어라 굳이 자세히 알 필요는 없다. 여기에서는 마이크로프로세서를 설계하는 2가지 방법이라는 것만 알면 된다.

　각각의 장점에 대한 논쟁은 컴퓨터 산업 전체를 갈라놓았고 심하게 말하면 갈가리 찢어 놓을 정도였다. CISC는 오래된 방식이고 RISC는 더 최신 기술이다. CISC가 RISC와 같은 수준의 성능을 내려면 좀 더 많은 트랜지스터가 필요하다.

　인텔 칩은 오래된 방식인 CISC 구조에 기반하고 있다. 1980년대 후반에 다른 기업들이 RISC 기술 개발을 추진할 무렵 시장에 나와 있던 인텔의 마이크로프로세서는 386이었고, 차세대 마이크로프로세서로 486이 개발 중이었다. 486은 386과 같은 아키텍처를 사용하는 좀 더 진보한 고성능 버전의 칩이어서 동일한 소프트웨어를 더 빠른 속도로 실행시킬 수 있었다. 이 점이 인텔에는 매우 중요한 고려 사항이었다. 즉 인텔이 새로 개발하는 모든 마이크로프로세서는 고객이 과거에 구입한 마이크로프로세서에서 작동하는 프로그램과 호환될 수 있어야 한다는 것이었다. 지금도 이 방침은 유효하다.

인텔의 몇몇 기술자들은 RISC 기술이 '10배' 향상을 가져올 것이며 타사가 보유한 그 기술이 인텔의 핵심 사업을 위협할 것이라고 주장했다. 그래서 우리는 위험을 줄이기 위해 RISC 기술 기반 고성능 마이크로프로세서 개발에 많은 노력을 기울였다.

하지만 이 프로젝트는 커다란 약점을 지니고 있었다. 새로운 RISC 칩은 더 빠르고 더 저렴하다는 분명한 장점에도 불구하고, 시중에 판매되는 대부분의 소프트웨어와 호환되지 않는다는 치명적 약점을 안고 있었다. 현재도 마찬가지지만, 제품의 호환성은 성공적 판매에서 매우 중요한 요소였다. 그렇기에 호환성 없는 칩을 출시한다는 것은 그다지 매력적인 아이디어가 아니었다. RISC가 더 좋은 방식이라 믿는 엔지니어들과 기술 관리자들은 호환성이라는 신조를 고수하는 경영진의 감시를 피하려고 "486과 함께 작동하는 보조 칩을 개발하는 것"이라고 말하며 자신들의 주장을 포장했다.[1] 물론 그들은 처음부터 줄곧 자신들의 칩이 훨씬 더 중심적인 역할을 수행하기를 바랐다. 어쨌든 프로젝트는 진행됐고 마침내 새롭고 매우 강력한 마이크로프로세서인 i860이 탄생했다.

이로써 인텔은 거의 동시에 개발한 2개의 강력한 칩을 보유하게 되었다. CISC 기술에 기반해 모든 PC 소프트웨어와 호환되는 486과, RISC 기술을 따르기 때문에 속도가 매우 빠르지만 호환성은 전혀 없는 i860. 우리는 둘 중에서 무엇을 밀어야 할지 몰랐다. 그래서 둘 다 출시해 시장의 결정에 맡기기로 했다.

그러나 상황은 그리 녹록지 않았다. 컴퓨터의 필수 관련 제품인 소프트웨어와 판매 및 기술 지원 등, 마이크로프로세서 아키텍처를 지원한다는 것은 엄청난 자원을 쏟아부어야 하는 일이다. 인텔 같은 대기업이라 할지라도 하나의 아키텍처에만 전력을 다해야 하는 입장이었다. 하지만 이제 인텔은 점점 더 많은 내부 자원을 요구하는 2개의 전혀 다른 아키텍처가 내부에서 경쟁하는 상황에 처하게 되었다.

개발 프로젝트는 유명한 비유에 나오는 '겨자씨처럼 자라나고 싶어 하는' 경향이 있다. 자원과 마케팅 초점(예를 들어 고객 미팅에서 어떤 프로세서를 강조해야 하나?)을 놓고 벌이는 싸움은 인텔의 마이크로프로세서 조직을 분열시키기에 충분할 정도로 격렬한 내부 논쟁을 촉발했다. 그러는 동안 우리의 불분명한 입장은 고객이 보기에 '인텔이 486과 i860 중 대체 어디로 가려는 거지?'라는 강한 의문을 불러일으켰다.

개발 과정을 지켜보는 나의 불안감은 점점 커져 갔다. 이 이슈는 몇 년 전 메모리 사업을 포기하면서 인력과 자원을 집중 배치한, 인텔의 심장부인 마이크로프로세서 사업과 관련된 일이었다. 엑스레이 기술처럼 10년 후쯤 일어나거나 일어나지 않을 수 있는 요인에 관한 이슈가 아니었다. 당장 결정을 내려야 하는 상황이었고, 그 결정은 정말이지 인텔의 앞날에 중대했다. 한편 환상적이라 할 만한 386의 성공 기세는 486으로 확장될 것이 확실해 보였고 어쩌면 그 이후 세대의 마이크로프로세서로 이어질 것 같았다. 우리가 가진 확실한 좋은 무기를 내던진 채 스스로를 강등시켜 다른 기업들이 'RISC 영토'를 놓고 치열하게 다투는 전쟁터에 뛰어들어야 한단 말인가? 특별한 강점도 없으면서?

나는 기술적 배경 지식을 갖고 있었지만 이 이슈는 컴퓨터과학과 관련된 일이 아니었다. 나는 아키텍처 문제에는 문외한이었다. 분명 인텔에는 적합한 배경 지식을 갖춘 사람들이 많이 포진해 있었지만, 그들은 두 파로 분열해 각기 자신들이 주장하는 칩의 우월성을 100퍼센트 확신했다.

한편 고객들과 다른 산업의 파트너들 역시 자기네 입장을 표명하고 나섰다. 주요 고객이자 기술 실정을 꿰뚫고 있는 컴팩의 CEO는 우리에게(특히 나에게) 기존 CISC 방식의 마이크로프로세서 성능을 향상시키는 데 모든 역량을 집중해 달라고 요구했다. 그는 CISC가 앞으로 10년은 충분히 버틸 힘이 있다고 확신했는데, 하나로 집중해도 모자랄 판에 인텔의 역량을 둘로 나눠 많은 시간과 돈을 투입하려는 걸 못내 아쉬워했다. 컴팩 입장에서는 도움이 전혀 되지 않았던 것이다. 한편 소프트웨어 대부분을 시장에 공급하는 마이크로소프트의 핵심 기술 담당 임원은 인텔이 '860 PC' 쪽을 선택하기를 바랐다. 유럽의 어느 고객사 대표는 내게 이렇게 말하기도 했다. "앤디, 이건 패션 비즈니스 같은 거라고요. 뭔가 새로운 게 필요해요."

486이 공식적으로 시장에 데뷔하자 고객들의 반응은 매우 긍정적이었다. 나는 시카고에서 열린 제품 발표회 때 컴퓨터 제조업계의 쟁쟁한 인물들이 죄다 참석했던 일을 기억한다. 그들 모두 486 기반 컴퓨터를 생산하고 싶다는 욕구를 강하게 내비쳤다. 그때 나는 생각했다. 'RISC든 아니든 무슨 상관이람? 이런 요구를 충족시키는 데 우리의 모든 역량을 어떻게 쏟지 않을 수 있단 말인가?' 행사 후 지리멸렬한 논쟁은 마침내 끝났고, 우리는 486과 그 다음 세대 제품에 다시 집중하기로 했다.

6년이 지난 지금 나는 당시 논쟁을 떠올리며 내가 왜 우리의 전통적 기술을 포기할 생각을 했을까, 하며 고개를 젓곤 한다. 경이로운 시장과 동력을 갖고 있던 기술을 말이다. 사실 요즘은 CISC 기술 대비 RISC 기술의 장점이 당시보다는 훨씬 적다.[2] 그때는 자원 측면에서 커다란 변화인지라 심각하게 고민했지만 말이다.

전략적 변곡점을 식별하는 3가지 방법

때때로 전략적 변곡점을 알리는 사건이 극적일 정도로 분명할 때가 있다. 나는 과거 AT&T의 분할로 이어진 최종 수정 판결이 기념비적 사건이었다는 결론을 내리기 위해 수많은 연구가 필요할 거라곤 생각하지 않는다. 미국식품의약국FDA이 사실 그대로의 내용을 라벨에 적어야 한다는 법안을 내놓고 통과시켰을 때 특히 의약품의 세계가 완전히 변화했다는 점 또한 분명한 사실이다. 이런 사건들이 사업 환경에서 핵심 변화를 일으킨다는 점은 의심할 여지가 없다.

하지만 이런 경우는 흔치 않다. 전략적 변곡점 대부분은 '빵' 하고 터지기보다 고양이처럼 살금살금 다가온다. 사건들을 되돌아보고 나서야 '아, 그게 전략적 변곡점이었구나'라고 알기 일쑤다. 시간이 흘러 "전략적 변곡점을 마주했다고 어렴풋이 느꼈던 때가 언제였나"라고 스스로에게 물어보면, "경쟁의 역학 구도가 변화했음을 암시하는 사소한 징조를 감지했을 때"라는 답을 얻곤 한다.

메모리 사업 이야기를 다시 하자면, 인텔 직원들이 일본을 방문하고 돌아와 제출한 보고서에는 "예전에 우리를 존경하는 눈으로 바라보던 그들이 이제는 조소 섞인 표정으로 우리를 보는 것 같다"라는 내용이 쓰여 있었다. 그들은 "뭔가가 변했다. 이제는 상황이 달라졌다"라고 말했다. 그리고 이와 같은 언급과 관찰 결과는 진정한 변화가 다가오고 있다는 인식을 강화시켰다.

그렇다면 어떤 변화가 전략적 변곡점의 신호인지 어떻게 알 수 있을까? 신호와 잡음을 구별하려면 다음과 같은 질문을 던져 보라.

핵심 경쟁자가 바뀌고 있는가

우선 내가 '은제 탄환silver bullet' 테스트라고 부르는 가설적 질문을 던져 누가 당신의 핵심 경쟁자인지 규명해야 한다. 이 테스트는 이렇게 진행한다. 만약 권총 속에 단 하나의 총알이 남아 있다면, 수많은 경쟁자 중 누구에게 쏘기 위해 그 총알을 아껴 둘 것인가? 이 질문은 본능적인 반응을 일으켜 망설임 없는 대답을 이끌어낸다.

질문의 답이 예전과는 다르게 중구난방이거나, 과거에는 전혀 주목을 받지 않았던 경쟁자에게 은제 탄환을 겨눈다면, 이때가 특별한 주의를 기울여야 하는 때다. 경쟁자의 중요도가 바뀐다면 그것은 대개 무언가 심각한 일이 진행 중이라는 신호다.

핵심 보완자가 바뀌고 있는가

비슷한 방식으로 이렇게 물어야 한다. 지난 몇 년 동안 당신에게 중요했던 회사가 이제는 덜 중요하게 느껴지는가? 다른 회사가 그 회사의 가치를 퇴색하게 만든다고 생각하는가? 그렇다면 이것은 산업의 역학이 바뀌고 있다는 신호다.

주위 사람들이 갈피를 못 잡는 듯 보이는가

수년 동안 매우 유능했던 사람들이 갑자기 중대한 무언가로부터 떨어져 나온 것 같은 느낌이 드는가? 이렇게 생각해 보라. 경영자들은 해당 사업의 '진화적' 힘에 선택되어 조직 상층에 오른 사람들이다. 그들의 '유전자'는 원래 사업에는 적합했다. 하지만 사업의 핵심 요소가 변화한다면 경영자들을 현재 위치에 올려놓은 바로 그 자연 선택 과정이 새로운 트렌드를 인식하는 능력을 둔화시킬 수 있다.

갑자기 주위 사람들이 '갈피를 못 잡는 듯' 보이는 것이 그 징조일 수 있다. 아니면 당신 스스로가 혼란에 빠져 뭐가 뭔지 모르는 상태가 될지 모른다. 그들 또는 당신 자신이 갈피를 잡지 못하는 건 젊음을 좀먹는 나이 때문이 아니다. 당신을 둘러싼 '무엇'이 바뀌었기 때문이다.

최전선에서 일하는 카산드라의 말에 귀 기울여라

조직 내에서 카산드라와 같은 역할을 하는 사람들은 전략적 변곡점을 인식하는 데 언제나 도움이 되는 존재들이다. 알다시피 카산드라는 트로이의 멸망을 내다본 예언자였다. 마치 카산드라처럼 다가오는 변화를 재빠르게 인식하고 경고하는 사람들이 우리 주위에 있다.

카산드라 같은 사람들은 보통은 중간 관리자들이고 대개 영업 부서에서 일한다. 그들은 실제 세계에서 부는 바람을 직접 마주하는 '외부'에서 주로 시간을 보내기에 다가오는 변화를 고위 경영자들보다 더 잘 파악한다. 요컨대 그들의 유전자는 기존의 낡은 방식으로 일을 완수하는 쪽으로 설계되어 있지 않다.

카산드라들은 회사의 최전선에서 일하기 때문에 본사에서 근무하는 고위 경영자들보다 위험에 더 민감하다. 나쁜 뉴스는 그들에게 개인적으로 즉각 충격을 가져다준다. 판매 감소는 영업 사원의 성과급에 곧바로 영향을 끼치고, 시장에서 성공하지 못하는 기술은 엔지니어의 커리어에 악영향을 미친다. 그래서 그들은 경고 신호를 더 심각하게 받아들인다.

어느 날 밤 나는 아시아-태평양 지역을 총괄하는 영업 담당 임원이 보낸 이메일을 읽었다. 그는 그 지역의 잠재적 경쟁 요인과 관련해 충격적인 소식을 전했다. 사실 그것은 이미 익숙한 소식이었다. 하지만 이야기를 전하는 그의 어조로 판단하건대 상당히 염려스러운 듯했고 두려워하기까지 하는 듯 보였다. "저는 사람들을 놀라게 만드는 싱거운 사람이 되고 싶지 않고, 이런 상황이 늘상 벌어진다는 것을 잘 알고 있습니다. 하지만 이번 일은 정말로 걱정이 됩니다"라고 그는 썼다. 그는 대응 조치를 취할 만한 지위에 있지 않았기에 나에게 상황 파악에 좀 더 관심을 가져 달라고 요청했고 문제를 심각하게 받아들일 것을 당부했다.

솔직히 처음에는 이메일을 읽고서 어깨를 한번 으쓱하고는 대수롭지 않게 받아들였다. 여기 캘리포니아에 있는 나는 '적지'에 있는 그보다 훨씬 안전하다고 느꼈으니까. 하지만 나의 관점이 옳은가, 아니면 그의 생각이 옳은가? 현장에 있다고 그의 판단을 무조건 옳다고 볼 수는 없지 않은가! 나는 그에게 내가 상황 판단에서 좀 더 포괄적이고 좀 더 나은 관점을 가지고 있다고 주장할 수 있었다.

그러나 현장 근무자들이 소식을 전하면서 드러내는 어조의 변화를 존중하는 법이 무엇인지 나는 알고 있었다. 만약 그가 소식을 알리지 않았더라면 별로 신경 쓰지 않았겠지만, 나는 그 소식과 관련된 추후 상황을 좀 더 주의 깊게 살펴보기로 했다. 실제로 나는 그가 알린 소식의 잠재적 의미에 대해 좀 더 폭넓은 조사를 시작하기로 결심했다.

당신이 경영자라면 카산드라를 찾으러 돌아다닐 필요는 없다. 그들이 당신을 찾아올 것이다. 자기 제품을 열정적으로 팔러 다니는 사람들처럼 그들은 자신의 판단과 우려를 당신에게 '팔러' 올 것이다. 그들과 논쟁하지 마라. 시간 낭비라는 생각이 들더라도 그들이 알아낸 것이 무엇이고 그것이 어째서 그들에게 영향을 끼쳤는지 파악하기 위해 그들의 말을 경청하라.

그들의 이야기에 귀 기울이는 시간은 지리상으로든 기술 차원에서든 사업의 가장 먼 변경에서 벌어지는 일을 파악하기 위한 투자라고 생각하라. 봄이 오면 눈은 가장자리부터 녹는다. 공기에 노출되는 부분이 가장 크기 때문이다. 가장자리로부터 전해 오는 소식을 해석하는 것, 이것이야말로 신호와 잡음을 구분하는 과정에서 대단히 중요한 일이다.

"사업의 변경에서 일어나는 것을 배워라"라는 말과 "사업에서 일어나는 것을 배워라"라는 말은 다르다. 미세한 의미 차이지만 주의해야 한다. 일반적으로 나는 사업 본부장, 영업 담당 임원, 생산 담당 임원과 이야기를 나누면서 우리 사업에서 무슨 일이 일어나는지 파악한다. 하지만 그들은 내 관점과 크게 차이가 나지 않는 의견을 제시할 것이다. 지리적으로 멀리 떨어져 있거나 조직에서 몇 단계 아래에 있는 구성원이 전하는 정보를 접한다면 나는 완전히 다른 관점으로 사업 문제를 파고들 것이다. 이로써 나는 지근거리에 있는 구성원에게서는 얻기 어려운 통찰력을 지니게 된다.

물론 뒤죽박죽인 이야기를 듣는 데 모든 시간을 쏟을 수는 없다. 하지만 귀는 활짝 열어 두어야 한다. 이런 태도를 항상 견지한다면 누구의 의견에 보석 같은 정보가 숨어 있는지, 활짝 연 귀에 누가 쓸데없는 잡음을 쑤셔 넣으려 하는지 감을 잡을 수 있을 것이다. 어느 정도 익숙해지면 반응의 수위를 그에 따라 조절할 수 있다.

때때로 카산드라는 나쁜 소식이라기보다 상황을 바라보는 새로운 시각을 전달하곤 한다. RISC 대 CISC 논쟁이 인텔에서 최고

조에 달했을 때 나는 혼란에 빠져 허우적대고 있었는데, 때마침 어느 고참 기술자가 나에게 면담을 요청해 왔다. 그는 내가 들어 본 그 어떤 이야기보다 반대편의 주장을 매우 객관적으로 설명하면서 동시에 자신의 관점을 논리정연하게 주장했다.

그의 지식과 통찰력은 이 분야에 대한 나의 자신감과 전문성 부족을 메워 주었고 이후 계속되는 논쟁을 좀 더 잘 이해하게끔 해 주었다. 비록 그와 나눈 대화가 확고한 입장을 갖도록 나를 이끌지는 못했지만, 여러 사람의 주장을 좀 더 잘 평가할 수 있는 기준을 알게 해 주었다.

메모리 칩 회사인 인텔이 어떻게 1980년대 중반까지 8개 메모리 칩 생산 공장 중 하나만 남기고 별 탈 없이 메모리 사업에서 철수할 수 있었을까? 재무와 생산 담당 직원들의 자율적인 조치가 없었다면 불가능했을 것이다. 그들은 서로 협심해 비경제적이라고 생각되는 메모리 칩 생산에는 웨이퍼 할당량을 줄이고 마이크로프로세서처럼 많은 이익을 낼 수 있는 제품 생산에는 할당량을 늘리는 조치를 취했다. 그들에게는 메모리 사업 철수를 결정할 권한은 없었지만, 수많은 작은 조치를 통해 생산에 대한 자원 할당을 미세 조정할 수 있는 권한은 있었다. 몇 개월에 걸친 그들의 조치 덕분에 인텔은 좀 더 쉽게 메모리 사업에서 손을 뗄 수 있었다.

피터 드러커Peter Drucker는 어느 경제학자의 말을 인용해 "기업가란 생산성이 낮은 분야에서 생산성이 높은 분야로 자원을 이동시키는 사람이다"라고 정의한다.[3] 이것이 바로 자발적이고 현명한 중간 관리자들이 자신의 권한을 발휘해 자원을 할당하는 방식이다. 자원 이동은 생산 계획 담당자의 웨이퍼 할당에서부터 영업 사원의 자기 노력과 에너지 배분 방식에 이르기까지 모두 해당할 수 있다.

이런 행동은 전적으로 중간 관리자들의 임의적 조치일까, 아니면 의도적으로 수립해 실행하는 전략일까? 얼핏 전략적이지 않아 보이지만 나는 분명 전략이라고 생각한다.

첫 버전의 함정에 빠지지 마라

조직의 카산드라들은 '10배' 요인의 신호를 재빨리 인지한다. 그런데 그런 신호 중에는 '10배' 요인인 듯 보이지만 실제로는 그렇지 않은 것들이 종종 섞여 있다. 예를 들어 인터넷은 진짜로 대단한 것일까? 모든 은행 업무가 전산화하게 될까? 쌍방향 TV가 우리 삶을 변모시킬까? 디지털 미디어가 엔터테인먼트 산업을 뒤바꿔 놓을까?

우리가 알아야 할 첫 번째는 모든 사람이 자기 제품을 최대한 중요한 것처럼 보이기 위해 의도적으로나 무의식적으로나 허풍을 떨고 다닌다는 점이다. 상황이 이렇기에 그런 사람들을 의심의 눈으로 바라보는 것은 자연스러운 일이고 마땅히 그래야 한다.

두 번째는 그런 개발 제품들을 뜯어 보면 대부분이 광고 내용에 미치지 못한다는 점이다. 초기에 인터넷은 이 사이트에서 저 사이트로 이동하는 데 상당한 시간이 소요돼 불편했고, 겨우 접속하더라도 내용은 대개 진부한 마케팅 브로슈어에 불과했다. 전자 뱅킹은 수작업을 대체하기에는 여전히 사용법이 불편하다. 또한 쌍방향 TV는 대대적인 발표문의 잉크가 채 마르기도 전에 자취를 감춘 것 같다.(1990년대 이야기라는 점을 감안하기 바란다-옮긴이)

그렇다고 해서 레이더 화면을 끄면 안 된다. 처음에는 형편없어 보이더라도 이런저런 소문을 에누리해 들으면서 지속적인 관심을 두어야 한다. 변화의 중요성을 평가할 때의 위험은 내가 "첫 버전의 함정"이라고 부르는 곳에 숨어 있다.

1984년 애플이 매킨토시를 출시했을 때 나는 그걸 우스꽝스러운 장난감이라 간주했다. 무엇보다 그것은 당시 모든 PC가 내장하던 하드 디스크를 채용하지 않았고 구동 속도가 지극히 느렸다. 이 2가지 치명적 단점 때문에 나는 매킨토시의 그래픽 유저 인터페이스를 대단한 장점으로 여기지 않았다. 맥에 대한 첫인상이 나빴던 탓에 나는 모든 애플리케이션의 구동에 통일성을 부여한 것과 같은, 그래픽 유저 인터페이스의 매우 중요한 특성을 간파하지 못했다. 맥에서는 사용자가 하나의 프로그램을 다룰 수 있으면 모든 프로그램을 곧바로 다룰 수 있었다. 하지만 나는 첫 버전이 지닌 문제 때문에 그 이면에 숨어 있는 기술의 아름다움을 인식하지 못했다.

1991년 애플이 PDApersonal digital assistant라 불리는 휴대용 디바이스 이야기를 꺼냈을 때 인텔 내외부의 많은 이들은 PDA가 PC 산업을 구조 조정할 만한 '10배' 힘이라고 여겼다. PC가 메인프레임컴퓨터의 아성을 무너뜨렸듯이 PDA 역시 PC를 몰아낼 거라고 말이다. 이러한 가능성을 무시할 수 없었던 우리는 PDA라는 파도에 올라타기 위해 상당한 규모의 외부 투자를 단행했고 내부적으로 이 사업에 큰 비중을 두었다. 하지만 애플의 뉴턴Newton은 출시되자마자 실패작으로 전락하고 말았다.[4]

이 사례는 무엇을 시사할까? 첫 데뷔가 실망스러웠기에 '10배' 힘이라 말할 수 없는 걸까? 조금만 생각하면 첫 번째 버전 대부분은 그런 경향을 띤다. 매킨토시의 전신이자 그래픽 유저 인터페이스를 지닌 최초의 상용 컴퓨터였던 리사Lisa는 대중에게 쉽게 받아들여지지 않았다. 윈도의 첫 버전 역시 수년 동안 많은 사람으로부터 도스에 겉치장만 한 열등한 제품이라는 평가를 받았다. 그러나 결국 그래픽 유저 인터페이스, 특히 윈도는 산업을 좌지우지하는 '10배' 힘이 되었다.

첫 버전의 품질로 전략적 변곡점의 출현 여부를 판단할 수 없다는 것, 이것이 내가 말하고 싶은 요점이다. 과거 경험을 떠올려 보라. 처음으로 PC를 접했을 때 어떤 반응을 보였는지 기억할 것이다. 아마 그다지 혁명적인 기기라는 생각은 들지 않았을 것이다. 인터넷도 마찬가지다. 인터넷에 연결된 컴퓨터 화면에 웹페이지가 천천히 뜨는 것을 지켜보면서 한번 상상을 해 보자. 만약 통신 속도가 2배가 된다면 어떤 느낌일까? 아니면 '10배' 빨라진다면? 아마추어들의 심심풀이용이 아니라 전문 편집자들이 직업으로 웹페이지를 구축한다면 그 콘텐츠는 어떤 모습을 띨 것 같은가? 그동안 PC가 얼마나 빨리 발전했는지 떠올린다면 인터넷의 진화가 어떤 양상을 띨지 상상할 수 있을 것이다.

이런저런 새로운 기기들이 심지어 전보다 '10배' 뛰어나다 해도 소비자의 관심을 끌지 못할 거라고 당신은 판단할 수도 있다. 설령 기업들이 그런 제품이나 서비스를 실제로 공급한다 해도 '은제 탄환' 테스트 결과를 바꾸지 못하고, 보완재 생산업체들을 재편하지 못할 거라고. 그저 도구 하나가 더 생겼을 뿐 삶은 예전 그대로일 거라고.

그렇지만 '10배' 개선이 그 힘을 흥미진진하거나 위협적인 것으로 만들 수 있다는 감이 본능적으로 든다면, 당신은 산업 구조를 뒤바꾸는 전략적 변곡점이 될 무언가를 처음부터 예의주시하게 되는 셈이다. 그러므로 우리는 최초 버전의 품질만 보고 새로운 제품이나 기술의 장기적 잠재력과 중요성을 예단하지 않도록, 둘(신호와 잡음—옮긴이)을 구별하는 능력을 스스로 길러야 한다.

거리낌 없이 논쟁하라

특정 신제품과 신기술의 출현이 전략적 변곡점인지 아닌지를 식별하는 데서 가장 중요한 방법은 광범위하고 심도 깊은 논쟁이다. 이 논쟁에는 기술적 토론("RISC가 원래 '10배' 빠른가?")과 마케팅 차원의 논의("일시적 유행인가, 사업이 될 만한가?"), 전략적 파급 효과에 대한 고려("극적인 전환을 한다면 마이크로프로세서 사업에 어떤 영향이 있을까? 현재 상태를 유지한다면 어떻게 될까?")를 포함해야 한다.

이슈가 복잡할수록 더 폭넓은 직위의 관리자들이 논쟁에 참여해야 한다. 직위가 다른 관리자들은 서로 다른 관점과 전문 지식을 토론 테이블로 가져오기 때문이다.

논쟁에는 서로 다른 전문 분야에 속할 뿐 아니라 서로 다른 관심사를 지닌 외부인, 고객, 협력 업체가 참여해야 한다. 그들은 자신들만의 편견, 이해관계, 관심을 표명하지만(RISC 대 CISC 논쟁 때 컴팩의 CEO가 우리에게 CISC에 전념하라고 했듯이), 그렇다고 해서 그게 문제가 되지는 않는다. 외부 이해관계자들의 관심과 이익을 최대한 충족시킬 때 사업은 성공할 수 있으니까.

이런 종류의 논쟁은 상당히 버거운 법인데, 수많은 시간과 엄청난 지적 노력이 필요하기 때문이다. 또한 상당한 담력이 필요하다. 질지도 모르는 논쟁에 뛰어들려면 용기가 있어야 한다. 지식 차원의 약점이 드러날 수 있고, 인기 없는 의견을 지지함으로써 동료들로부터 신임을 잃을 수 있기 때문이다. 이렇듯 전략적 변곡점 여부를 확인할 때는 보통 여러 영역 간의 다툼을 수반하는데, 불행히도 지름길은 없다.

만약 당신이 고위 경영자라면 전문가에게 견해와 확신, 신념을 구하는 일을 부끄럽게 생각하지 마라. 복잡한 문제에서 잘못된 결정을 내리는 리더에게는 명예가 주어지지 않는다. 이미 들었던 조언을 다시 듣게 될 때까지, 당신의 직감에 확신이 들 때까지 충분한 시간을 가져라.

당신이 중간 관리자라면 겁쟁이처럼 굴지 마라. 고위 경영자들이 결정을 내릴 때까지 구석에 앉아 기다렸다가 나중에 술자리에서 "세상에! 어쩌면 그렇게 멍청할 수가 있지?"라고 비난하지 마라. 결정을 논의하는 그 시간이 바로 당신이 관여해야 할 때다. 회사에도, 당신 자신에게도 그럴 의무가 있다. 정답을 알지 못해 가만히 있는 거라고 핑계 대지 마라. 아무도 정답을 알지 못한다. 당신이 생각하는 최선의 의견을 강하고 분명하게 개진하라. 논쟁에 참여한다는 건 다른 사람들이 당신 이야기를 듣고 그 이야기를 이해한다는 것이다. 그것이 기준이 되어야 한다. 물론 모든 의견이 논쟁에서 승리할 수는 없지만 각각의 의견은 정답을 찾아가는 데 나름의 기여를 한다.

만약 당신이 경영자도 관리자도 아니라면? 그저 영업 사원이거나 컴퓨터 구조 설계 담당이거나 엔지니어라 할지라도 다른 사람들이 결정하도록 그냥 내버려 둬서는 안 된다. 직접적 지식을 지닌 실무자들은 '노하우 관리자know-how manager'라고 칭할 만하다. 당신은 이러한 논쟁에 참여할 자격이 충분하며, 부족할지 모르는 관점과 폭은 실무 경험의 깊이로 충분히 만회할 수 있다.

중요한 것은 무엇이 논쟁의 목적이고 무엇이 아닌지를 확실히 하는 것이다. 모든 논쟁 참여자들이 만장일치로 결론을 내며 논쟁을 끝낼 거란 기대는 아예 하지 마라. 이런 생각은 너무나 순진하다. 하지만 각자 의견을 밝히는 과정을 통해 참여자들은 자기의 주장과 사실을 더 분명히 제시할 것이고, 그 결과로 더욱 명확한 논리를 개진할 수 있을 것이다. 그러면 점차 서로의 주장을 둘러싼 짙은 안개가 걷히고 이슈의 본질과 각자의 견해를 분명히 이해할 수 있다. 논쟁은 사진작가가 인화할 때 명암을 조절하는 과정과 유사하다. 논쟁을 통해 점차 이미지가 명확해질수록 경영자는 좀 더 많은 정보를 습득하고 좀 더 올바른 결정을 내릴 수 있게 된다.

요컨대 전략적 변곡점이 분명하게 드러나는 경우는 매우 드물다. 관련 문제에 정통하고 선의를 지닌 사람들이라 할지라도 같은 그림을 보고서 서로 전혀 다른 해석을 한다. 따라서 논쟁 과정에서는 관련된 모든 사람의 지혜를 모으는 것이 매우 중요하다.

논쟁의 격렬함이 두렵다는 건 충분히 이해한다. 전략적 변곡점을 지나는 동안 조직을 이끌어 가는 일은 고위 경영자들을 포함한 모든 참여자의 진을 빼놓는다. 그러나 아무런 조치를 취하지 않는다면 사업은 나쁜 결과로 이어질 것이다. 이것이야말로 진짜 두려운 일 아니겠는가?

데이터에 근거한 논쟁

최근의 경영 이론을 살펴보면 반드시 데이터에 근거해 논쟁을 벌여야 한다는 주장을 발견할 수 있다. 좋은 조언이다. 일반적으로 사람들은 사실보다 주장을, 분석보다 감정을 너무나 자주 앞세우곤 하니 말이다.

그러나 데이터는 과거에 관한 것이고 전략적 변곡점은 미래에 관한 것이다. 일본의 메모리 제조업체들이 주요 위협이 된다는 것을 보여 주는 데이터가 나왔을 때는 이미 우리는 생존을 위한 투쟁을 한창 벌이던 중이었다.

너무나 당연한 소리로 들릴지 모르지만 언제 데이터를 꺼내고, 언제 접어야 하는지를 잘 알아야 한다. 데이터를 가지고 논쟁할 때를 잘 구별해야 한다는 뜻이다. 출현한 어떤 힘이 너무 작아서 분석을 통해 드러나지 않더라도 성장 잠재력이 사업 운영 방식을 바꿀 만큼 크다고 판단되면 데이터를 가지고 논쟁할 수 있어야 한다. 최근 떠오르는 트렌드를 다룰 때는 합리적인 데이터를 대입하려들기보다는 경험적 관찰과 본능에 의존하는 편이 낫다.

패배의 두려움을 잊지 마라

두려움은 무사안일의 반대말이다

어려운 이슈에 대해 건설적인 논쟁을 벌여 답을 찾는 일은 사람들이 처벌의 두려움 없이 진심을 이야기할 수 있을 때만 가능하다.

품질 분야의 구루라 할 수 있는 에드워즈 데밍W. Edwards Deming은 조직 내에서 두려움을 몰아내야 한다고 주장했다.[5] 하지만 나는 이 단순한 주장을 받아들이기가 어렵다. 경영자 또는 관리자의 가장 중요한 역할은 시장에서 승리하기 위해 직원들이 열정적으로 몰입할 수 있는 환경을 조성하는 것이다. 두려움은 이러한 열정을 창출하고 유지하는 데서 중요한 역할을 한다. 경쟁의 두려움, 파산의 두려움, 실패의 두려움, 패배의 두려움은 모두 강력한 동기 부여 요인이 될 수 있다.

어떻게 하면 직원들에게 패배의 두려움을 갖도록 할 수 있을까? 경영자(또는 관리자)가 먼저 두려움을 느낄 때만 그럴 수 있다. 경영자가 먼저 언젠가, 어디에선가 개발될 무언가가 게임의 룰을 바꿔 놓을 거라는 두려움을 감지해야 직원들 역시 두려움을 느끼게 될 것이다. 그러면 그들은 레이더 화면을 쉬지 않고 들여다보며 경계를 강화한다. 물론 이렇게 하다 보면 엉뚱한 것을 전략적 변곡점이라고 잘못 경고할 위험도 있다. 그러나 사업을 영원히 빼앗아 갈 환경의 중대한 변화를 놓치기보다, 경고에 주의를 기울이며 한 번에 하나씩 경고를 분석하고 대처하려고 노력하는 쪽이 훨씬 낫다.

두려움이 있기에 나는 길고 고단한 하루를 보냈다 하더라도 이메일 읽기를 건너뛰지 않는다. 이메일을 읽음으로써 나는 심화하는 고객 불만, 신제품 개발 목표의 미달 가능성, 핵심 직원들의 불만 관련 소문 등과 같은 문제를 발견한다. 두려움이 있기에 나는 매일 저녁 경쟁사의 신제품 개발 기사를 빠짐없이 읽으며 그중 중대한 기사 내용을 다음 날 좀 더 깊이 파악하기 위해 스크랩한다. 두려움이 있기에 나는 "이제 됐어. 하늘이 무너질 일은 없다고!"라고 외치며 퇴근하고 싶어질 때도 카산드라의 말에 귀를 기울인다.

간단히 말해 두려움은 무사안일의 반대말이다. 무사안일이 가리키는 칼끝은 대성공을 거둔 사람들을 정확히 겨누곤 한다. 환경에 완벽하리만큼 적합한 스킬을 보유한 기업들에서 보통 무사안일함이 발견되는데, 환경이 바뀌면 적절히 대응하지 못하고 뒤처지는 경우가 많다. 적절한 수준이라면 패배의 두려움은 생존 가능성을 높이는 데 큰 도움이 된다.

이 때문에 나는 5장에서 언급한 1985년과 1986년의 위기를 겪었던 일이 오히려 인텔에 행운이었다고 생각한다. 관리자들 대부분은 패배의 입장이 어떤 느낌이었는지 생생히 기억하고 있다. 그 기억은 추락의 두려움을 상기시키고 위기에서 벗어나려는 열정을 자극한다. 이상하게 들릴지 모르지만 나는 1985년과 1986년 상황이 반복될 수 있다는 두려움이야말로 우리의 성공에 중요한 요인이라고 확신한다.

처벌의 두려움은 독이다

그러나 중간 관리자라면 또 하나의 두려움에 휩싸인다. 나쁜 소식을 전달하면 처벌받을 것이라는 두려움, 경영자가 주변으로부터 나쁜 소식을 들으려 하지 않을 것이라는 두려움이 바로 그것이다. 자기 생각을 표출하지 못하게 만드는 두려움이야말로 독이 된다. 이런 두려움보다 조직의 발전에 더 해로운 것은 없다.

당신이 고위 경영자라면 카산드라의 주요 역할이 경영자들에게 전략적 변곡점에 주의하도록 일깨우는 것임을 명심하라. 어떤 상황에서든 '메신저를 죽여서는' 안 되며 구성원 중 누구든 그렇게 하지 못하도록 해야 한다.

이것은 아무리 강조해도 지나치지 않다. 전략적 토론을 저해하는 처벌의 두려움을 제거하려면 오랜 시간 끊임없이 애써야 한다. 두려움을 일으키는 데는 한 번의 사건으로 충분하다. 그 사건은 삽시간에 조직 전체에 들불처럼 번질 것이고 모든 이의 입을 막을 것이다.

처벌을 두려워하는 분위기는 조직 전체를 마비 상태로 이끌고 주변에서 들려오는 나쁜 소식을 차단하고 만다. 어느 시장 조사 전문가는 자신과 CEO 사이에 있는 여러 직위의 관리자들이 사실에 근거한 자신의 시장 조사 내용을 희석해 받아들인다고 내게 토

로한 적이 있다. "저는 그들이 제 이야기를 듣기 싫어한다고 생각해요." 이는 나쁜 소식이 제대로 경영진에 전달되지 못할 때 나오는 전형적인 말이었다. 그녀가 수집한 정보가 관리 위계를 따라 올라가면서 조금씩 바뀌고 누락되는 바람에 고위 경영자들에게 나쁜 소식은 전혀 도달되지 못했다. 한창 잘나가던 그 회사는 지금 매우 어려운 처지에 놓여 있다. 외부인의 시각에서 볼 때 그 회사는 자신들에게 일어나는 일에 대해 아무런 감을 잡지 못하는 듯했다. 나는 나쁜 소식을 다루는 그들의 관행이 추락의 주요 원인이라고 확신한다.

앞에서 아시아-태평양 영업 책임자와 핵심 기술자가 어떻게 나에게 자신들의 경고와 상황 인식을 전달했는지 언급했다. 두 사람 모두 장기근속 직원이고 자부심이 강하고 인텔의 기업 문화를 좋아하는 사람들이었다.[6] 그들은 결과(아웃풋) 지향적이고 건설적 대립에 익숙했기에 그런 솔직함이 우리가 더 나은 결정을 하고 더 나은 해결책에 도달하는 데 얼마나 도움이 되는지 잘 알고 있었다. 어디에도 글로 쓰여 있지 않지만 그들은 우리의 일하는 방식을 제대로 알고 있었다.

두 사람 모두 주저 없이 위험을 무릅썼다. 한 사람은 자신이 심각하게 느끼는 문제를 나에게 전했다. 자기 말이 틀릴 가능성이 있었기에 그는 문제 제기가 어리석은 행동이라 느꼈을지 모른다. 그러나 그는 처벌의 두려움 없이 자신의 우려를 전할 수 있었다. 다른 한 사람은 "이봐요, 그로브. 당신은 관련 지식을 알지 못하니 내가 한 수 가르쳐 드리지요"라는 마음으로 RISC 설계에 관한 자신의 견해를 내게 설명할 수 있었다.

창업 때부터 지금까지 인텔은 지식 수준이 높은 사람들과 조직 관리력이 뛰어난 사람들 사이의 벽을 깨뜨리기 위해 많은 노력을 기울였다. 지식 수준이 높은 사람들은 각자 맡은 시장을 가장 잘 이해하는 영업 사원들, 최신 기술에 정통한 컴퓨터 설계자들과 엔지니어들이라 할 수 있다. 반면 조직 관리력이 뛰어난 사람들은 자원을 배분하고, 예산을 수립하고, 프로젝트에 인력을 배치하는 업무를 담당하는 이들을 가리킨다. 어느 한쪽이 다른 한쪽보다 전략적 변화에 더 잘 대처한다고 말할 수 없다. 두 부류 모두 회사가 좋은 전략적 결과를 내도록 최선을 다해야 한다. 서로가 상대편의 지식을 존중하고, 상대편의 지식이나 지위로 인해 위협받지 않아야 한다.

말은 쉽지만 이런 이상적 환경을 조성하고 유지하는 일은 무척 어렵다. 극적이거나 상징적인 이벤트로는 불가능하다. 최선의 해결책을 도출하도록 지식 수준이 높은 사람들과 조직 관리력이 높은 사람들 사이에서 지속적인 협업이 일어나는 문화 풍토가 갖추어져야 한다. 또한 임무 수행에 따르는 리스크를 감수하려는 이들에게 걸맞은 보상을 해 주어야 한다. 공식적인 관리 프로세스 아래서 가치를 창출하게 해야 한다. 그리고 마지막 수단으로 변화에 적응하지 못하는 사람들과는 갈라설 필요가 있다. 나는 이런 기업 문화를 유지하는 데 성공한 것이 전략적 변곡점 아래서도 인텔이 살아남는 데 중요한 요인이 되었다고 생각한다.

CHAPTER

7

혼돈이
지배하게 하라

"해결은 실험을 통해 이루어진다.
과거의 관습에서 탈피해야 새로운 통찰이 생긴다."

감정이 행동을 좌우한다

변화에 어떻게 대응할 것인가를 둘러싼 온갖 논의에도 불구하고 사실 경영자들은 변화를 매우 꺼린다. 특히 변화가 자신들과 관련이 있을 때 더욱 그렇다. 전략적 변곡점을 통과한다는 것은 경영진에게는 개인적 측면에서, 조직 전체로는 전략적 측면에서 혼란과 불확실성, 무질서를 야기한다. 이 두 측면은 생각보다 훨씬 더 가깝게 연결되어 있다.

회사가 전략적 변곡점 통과 과정에 어떻게 대처하는가는 전적으로 매우 '감성적인soft' 문제, 감정이 거의 적나라하게 드러나는 문제에 좌우된다. 즉 그것은 '경영진이 감정적으로 위기에 어떻게 대응하는가'에 달려 있다.

그리 이상할 것 없는 말이다. 기업가는 경영자이기 전에 인간이기 때문이다. 감정이 있고 감정의 상당 부분이 사업의 정체성과 번창에 단단히 연결돼 있다.

고위 경영자라면 아마 삶 대부분을 비즈니스, 산업, 회사에 헌신했기에 지금의 자리에 올라설 수 있었을 것이다. 많은 경우 인간의 개인적 정체성은 평생의 직업과 불가분의 관계에 있다. 그렇기에 사업이 심각한 곤경에 처하게 되면, 합리적인 정보 분석가가 되기 위해 아무리 경영대학원을 다니며 경영 수업에 매진했다 하더라도, 매번 객관적인 분석보다는 개인적이고 감정적인 반응으로 쏠리고 만다.

중간 관리자 역시 상당 부분 유사하다. 하지만 직업을 잃어버릴 위험에 처할 때가 많다. 회사가 전략적 변곡점을 헤쳐 나가는 데 성공하느냐가 그들의 커리어를 좌우할 수 있다.

전략적 변곡점을 통과 중인 사업의 경영자는 개인이 심각한 손실에 대처할 때와 비슷한 단계를 경험하곤 한다. 이는 그리 놀라운 사실이 아니다. 전략적 변곡점의 초기 단계에서는 보통 여러 가지 손실이 뒤따르기 때문이다. 산업의 주도권 상실, 모호해진 회사 정체성, 회사의 운명에 대한 통제감 상실, 직업 안정성 하락뿐 아니라 가장 가슴 아픈 손실인 승자 기업과의 합병이 바로 그것이다. 그러나 비통함과 관련된 감정 수용 모델(거부―분노―타협―우울―수용)[1]과 달리, 전략적 변곡점에서는 그 순서가 '거부―도피 또는 우회―수용과 적절한 행동'으로 진행된다.

감정의 늪에서 벗어나라

'거부'는 거의 모든 전략적 변곡점의 초기 단계에서 나타난다. 메모리와 관련된 상황에서 나는 "16K 메모리 칩 개발을 좀 더 서둘렀더라면 일본 업체들이 주도권을 잡지 못했을 텐데"라고 생각했다.

'도피 또는 우회'는 고위 경영자의 개인적 행동을 가리킨다. 회사가 핵심 사업에서 중대한 변화에 직면하면 그들은 전혀 관련이 없어 보이는 인수 합병의 유혹에 빠져드는 것 같다. 내가 보기에 대개 이런 행동은 코앞에 닥친 파괴적인 힘에 전략적으로 대처하는 방법을 찾기보다는, 매일 자신이 주의를 기울여야 하는 확실하고 마땅한 일, 자기 시간 투자를 정당화하고 진전하는 모습을 널리 보여 줄 수 있는 일에 몰두하려는 욕구 때문에 나타난다.

이런 시기에 고위 경영자들은 흔히 자선 기금 모금이나 여러 외부 위원회 활동, 자신이 개인적으로 좋아하는 프로젝트에 참여하는 모습을 보인다. 전략적 변곡점의 한가운데 있었던 어느 대기업 CEO의 대표적인 일정표를 살펴보면 표 [7-1]과 같다. 그의 시간 배정과 귀중한 자원 배분이 전략적 위기를 반영하고 있다고 보는가? 나는 그렇지 않다고 생각한다.

그가 절대 특별한 것은 아니다. 솔직히 나 역시 돌이켜보면 메모리 칩 사태가 발생하기 전, 폭풍우를 머금은 먹구름이 이미 명백했던 몇 년 동안 책을 쓰는 데 상당한 시간을 쏟아부은 것이 문제였

요일	시간	일정
월요일	08:30~09:30	전략 기획 회의
	10:00~10:30	연례 디자인 시상식 계획 검토
	11:00~12:00	관리와 평가 시스템 점검
	13:00~13:15	교육 강연 내용 검토
	13:30~14:00	품질 상황 파악
	16:00~16:45	이사회 준비
	17:25	동부 해안 도시로 출발
	18:30~21:30	만찬을 겸한 이사회 회의
		동부 해안 도시에서 1박
화요일	08:30~09:00	조찬 회의
	09:30	두 번째 동부 해안 도시로 출발
	11:00~11:45	비즈니스 협회: 교육 회의
	12:00~14:00	비즈니스 협회: 교육 태스크 포스
	14:00~20:30	비즈니스 협회 이사회
		두 번째 동부 해안 도시에서 1박
수요일	08:15~11:45	자선 위원회
	12:15~13:30	본사 시찰
	14:00~17:00	임원 회의
	18:00	동부 해안 공장으로 출발
		공장 소재 도시에서 1박
목요일	03:30~05:00	공장 축하 행사, 야간조
	05:30~09:15	제2공장 축하 행사
	09:30~10:30	제3공장 축하 행사
	11:00~11:50	제4공장 축하 행사
	12:00	본사로 출발
	14:00~16:15	임원 회의
금요일	08:15~08:30	이사회 회의 안건 정리
	08:30~09:00	3분기 전망
	09:00~12:00	임원 회의
	13:15~17:00	회사 상황 점검: 미국 지역

[7-1] **전략적 변곡점 상황에서 어느 대기업 CEO의 일정표**

을지 모른다. 그리고 지금 이 책을 쓰고 있는 나는 몰려드는 먹구름을 애써 외면하고 있는지도 모른다. 아마 몇 년 후면 알게 되리라.

이제 내가 가장 좋아하는 사례인 기업 인수 이야기를 해 보자. 만약 내가 수십억 달러 규모의 인수 건을 진행한다면 최대한 집중해 그것과 관련된 모든 결정을 내려야 할 것이다. 사업의 일상적 사안을 다룰 때보다 훨씬 높은 중요도를 부여하면서 매우 열심히 그리고 신속하게 인수 업무를 수행해야 할 것이다. 그럼으로써 나는 초집중 상태에 이를 것이다. 나는 매일 아침 거울을 보고 이렇게 말하며 스스로를 합리화할 것이다. "나에겐 자잘한 거래처에 대한 판매가 점점 감소하는 일 같은 일상적 이슈에 신경 쓸 여력이 없어. 오늘 저녁에 투자 자문단과 아주 중요한 회의를 해야 하니까." 이런 상황에서 일상의 소소한 일들에 대한 나의 무관심은 합당하고 존경받을 만하다고 여기기까지 할 것이다. 기업 인수 건에 몰두하다 보면 해결 방법을 찾지 못하는 기존의 여러 문제에 눈을 감게 될 것이다. 나는 일본 주요 가전업체들의 영화사 인수가 수년간의 핵심 사업 침체로 발생한 매우 까다롭고 반복되는 문제로부터 '우회'하려는 경영진의 욕구 때문은 아니었는지 의심이 든다.

'도피 또는 우회'는 자질이 떨어지는 고위 경영자에게만 나타나는 현상은 아니다. 훌륭한 리더들 역시 이와 동일한 감정적 요동을 겪기 쉽다. 하지만 결국에는 '수용과 행동' 단계에 도달한다. 반면에 역량이 떨어지는 리더들은 '수용과 행동' 단계 이전에 탈락하곤 한다. 그들의 자리는 상대적으로 능력이 더 뛰어나지는 않더라도 이전 단계('도피 또는 우회')에서 감정적으로 대처하지 않았던 사람들로 대체된다.

이것이 핵심이다. 기업 수뇌부의 교체는 단지 더 좋은 경영자나 더 훌륭한 리더라기보다 과거에 얽매이지 않는 사람을 끌어들이려는 목적으로 단행된다.[2]

성공의 타성에 안주하지 마라

고위 경영자들은 자기 일을 잘해 왔기 때문에 지금의 자리에 올랐다. 그들은 자신의 힘으로 조직을 이끄는 법을 오랫동안 학습해 왔다. 그렇기에 고위 경영자들이 자신의 커리어를 쌓는 동안(특히 '챔피언 자리에 있었을 때') 효과를 발휘했던 전략적·전술적 방법을 계속 구사하리란 점은 누구나 짐작할 수 있다.

나는 이런 현상을 '성공의 타성inertia of success'이라 부른다. 이것은 극도로 위험하며 '거부'를 강화할 수 있다.

낡은 기술과 강점이 제대로 성과를 내지 못하는 쪽으로 환경이 변화하면, 일반적으로 사람들은 마치 눈앞에 보기 싫은 것이 있을 때 눈을 감고서 '100을 세면 사라질 거야'라고 믿는 어린아이처럼 자신을 둘러싼 환경을 인정하려 들지 않는다. 당신 역시 눈을 감은 채 '더 열심히 하면 되겠지' '기존의 방식이나 스킬에 몰두하면 되겠지'라고 바라며 100을 셀지 모른다. 이런 시기에는 "조금만 더 시간을 주십시오"란 말을 자주 할 것이다.

전략적 부조화 여부를 테스트하라

너무 늦게, 너무 조금씩 대처하다 보면 우리는 또 하나의 감정적 난관, 즉 우리가 씨름하는 문제의 중대성을 의식적이고 명시적으로 스스로 인정해야 하는 난관에 봉착한다. 새로운 환경에 적응하기 위한 대응 과정을 시작했다 하더라도, 우리는 여전히 그 과정을 말로 명쾌하게 표현하는 데 서툴다. 인텔이 메모리 사업에서 빠져나온 이야기를 떠올려 보자. 인텔은 만일을 대비해 웨이퍼 할당을 조절 중이었지만, 나는 "우리의 계획은 무엇입니까?"라는 단도직입적인 질문을 받았을 때 쉬운 말로 이를 설명하는 데 애를 먹었다.

　나는 많은 기업이 전략적 변곡점 상황에 대처하는 동안 이처럼 말과 행동이 따로 노는 '언행 불일치'의 함정에 빠진 모습을 여러 번 목격했다. 나는 이와 같은 진술과 행동 사이의 괴리를 '전략적 부조화strategic dissonance'라고 부른다.[3] 전략적 부조화는 회사가 전략적 변곡점과 씨름하고 있다는 확실한 증거 중 하나다.

　이런 전략적 부조화는 왜 필연적으로 일어날까? 무엇 때문에 발생할까? 변화에 적응하는 과정은 일상 업무를 수행하면서 외부의 새로운 힘에 맞춰 가는 직원들로부터 시작한다. 인텔의 생산 계획 담당 직원(생산 계획자)들은 웨이퍼의 할당량을 메모리에서 마이크로프로세서로 전환했는데, 그건 마이크로프로세서의 이익률이 더 높았기 때문이었다. 반면에 나와 같은 고위 경영자들은 과거의 성공이라는 타성에 젖어 있었다. "우리는 메모리 생산업체로 지금껏 성장했다. 메모리는 우리의 주력이고 우리의 정체성을 형성했다." 결론적으로 말해 일선의 직원들과 중간 관리자들이 전략적 행동을 수립하고 실행에 옮기는 동안, 고위 경영자들은 그와 정반대로 뜬구름 잡는 전략적 견해를 여전히 고수했던 것이다.

전략적 부조화를 알아차릴 수 있는 팁은 무엇일까?

전략적 부조화의 징후는 공개적인 반론이 허용되는 조직 문화에서 흔히 표면화된다. 즉 고위 경영자들이 중간 관리자들 또는 영업 사원들과 자유 토론을 벌일 때 전략적 부조화가 얼굴을 드러내곤 한다. 인텔이 그렇다. 때때로 직원들 앞에 서서 질의 응답을 받을 때면, 나는 자신들이 속한 세계와 환경에 대해 잘 아는 사람들이 던지는 구체적인 질문과 의견에 대해 회사의 입장을 옹호하느라 애를 먹는다. 그런 질문들은 보통 특정 제품, 고객, 기술과 관련된 구체적 전략에 대한 질문을 받은 뒤 후속 질문의 형태로 나온다. 내가 아주 능수능란하게 답변을 하고 나면 "하지만 이러저러한 건 어떻게 되는 거죠?" 또는 "그건 어떤 의미인가요?"라는 식의 질문들이 뒤따른다.

　대개 그런 후속 질문들은 나의 일반적 답변 이면에 깔린 진짜 의도를 알아내려는 날카로움을 숨기고 있다. 내 답변이 충분히 명쾌하지 않았기 때문에 그럴 수도 있지만, 한편으로는 잘 포장된 나의 대답과 그와 동떨어진 현실 사이의 불일치가 크기 때문일 수도 있다. 만약 후자의 경우라면 이는 전략적 부조화의 첫 번째 징후일지 모른다. 이럴 때 나는 스스로에게 말한다. "이봐, 그로브. 잘 들어 봐. 지금 뭔가 아주 잘못된 길로 가고 있어."

　전략적 부조화는 전략적 변곡점에 대한 매우 자동적인 반응이다. 그러므로 전략적 변곡점을 감지하기 위한 가장 좋은 방법 중 하나는 전략적 부조화 여부를 테스트하는 것이다. 직원들이 "우리는 'Y'를 하고 있는데 어떻게 'X'라고 말할 수 있나요?"라는 질문을 던지기 시작한다면 이것은 바로 전략적 변곡점이 닥쳐올 가능성이 크다는 경고다.

끊임없이 실험하라

회사가 하는 일과 경영진이 하는 말 사이의 불일치가 암묵적으로 용인되는 동안 회사는 매우 비생산적이고 고통스러운 국면에 처하기 마련이다. 전략적 부조화로 인해 커져 가는 불편은 비록 당신이 우수한 인재라 할지라도 당신을 혼란과 불확실성에 빠뜨린다. 당신은 실질적인 무언가가 잘못되었다는 것, 무언가가 다르다는 것을 알아차리지만 그게 정확히 무엇인지는 알지 못한다. 실제로 그게 얼마나 중요한지, 어떻게 대처해야 하는지도 알지 못한다.

전략적 부조화의 해결은 갑자기 전구가 켜지듯 단번에 이루어지지 않는다. 그것은 다음과 같은 '실험'을 통해 이루어진다. 조직에 통상 가해지던 통제의 수준을 완화하라. 직원들이 색다른 기술을 시도하고, 색다른 제품을 살펴보고, 새로운 판매 채널을 모색하고, 새로운 고객을 찾게 하라. 경영진은 지금까지 조직의 질서를 유지하는 데 노력을 기울여 왔지만, 전략적 부조화의 시기에는 새롭고 색다른 것을 더욱 관대한 시각으로 바라봐야 한다. 낡은 관습의 틀에서 벗어나야만 새로운 통찰을 얻는다.

이제 조직 운영의 구호는 "혼돈이 지배하게 하라"가 되어야 한다.

혼돈은 일반적으로는 좋은 것이 아니다. 혼돈은 모든 구성원에게 매우 비효율적이고 매우 소모적이다. 그러나 실험과 혼돈의 단계를 거치지 않으면 낡은 질서는 새로운 질서에 자리를 내주지 않을 것이다.

여기에서 딜레마는 실험을 꾸준히 하던 사람이 아니라면 위기에 봉착했을 때 즉각 실험을 시작할 수 없다는 점이다. 핵심 사업에서 변화가 일어난 뒤라면 이미 때는 늦은 것이다. 이상적인 조직이라면 새로운 제품, 기술, 판매 채널, 마케팅, 고객을 평소에 꾸준히 모색해야 한다. 그러면 무언가 변화한다는 것을 감지했을 때 다양한 활로 탐색이 가능한 여러 가지 실험을 진행할 수 있을 것이다. 또한 조직은 실험의 범위를 확대하는 일에서, 그리고 새로운 사업 방향으로 회사를 재배치해야 함을 알려 주는 전조인 혼돈의 급증 상황을 견뎌 내는 일에서 훨씬 나은 입지를 차지할 것이다.

인텔에서 마이크로프로세서가 기업 전략의 핵심으로 부상하기까지는 10년간의 실험이 필요했다. 그 기간에 마이크로프로세서는 주력 분야가 아니었다. 하지만 우리는 수년간 마이크로프로세서의 매출보다 훨씬 큰 비용을 개발과 마케팅에 쏟아부었다. 우리는 개발을 멈추지 않았고 마이크로프로세서 사업은 점점 성장해 환경이 급변했을 때 우리의 자원을 집중시킬 더욱 매력적인 사업이 되었다.

논란이 없는 실험은 없다. 6장에서 언급한 1980년대 후반 i860 RISC 프로세서와 486 CISC 프로세서 간 갈등을 떠올려 보라. 우리는 마이크로프로세서의 호환성을 유지하는 데 모든 힘을 집중하는 전략을 유지하면서 동시에 최고 인력을 투입해 i860 형태의 새로운 아키텍처를 개발하도록 했다. 결과는 그리 나쁘지 않았다. 기존 기술이 힘을 잃었으니 새로운 기술을 수용하는 것이 우리에게는 매우 올바른 선택이었을 것이다. 필요한 일이었기에 이 신기술 실험을 통해 우리는 변화를 시작했다.

그러나 이런 실험이 거듭되고 시장에까지 파급되자 실험 자체가 회사에 커다란 영향을 미치게 되었다. 실험으로 인해 역량이 분산되고, 회사를 지탱하는 마이크로프로세서 기술에 혼란이 일어났으며, 급기야 마이크로프로세서에 대한 추진력이 약화될 뻔했다. 한마디로 실험이 혼돈을 야기했던 것이다. 우리는 표준 마이크로프로세서 시장에서 우리가 가진 경쟁 우위를 이용해 새로운 RISC 부문을 설립하든지 아니면 실험을 단호하게 억제하든지, 어떻게든 대처해야 했다.

일찍 행동하라

많은 스포츠 경기에서 보듯 '타이밍이 전부'다. 일찍 행동을 취하면 효과를 발휘한다. 하지만 동일한 행동이라도 뒤늦게 실행하면 미흡한 결과를 얻는 경우가 많다.

'일찍'이라는 말은 그저 '빨리'라는 말이 아니라 기존 사업의 기세가 아직 강할 때, 현금 흐름이 아직 활발할 때, 조직이 아직 온전할 때 행동을 취한다는 의미다. 사업의 기세가 건강하게 유지된다면 회사의 포지션을 재정립하는 데 도움이 되는 긍정적 의미의 '거품'이 형성된다. 이 거품의 보호 아래서는 사업의 모든 징후가 좋지 않은 쪽을 가리킬 때보다 쉽게 변화를 추진할 수 있다.

다시 말해 고위 경영진이 전략적 변곡점의 불가피성을 일찍 인식해 수용하고, 사업의 활기가 '10배' 힘에 의해 약화되기 전에 행동을 취하는 것이 가장 좋다. 적절한 행동이 일찍 단호하게 취해진다면 사업의 필연적인 변화는 훨씬 덜 고통스럽고 훨씬 더 성공적일 것이다.

하지만 유감스럽게도 우리는 이와 정반대로 행동하는 경향이 있다. 앞에서 언급했던 감정적 요인 때문에 대부분의 경영진은 '너무나 소극적으로, 너무나 늦게' 행동하는 바람에 기존 사업의 거품이 제공하던 보호막을 날려 버린다.

그 이유는 쉽게 알 수 있다. 변곡점 초기 단계에서는 두려움을 느끼지 못하기 때문이다. 초기 단계 때 조치를 취하려고 하면 사람들은 이렇게 반박할 수 있다. "황금알을 낳는 거위의 배를 갈라서는 안 된다." "어떻게 우리 월급을 책임지는 사업에서 최고의 인력을 빼내 무모한 새 프로젝트에 투입시킬 수 있는가?" 그중 가장 심한 말은 이것이다. "우리 조직은 딱 이만큼만 변화를 이룰 수 있다. 그 이상은 무리다." 이 말은 실은 "나는 우리가 직면해야 할 변화로 조직을 이끌어 나갈 준비가 되어 있지 않다"라는 뜻이다.

고백하자면 나는 자원 이동이든 인력 이동이든 간에 절대로 일찍 행동을 취하지 못했다. 인텔의 메모리 사업이 대표적인 예다. 인텔은 아주 오랫동안 메모리에서 손실을 보고 있었다. 하지만 우리는 나머지 사업마저 불황에 빠지고 나서야 조치를 취했다. 넥스트는 현금 흐름의 압박이 심각해졌을 때야 행동에 나섰다. 한때 엄청난 성공을 거뒀던 컴팩은 PC 사업이 낮은 이익률의 일상용품 사업으로 접어들었음에도 강력한 조치를 취하는 데 굼뜬 모습을 보였다. 6개월 연속으로 매출, 이익, 시장점유율이 하락했고 7000만 달러의 손실이 발생했다. 결국 처음으로 인력 감축을 해야만 하는 시기가 닥쳐서야 컴팩 이사회는 가혹한 조치를 취했다.[4]

자기 자신의 이런 경향은 깨닫기 어렵지만 타인의 행동에서는 쉽게 발견할 수 있다. 며칠 전에 나는 전략 변화에 골머리를 앓고 있는 어느 회사의 경영자를 만났다. 나는 그에게 새로운 방향을 모색하는 데 더욱 적극적으로 행동하라고 조언했다. 사실 말이야 쉬웠다. 그가 내 말대로 하려면 이미 고객에게 납품을 약속한 몇몇 제품의 생산을 포기하도록 구성원들을 설득해야 했다. 하지만 제3자인 나는 그런 부담에서 자유로우니 당연한 조치라는 듯 조언했던 것이다. 물론 그는 그 조치가 필요하다는 사실을 알고 있었다. 이미 그는 바람직한 방향으로 몇 가지 조치를 취하던 중이었다. 하지만 안타깝게도 내가 보기에는 아주 미흡했다. 해당 제품군 전체의 생산을 중단하고 자원을 전망이 밝은 쪽으로 재배치해야 했다. 하지만 그는 그 제품군 중 이익률이 떨어지는 일부 제품만 중단함으로써 이익률 목표를 맞추는 선으로 타협했다.

내가 그 사람보다 똑똑해서였을까? 그렇지 않다. 나는 그저 변화를 이끌고 감독하는 책임에서 자유로웠을 뿐이다. 그도 그럴 것이 책임자 자리에 있었으면서도 나는 인텔의 메모리 위기 때 '너무나 소극적으로, 너무나 늦게' 행동을 취하는 똑같은 잘못을 저질렀으니까.

　이상적으로는 우리가 알지 못하는 새로운 환경이 은밀히 다가오고 있다는 두려움을 품고 항상 긴장하며 대비하고 있어야 한다. 비즈니스 세계에서 수십 년 동안 연마한 판단력, 직감, 관찰력에 힘입어 긴박감을 늦추지 말아야 한다. 사실 경영자들은 자신의 경험을 통해 행동이 필요할 때라는 것을 잘 안다. 그리고 무엇을 해야 하는지도 잘 안다. 그러나 자신의 직감을 신뢰하지 못하고 직감에 따라 일찍 행동하지 못하는 바람에 긍정적 의미의 거품을 활용하지 못한다. '너무나 소극적으로, 너무나 늦게'라는 경향을 극복하려면 우리는 스스로를 단련해야 한다.

새로운 산업의 멘탈 맵을 그려라

'너무나 소극적으로, 너무나 늦게' 증상은 변화가 진행 중인 산업 환경에서는 특히 위험하다. 경영자의 머릿속에는 항상 산업 구조의 멘탈 맵mental map이 들어 있다. 이 지도는 암묵적인 몇 가지 규칙과 관계, 사업을 전개하는 방법과 수단, 무엇을 어떻게 했고 무엇을 안 했는지, 누가 중요하고 누가 그렇지 않은지, 누구 의견을 신뢰할 수 있고 누구 의견은 자주 틀리는지 등 여러 가지 요소로 이루어져 있다. 오랫동안 해당 산업에서 일해 왔다면 제2의 천성처럼 그런 것들을 이미 잘 알고 있을 것이다. 애써 생각해 내려 하지 않아도 상황이 그렇다는 것을 본능적으로 알고 있다.

하지만 산업의 구조가 변화하면 이 모든 요소 또한 바뀐다. 오랫동안 지니고 다니며 회사의 행동 방향을 결정하는 데 참고했던 멘탈 맵이 갑자기 흐려지고 만다. 이때 새로운 멘탈 맵으로 대체할 기회를 잡지 못하면 예전과 달리 왜 일이 이렇게 진행되는지, 누가 중요한지에 대해 뚜렷한 대책을 마련하지 못할 것이다.

컴퓨터 산업 내의 모든 사람은 수직적 산업 모델에서 수평적 산업 모델로 전환한다는 개념을 이해하는 데 애를 먹었다. 이 모델의 근본적인 의미는 수평적으로 가장 많은 점유율을 차지하는 기업이 승리한다는 것이다. 이런 깨달음이 인텔에 스며들면서 수평 구조의 나머지 부문과 호환성이 중요하다는 믿음이 강화되었고, 마이크로프로세서 사업의 대량 생산과 저가격을 목표로 한 의지, 즉 규모와 범위 확대를 목표로 한 의지가 한껏 높아졌다. 마찬가지로 컴팩이 1991년 구조 조정과 전략 변화를 실행한 것도 수평적 모델에 내포된 규모와 범위의 중요성을 인식했기 때문이다.[5]

전략적 변곡점을 지나는 동안 경영진은 지속적으로 산업의 전략적 지도에 대한 개념을 다듬어야 한다. 개념 다듬기는 머릿속에서 자동으로 이루어지는데 글로 나타내지 않으면 멘탈 맵은 모호해지기 쉽다. 자신의 생각을 반드시 글로 표현해야 한다.

어디에서 시작해야 할까? 모든 회사에는 단위 조직들의 상호 관계를 나타내는 조직도가 있기 마련이다. 직원들이 조직도를 보고 회사 내 운영 방식을 파악하는 데 도움을 받듯이 산업 차원에서 그런 도표가 있다면 큰 도움이 되지 않을까? 그렇다면 한번 만들어 보라(9장에서 인터넷과 관련된 업무를 분류하는 데 도움을 주는 예시 하나를 보여 주겠다).

사업을 진행할 때 새로운 기술과 유통 방법을 실험할 필요가 있듯이, 고위 경영자로서 당신은 새로운 산업 구조의 세부 내용을 무엇으로 채워야 할지 실험해야 한다. 가까운 직원들에게 당신이 구상한 멘탈 맵을 시험해 보라. 자신의 생각을 명확히 하기 위해 우호적인 사람들과 함께 여러 번 토론할 필요가 있을 것이다. 여기에는 또 다른 이점이 있다. 이러한 토론은 당신의 조직이 변화에 대비하는 데 도움이 된다는 것이다.

현대 조직에서 시장의 힘에 대한 신속한 대응은 중간 관리자들의 자발적인 행동에 달려 있다. 노하우 관리자, 기술과 마케팅 전문가 역시 중간 관리자에 포함되는데, 사업의 근본에 대한 이들의 장악력은 회사가 올바른 길로 나아가는 데 대단히 필수적이다. 만약 고위 경영자와 노하우 관리자가 산업에 대해 공통된 견해를 가지고 있다면, 그들이 산업의 변화를 인지할 가능성과 적절한 방식으로 대응할 가능성은 크게 향상될 것이다. 산업 멘탈 맵과 그 역학 관계에 대해 같은 시각을 공유하는 것은 조직의 적응력 강화에서 필수다.

　고위 경영자건 중간 관리자건 아니면 노하우 관리자건, 산업 멘탈 맵을 향상시킬수록 더 나은 행동을 취할 수 있을 뿐 아니라 그 행동이 바람직하다는 확신이 더욱 커질 것이다.

혼돈을
지배하라

"우리가 추구할 것과 추구하지 않을 것을 알려 주는 명확한 방향은
전략적 탈바꿈의 후반 단계에서 매우 중요하다."

죽음의 계곡을 건너는 법

전략적 변곡점 통과가 어떤 의미인지 생각할 때마다 나는, 땀에 절고 먼지를 잔뜩 뒤집어쓴 한 무리가 말과 마차를 몰고 거친 황야를 가로질러 가는 오래된 서부 영화의 한 장면을 떠올린다. 그들은 어디로 가는지 정확히 알지 못한다. 단지 되돌아갈 수 없다는 것만은 알고 있다. 언젠가 더 나은 곳에 도착할 거라고 믿을 뿐.

전략적 변곡점을 극복하도록 조직을 이끄는 것은 미지의 땅을 가로질러 가는 것과 같다. 사업의 규칙은 익숙하지 않고 아직 제대로 형성되지도 않았다. 그렇기에 당신을 비롯한 구성원들에겐 새로운 환경에 대한 멘탈 맵이 없으며, 어떤 목표를 잡아야 하는지 명확하지 않다.

긴장할 수밖에 없다. 전략적 변곡점을 지나는 동안 직원들은 당신과 서로에 대한 믿음을 잃고, 당신조차 스스로를 믿지 못한다. 경영진은 회사가 겪는 고난의 시기에 서로를 비난하기 십상이다. 내분이 이어지고 어떤 방향으로 가야 할지를 놓고 논쟁이 심화된다.

그러다 어느 시점에 이르면 리더인 당신은 새로운 방향에 대한 희미한 윤곽을 잡기 시작한다. 하지만 이때는 이미 구성원 모두의 사기가 떨어지고 말 그대로 녹초가 되어 버린 상태일 것이다. 여기까지 오느라 많은 에너지를 소모했다. 당신은 스스로에게 그리고 당신에게 의지하는 사람들에게 동기를 불어넣기 위해 자신에게 남아 있는 모든 에너지를 쏟아야 한다. 그래야 다시금 조직의 활기를 회복할 수 있다.

나는 당신과 당신의 회사가 극복해야 할(그렇지 않으면 사라져 버릴 테니) 이 험한 땅을 '죽음의 계곡'이라 생각한다. 이는 모든 전략적 변곡점이 지닌 피할 수 없는 사실이다. 당신은 도망칠 수도 없고 위험을 줄일 수도 없지만, 전략적 변곡점에 잘 대처할 수는 있을 것이다.

멘탈 이미지로 명확한 방향을 설정하라

죽음의 계곡을 잘 통과하기 위해 필요한 첫 번째 과제는 그곳을 통과하고 난 다음 돌아보았을 때 회사의 모습이 어떠해야 하는지에 대한 '멘탈 이미지mental image'를 명확하게 그려야 한다는 것이다.

그 이미지는 시각화하기에 충분할 정도로 분명해야 할 뿐 아니라 사기가 떨어지고 혼란스러워하는 지친 직원들에게 간단명료하게 소통할 수 있을 정도로 뚜렷해야 한다. 인텔은 광범위한 반도체 회사가 될 것인가, 아니면 메모리 회사 또는 마이크로프로세서 회사가 될 것인가? 넥스트는 컴퓨터 회사가 될 것인가, 아니면 소프트웨어 회사가 될 것인가? 당신이 운영하는 서점은 커피를 즐기며 책을 읽는 편안한 장소가 될 것인가, 아니면 책을 싸게 살 수 있는 곳이 될 것인가?

이러한 질문에 한 문장으로 대답해야 모든 사람이 기억할 수 있고 시간이 흘러도 당신이 의도하는 바를 기억할 수 있다. 1986년에 "인텔, 마이크로컴퓨터 회사Intel, the microcomputer company"라는 슬로건을 내걸었을 때 이 말은 당시에 우리가 추구하는 방향을 명확히 나타낸 것이었다. 이 문구에는 반도체도, 메모리도 언급되지 않았다. 이 문구는 1985년부터 1986년 사이 메모리 분야에서 겪었던 완패, 즉 전략적 변곡점이라는 죽음의 계곡에서 빠져나오기 위한 회사의 멘탈 이미지를 그대로 반영했다.

경영학자들은 멘탈 이미지란 뜻으로 '비전vision'이란 단어를 사용한다. 내가 느끼기에 이 단어는 너무 고상하다. 우리가 해야 할 일은 회사의 본질과 사업의 초점을 파악하는 것이다. '우리 회사가 나아갈 방향'을 정의하려면 '우리 회사가 가지 않을 방향'을 정의해야 한다.

죽음의 계곡을 통과할 때는 이를 정의하기가 조금은 용이하다. 아주 어려운 시기에서 빠져나오는 중이라서 원치 않는 것에 대한 극도의 거부감을 가지고 있을 테니 말이다. 1986년에 인텔은 더 이상 메모리 사업을 지속하고 싶지 않다는 것을 깨달았다. 고군분투했음에도 전혀 나아지지 않았음을 알아차리고 나서야 확실히 깨달은 것이다.

사실 이러한 방식(추구하는 방향의 멘탈 이미지를 명확히 하는 것-옮긴이)은 위험하다. 회사의 정체성을 지나치게 단순화하고 전략적 초점을 지나치게 좁게 잡을 위험이 있다. 그래서 어떤 사람들은 이렇게 말할 것이다. "그런데 제가 맡은 부문은 어떻게 되는 거죠? 그 말씀은 우리 회사가 이 분야에 더 이상 관심이 없다는 뜻인가요?" 결론적으로 말해 인텔은 마이크로프로세서 외의 사업도 지속했다. 심지어 다른 유형의 반도체 메모리에서조차 상당한 규모의 사업을 유지했다.

하지만 지나친 단순화의 위험은 모든 경영진의 요구를 모두 반영하는 위험에 비하면 아무것도 아니다. 모든 요구를 받아들이면 멘탈 이미지가 너무나 '고상해지고' 포괄적이 되어 결국 무의미해져 버리기 때문이다.

강력한 전략적 초점의 가치를 보여 주는 예를 하나 들어 보자. 창업 후 10년 동안 로터스Lotus의 정체성은 PC 소프트웨어, 특히 스프레드시트 공급자였다.[1] 몇 번의 오판으로 인해, 그리고 무엇보다 경쟁자의 '10배' 힘을 간과한 탓에(인텔의 경쟁자가 일본 업체였듯이, 로터스에는 마이크로소프트의 애플리케이션이 강력한 경쟁 제품이었다) 로터스의 핵심 사업은 시간이 흐를수록 약화되었다. 하지만 그런 와중에도 로터스는 '노츠Notes'라 불리는 새로운 세대의 소프트웨어를 개발했다. 스프레드시트가 개인의 생산성을 향상시켰다면 노츠는 집단의 생산성 향상을 약속했다.[2] 로터스가 스프레드시트와 관련 소프트웨어 사업에서 고전하는 동안 경영진은 스프레드시트 사업을 경시할 정도로 노츠에 몰두했다. 그들은 최근 몇 년간 어려웠던 시기에도 노츠 개발에 투자를 멈추지 않았고, 주요 마케팅 프로그램들과 개발 계획들을 홍보물에 가득 실었다.

정확히 말해 이 이야기는 여전히 진행 중이다. 그러나 명확한 미래상을 제시했다는 측면에서 볼 때 로터스의 경영진은 아주 올바르게 행동했다. 1995년 IBM이 로터스를 35억 달러에 인수하도록 만든 결정적 동기는 바로 노츠에 기울인 로터스의 노력이었다.

이제 반대 사례, 즉 스스로를 정의하는 데 망설이는 회사의 예를 들어 보자. 최근에 나는 어느 회사의 고위 경영자를 만났다. 그들 제품과 우리 제품 간 호환성 확보가 미팅의 의제였다. 이 교섭을 성사시키려면 그들은 자기네가 주력하는 기술이 무엇인지 명확한 결정을 내려야 했다. 그는 회사의 2인자였지만 혼란스러워하며 주저하는 모습을 보였다. 물론 그는 우리와 협업해야 한다는 것을 확실히 알고 있는 듯했다. 하지만 협업을 성사시키기 위해 필요한 조치를 논의할 때는 거의 무능한 사람처럼 보였다.

며칠 후 그의 상사인 CEO가 회사의 방향을 언급한 내용이 신문 기사로 나왔다. 내 생각에 그 내용은 내가 만난 2인자가 염두에 둔 방향과 명백하게 일치했다. 나는 그 기사를 오려 우리 직원들 앞에서 흔들었다. "내가 볼 때 협상이 타결된 것 같군요." 그러나 나의 도취감은 하루 만에 사라지고 말았다. 이튿날 신문에 "바로잡습니다"라는 정정 기사로 사업 철수 소식이 실렸기 때문이다. 크게 오해하고 말았던 셈이다.

모호한 태도를 보이는 CEO 때문에 시달리는 마케팅 또는 영업 관리자의 입장은 어떠할지 잠시 생각해 보라. 또한 CEO의 경영 방침을 신문 기사를 보고 알게 될 때를 상상해 보라. 리더가 이처럼 오락가락하는데 어떻게 그를 따르고자 하는 마음이 생길 수 있겠는가?

나는 리더들이 이렇게 자주 주저하는 이유가 무엇인지 의문을 갖지 않을 수 없다. 동료들과 직원들이 어느 방향으로 갈지 우왕좌왕할 때 리더가 앞장서서 몇 년 동안은 옳고 그름을 놓고 따질 수 없을 정도로 명확하게 방향을 설정하려면 소신에 대한 확고한 믿음이 있어야 한다고 나는 생각한다. 이러한 결단이야말로 리더의 자질을 보여 주는 것이다.

이와 달리 회사를 축소하는 데는 신념이 그리 필요하지 않다. 공장 문을 닫고 직원들을 해고한 결과로 이익이 늘어나고 주식 시장에서 박수를 받을 텐데, 그런 조치로 잘못될 리 있겠는가?

전략적 변곡점을 통과하는 것은 '과거의 우리'에서 '미래의 우리'로 회사를 근본적으로 탈바꿈한다는 뜻이다. 이러한 탈바꿈이 그토록 어려운 건 회사의 모든 부분이 과거의 누적으로 형성되었기 때문이다. 만약 당신과 경영진이 줄곧 컴퓨터 회사를 경영한 경험을 쌓았다면, 소프트웨어 회사를 경영한다는 것을 상상조차 할 수 있을까? 광범위한 반도체 회사를 경영한 경험밖에 없다면, 마이크로컴퓨터 회사가 어떤 곳인지 상상조차 할 수 있을까? 따라서 전략적 변곡점에서 살아남으려는 탈바꿈의 과정이 어떤 식으로든 경영진의 교체를 수반한다는 것은 그리 놀랄 일이 아니다.

나는 '마이크로컴퓨터 회사'라는 인텔의 새로운 방향을 논의하던 임원 회의를 기억한다. 고든 무어 회장은 이렇게 말했다. "알다시피 우리가 이 방향을 진지하게 생각한다면, 임원진 중 절반은 5년 안에 소프트웨어 쪽으로 전향하는 게 좋을 겁니다." 이 말은 자신의 전문 영역을 소프트웨어 쪽으로 바꾸지 않으면 다른 사람으로 교체될 수 있다는 의미였다. 나는 회의실을 둘러보며 생각했다. '누가 남을 수 있고, 누가 떠나야 할까?' 지나고 나니 무어가 결국 옳았다. 인텔의 경영진 절반은 스스로를 탈바꿈함으로써 새로운 방향에 합류할 수 있었다. 그리고 나머지는 회사를 떠나야 했다.

일이 새롭게 전개되는 양상을 관찰하고, 상상하고, 감지하는 것이 첫 번째 단계다. 이때는 목표가 명확하면서 또한 현실적이어야 한다. 자신과 타협하거나 스스로를 속이지 마라. 만약 마음속으로는 달성할 수 없음을 알고 있는 목표를 구상하고 있다면, 죽음의 계곡에서 빠져나올 가능성은 희박할 것이다.

새로운 사업으로 자원을 재배치하라

드러커가 지적했듯이, 조직의 탈바꿈 과정에서 요구되는 핵심 활동은 자원을 기존 사업 개념에 적합한 곳에서 새로운 사업 개념에 적합한 곳으로 전면적으로 이동시키는 것이다.[3] 인텔의 생산 계획 담당자들은 3년 동안 메모리에 필요한 웨이퍼 할당을 줄이고 마이크로프로세서 부문으로 할당량을 늘렸는데, 이것이 바로 희소하고 귀중한 자원을 저가치 영역에서 고가치 영역으로 이동시킨 활동이었다.

그러나 물적 자원만이 자원은 아니다. 우수 인재와 그들이 지닌 지식과 스킬, 전문성 같은 인적 자원 역시 중요한 자원이다. 최근에 우리는 핵심 관리자 한 사람을 차세대 마이크로프로세서를 총괄하는 자리에서 앞으로 수년간 수익이 날 것 같지 않은 새로운 통신 제품 분야로 이동시켰다. 이것은 아주 가치 높은 중요 자원을 이동시킨 조치였다. 그가 예전 부서에서 매우 훌륭한 성과를 내긴 했지만, 그곳에는 그를 대신할 만한 우수 인재가 있었다. 하지만 새

부서에는 그 사람과 같은 실력 있는 관리자가 절실히 필요했다.

한 개인의 시간은 매우 소중하지만 동시에 유한한 자원이다. 인텔이 '반도체 회사'에서 '마이크로프로세서 회사'로 탈바꿈하던 시기에 나는 소프트웨어의 세계에 대해 더 많은 것을 배워야 한다고 생각했다. 우리 사업의 운명이 소프트웨어 산업의 계획, 생각, 희망, 비전에 달려 있었기 때문이다. 그래서 일부러 상당한 시간을 투자해 소프트웨어 분야 사람들과 안면을 텄다. 소프트웨어 기업의 대표들을 만나기 시작한 것이다. 그들에게 일일이 전화해 약속을 잡았고, 그들을 만난 자리에서 그들의 사업에 대해 이야기해 달라고 요청했다. 솔직히 말해 가르쳐 달라는 부탁이었다.

이런 부탁은 개인적으로 부담이 됐다. 그들의 사업에 대한 내무지를 인정하며 자존심을 눌러야 했으니까. 전에는 한번도 만난 적 없는 주요 인사들이 어떻게 반응할지 짐작할 수도 없는 상황에서 대화를 시작해야 했다. 이런 만남을 이어 가려면 상당한 성실함이 필요했다. 그들과 이야기를 나누는 동안 나는 꽤 많은 메모를 했는데, 어떤 건 잘 이해가 됐지만 어떤 건 그렇지 못했다. 그래서 나는 그 메모를 인텔 내부의 전문가들에게 보여 주고 어떤 의미인지 설명해 달라고 부탁했다. 마치 학창 시절로 돌아간 기분이었다(다행히 인텔은 20년 커리어의 배테랑이 완전히 새로운 기술을 본격적으로 배우더라도 존경 어린 시선을 보내는 '학교 같은' 회사다).

뭔가 새로운 것을 배워야 한다고 인정하기란 언제나 어려운 일이다. 만약 상명하복의 위계 구조에 익숙한 고위 경영자라면 더욱 어려울 것이다. 그런 상명하복 문화가 새로운 것을 배우려는 노력을 차단하는 벽이 된다. 배우려면 철저한 자기 관리가 필요하다.

개인 시간을 어디에 얼마나 배정하는가 역시 자기 관리가 필요하다. 소프트웨어 공부에 쏟을 시간을 확보하기 위해 나는 다른 일에 쓰는 시간을 줄여야 했다. 다시 말해 내 시간의 '생산 계획자'가 되어 시간을 재배치해야 했던 것이다. 하지만 이 때문에 또 다른 문제가 발생했다. 나를 정기적으로 만나던 사람들이 예전과 달리 나를 자주 볼 수 없었던 것이다. 그들은 이렇게 묻기 시작했다. "더 이상 우리가 하는 일에 관심을 두지 않는다는 뜻인가요?" 나는 최대한 그들을 달랬고 관리자들 간 업무를 조정했다. 얼마 지나지 않아 직원들은 이런 변화 역시 인텔이 나아가는 새로운 방향의 일부로 받아들였다. 하지만 그들에게도 나에게도 쉬운 일은 아니었다.

자원 재배치란 말은 언뜻 듣기에는 아무런 해가 없는 용어 같다. 뭔가 더 멋있고 더 긍정적이며 더 고무적인 분야에 많은 관심과 힘을 집중해야 한다는 것을 의미하기 때문이다. 그러나 그렇게 되려면 불가피하게 다른 분야에서는 관심과 힘을 줄여야 한다. 전략적 탈바꿈을 이루려면 훈련이 필요하고 생산 자원, 관리 자원, 시간 등 모든 자원의 재배치가 필요하다. 그렇지 않으면 공허한 외침으로 끝나고 만다.

개인 시간에 대해 한마디 덧붙이고 싶다. 리더의 위치에 있다면 자기 시간을 어떻게 사용하는가가 매우 상징적인 가치를 지닌다. 무엇이 중요하고 무엇이 그렇지 않은지를 그 어떤 연설보다 훨씬 더 강력하게 전달하기 때문이다.

전략적 변화는 고차원적인 것에서 시작하지 않는다. 바로 당신의 일정표에서 시작한다.

전략적 행동으로 조직을 리드하라

전략적 목표를 달성하기 위해 자원을 배치 또는 재배치하는 것은 '전략적 행동'의 한 예다. 나는 기업 전략은 기존의 톱-다운top-down 전략 계획이 아니라 이러한 일련의 전략적 행동으로 만들어진다고 확신한다. 내 경험상 언제나 톱-다운 전략 계획은 조직에 필요한 진정한 업무가 무엇인지 알려 주지 못하는 공허한 문구에 지나지 않는다. 반면에 전략적 행동은 실질적 영향력을 발휘한다.

어떤 차이 때문일까? '전략 계획'은 앞으로 하려고 의도하는 것에 대한 설명이다. 반면에 '전략적 행동'은 이미 거쳐 왔거나 거쳐 가고 있는 장기적 의도를 알려 주는 실제 움직임들이다. 전략 계획은 정치적 연설처럼 들리는 반면, 전략적 행동은 구체적인 움직임을 보여 준다. 전략적 행동은 아주 다양하다. 유능한 인재에게 새로운 직책을 부여하는 것일 수도 있고, 거래하지 않았던 지역에 영업소를 개설하는 것일 수도 있다. 아니면 장기적으로 추진해 온 특정 분야에 대한 개발 노력을 감축하는 것일 수도 있다. 이런 행동들은 실질적이라서 회사가 가는 방향의 변화를 보여 준다.

전략 계획이 추상적이고 보통은 구체적인 의미가 없는 언어로 표현되는 반면, 전략적 행동은 구성원의 삶에 즉각 영향을 미치기 때문에 아주 중요하다. 전략적 행동은 구성원의 일을 변화시킨다. 인텔이 메모리에서 마이크로프로세서 쪽으로 생산 능력을 이동시키고 영업 인력에게 과거와 다른 제품 믹스product mix를 제시했을 때처럼 말이다. 전략적 행동은 인텔의 핵심 관리자 한 사람을 검증된 마이크로프로세서 사업에서 아직 미검증된 분야로 이동시켰을 때처럼 당황스러움과 짜증을 유발하기도 한다.

전략 계획은 먼 미래의 사안을 다루는 터라 지금 실제로 수행하는 업무와는 그리 관련이 없다. 그렇기에 별다른 관심을 얻지 못한다.

그러나 전략적 행동은 바로 지금 일어나는 일이다. 그래서 전략적 행동은 즉각적인 관심을 이끌어 낸다. 이것이 바로 전략적 행동의 힘이다. 어떤 전략적 행동들이 기업이 움직이는 궤도를 단지 조금 변화시킨다 하더라도, 그런 행동들이 전략적 변곡점을 통과한 다음에 지닐 기업 이미지와 일치한다면, 각각의 행동들은 서로를 강화할 것이다. 회사를 탈바꿈시키는 가장 효과적인 방법은 '명확하게 표현된 최종 결과와 일치하는 일련의 점진적인 변화를 이루어 내는 것'이라고 내가 믿는 건 바로 이 때문이다.

긍정적으로 보면 전략적 변곡점을 통과하는 시기는 좀 더 과감하고 명확한 전략적 행동들을 취함으로써 이득을 볼 수 있는 시기다. 좀 더 명확하다는 것은 많은 사람에게 이해되고 많은 의문에 답할 수 있다는 뜻이다. 앞에서 언급했듯이 우리와 협업하려던 회사 CEO의 말이 신문에 실렸을 때 많은 사람이 눈살을 찌푸리며 "이 말은 이런 뜻인가?"라는 식의 의문을 던졌다. 그 회사는 광범위한 규모로 새로운 전략적 방향을 강화할 완벽한 기회를 얻었지만 안타깝게도 다음 날 철회한다는 정정 보도를 내며 이 기회를 날려 버렸다.

전략적 변곡점을 통과하는 동안의 전략적 행동이 사람들의 눈살을 찌푸리게 만드는 것은 그리 문제 될 것 없다. 하지만 그 타이밍은 아주 적절해야 한다. 전략적 행동, 특히 재배치와 관련된 전략적 행동은 릴레이 경주 주자들의 행동에 비유할 수 있다. 주자들은 아주 정확한 순간에 배턴을 넘겨줘야 한다. 조금만 빨라도, 조금만 늦어도 팀의 속도를 떨어뜨린다.

옛것에서 새것으로 자원을 이동시키는 타이밍은 이처럼 엄격한 균형감을 가지고 이루어져야 한다. 만약 옛 사업, 옛 업무, 옛 제품에 대한 자원 배분을 너무 빨리 줄인다면 80퍼센트 수준밖에 얻어 내지 못할 것이다. 조금만 더 옛것에 힘을 쏟는다면 최대한의 이득을 얻을 수 있을 텐데 말이다. 반면에 옛 사업에 너무 오래 매달

너무 이른 자원 이동	적절한 타이밍	너무 늦은 자원 이동
기존 과업이 완료되지 않음	기존 전략이 아직 유효함. 새로운 위협 또는 기회가 확인되었음	전환의 기회를 상실함. 하향 곡선을 되돌릴 수 없음

[8-1] **자원 이동의 딜레마**

린다면 새 사업 기회를 잡고, 신제품 분야에 추진력을 더하고, 새 질서를 따를 수 있는 기회를 놓칠지 모른다. 새로운 목표 분야에 자원을 배치하면서도 탈바꿈의 시기를 통과할 추진력을 얻기에 충분할 정도로 옛 사업에 투자하는 최적의 중간점을 찾아야 한다. 표 [8-1]은 이러한 타이밍의 딜레마를 보여 준다.

적절한 시기는 언제일까? 기존 전략이 아직 유효하고, 사업은 여전히 성장 중이며, 고객과 보완자는 계속해서 당신을 높이 평가하지만, 레이더 스크린에 깜박거리는 신호가 최소한 새로운 분야의 중요성을 탐색해야 한다고 알려 줄 때를 주목하라. 탐색 결과로 새로운 분야의 성장성이 확인된다면 더 많은 자원을 그쪽으로 이동시켜라.

사람들은 지나치게 오래 기다리곤 한다. 늦게 행동하기보다 일찍 행동하는 것이 덜 부담스럽다. 너무 일찍 행동한다 한들 기존 사업의 힘은 여전히 건재할 가능성이 크다. 일찍 행동한다면 설령

그른 결정이라는 판단이 들더라도 경로를 수정하기에 유리한 위치를 점할 수 있다. 예를 들면 다른 분야로 이동시켰던 직원들을 원래 직무로 바로 복귀시킬 수 있는 것이다. 그 직원들은 원래 그 직무를 수행했던 사람들이므로 곧바로 정상 업무를 수행할 수 있다. 그러나 경영자들은 옛것에 매달리는 경향이 있어 그들의 전략적 행동은 너무 늦게 이루어질 가능성이 크다. 이때의 리스크는 되돌리기 힘든 하락 국면에 접어들 수 있다는 것이다.

변화의 시기에 경영자들은 항상 자신들이 가야 할 방향을 잘 알고 있지만 '너무나 늦게 너무나 소극적으로' 행동하곤 한다. 이런 경향을 경계하라. 행동의 속도를 높이고 행동의 규모를 확대하라. 그러면 바람직한 쪽에 좀 더 가까워졌음을 깨달을 것이다.

물론 행동의 최적 시기는 회사마다 다르다. 따라가는 데서 빠른 반응과 신속한 실행이 장점인 일부 회사가 있다. 이런 회사는 다른 기업들이 기술적 가능성이나 시장 수용성의 한계를 테스트할 때까지 기다렸다가 뒤따라가 따라잡고 앞질러 버린다.

나는 이런 전략을 '후미등taillight' 전략이라고 부른다. 안개가 자욱한 길을 운전할 때 앞 차의 후미등이 보이면 훨씬 운전하기 쉽다. 하지만 그 차를 앞질러 가면 더 이상 보고 따라갈 후미등이 없다. 즉 새로운 방향에서 자신의 경로를 설정할 자신감과 능력이 없음을 깨닫고 만다는 게 이 전략의 위험이다.

일찍 행동할 때는 이와 다른 리스크를 수반한다.[4] 일찍 행동하는 기업에 가장 큰 위험은 신호와 잡음을 구별하는 데 어려움을 겪고 사실이 아닌 변곡점에 대응할 수 있다는 것이다. 게다가 올바르게 대응했다 하더라도 시장에서 앞서가기 쉬운 나머지, 6장에서 언급한 바와 같이 '최초 예시first instantiation'(첫 버전)의 함정에 빠지는 리스크를 감수해야 한다.

그러나 더 큰 보상의 가능성이 있기에 이러한 위험을 상쇄할 수 있다. 일찍 행동해야 산업 구조에 영향을 끼치고 게임의 규칙을 정의하는 잠재력을 가진 유일한 기업이 될 수 있다. 일찍 행동하는 전략을 취해야만 미래를 위해 경쟁하고 운명을 유리한 쪽으로 이끄는 꿈을 꿀 수 있다.

최근 몇 년 동안 인텔은 PC를 범용 정보 기기로 간주함으로써 엄청난 기회를 잡기로 결정했다. 이런 일이 늘 가능했던 것은 아니다. 전통적인 PC는 상업 거래용으로만 적합해 숫자와 문자를 보여주는 데이터 입력 터미널의 대체 수단으로 널리 사용되었다. 하지만 지난 몇 년에 걸친 기술 발전 덕에 PC는 컴퓨터의 중요한 전통적 특징인 쌍방향 소통을 유지하면서도 화려한 그래픽, 음향과 동영상 기능을 채용하는 등 매력적인 비주얼 능력을 갖추게 되었다.

인텔은 이러한 기능 채용의 가능성을 인지하고 PC가 우리 주변에서 벌어지는 '정보와 엔터테인먼트 혁명'의 중심에 설 것이라 내다봤지만, 세상 사람들 대부분은 이러한 발전이 모두 TV를 중심으로 이루어질 것으로 생각했다. 인텔은 "PC가 전부다The PC Is It!"

라는 슬로건을 내건 채 PC가 이 모든 발전의 중심에 있다는 개념에 몰두했고 우리의 비전을 설파하기 위해 산업 차원의 캠페인을 벌였다. 동시에 PC가 좀 더 매력적인 선택이 되도록 회사 내 모든 기술 개발력을 동원했다. 우리는 이러한 아이디어가 지배적으로 퍼지지 않은 상황에서도 우리의 미래를 만들어 가는 데 진력했다. 우리는 일찍 움직이는 기업이 되려고 했고, 지금도 그렇다.

"그렇다면 한 가지 전략 목표에 모든 것을 걸고 고도로 집중해야 하는가, 아니면 '양다리'를 걸쳐야 하는가?" 전략적 탈바꿈의 시기에 흔히 마주치는 질문이다. 직원들은 이 질문을 이런 식으로 묻는다. "앤디, 모든 계란을 한 바구니에 넣지 말고, 마이크로프로세서 외의 다른 분야에 투자할 수는 없습니까?" 또는 "앤디, PC에만 투자하지 말고 TV에도 투자해야 하는 것 아닌가요?" 나는 이런 질문을 들을 때마다 마크 트웨인Mark Twain이 했던 말을 새기곤 한다. "모든 계란을 한 바구니에 담아라. 그리고 그 바구니를 잘 지켜라."5

하나의 전략 목표에 전력을 다하려면, 특히 공격적이고 막강한 경쟁자들과 직면한 상태에서 그리하려면 조직의 모든 에너지를 쏟아부어야 한다. 여기에는 몇 가지 이유가 있다.

첫째, 명확하고 단순한 전략 방향 없이는 죽음의 계곡에서 조직을 탈출시키기가 매우 어렵다. 거기까지 이르면서 조직의 에너지가 소진되는 바람에 직원들의 사기가 저하됐을 것이고 서로 반목하기도 했을 것이다. 사기가 떨어진 조직에 여러 개의 목표를 추진할 여력이 있을 리 없다. 직원들을 하나의 목표로 이끄는 일도 쉽지 않을 것이다.

경쟁자가 쫓아오고 있다면(경쟁자는 늘 쫓아온다. 이것이 바로 '편집광만이 살아남는' 이유다), 그들의 눈에 보이지 않을 정도로 멀리 달아나야 죽음의 계곡을 빠져나올 수 있다. 그리고 멀리 달아나려면 '하나의' 방향을 결정하고 전력을 다해 달려야 한다. 그들이 쫓아오고 있으니 가능한 한 모든 방향을 고려해야 한다고, 즉 헤징hedging을 해야 한다고 반박할지 모르겠지만, 내 대답은 "안 된다"다.

헤징은 비용이 많이 들 뿐 아니라 집중력을 약화시킨다. 예리하게 초점을 맞추지 않으면 조직의 자원과 에너지는 방만하게 분산될 것이다. 그리고 그 깊이는 아주 얕을 것이다.

둘째, 죽음의 계곡 건너편을 향해 걷는다고 여길지 모르지만 그곳이 진짜 출구인지 아니면 신기루인지 확신할 수 없다. 하지만 일정한 속도로, 일정한 방향으로 매진해야 한다. 그렇지 않으면 얼마 못 가 물과 에너지가 고갈될 것이다.

개인이 잘못 판단하면 죽을 수 있다. 하지만 대부분의 회사는 잘못 판단한다고 해서 죽지는 않는다. 회사가 죽는 건 대부분 매진하지 않기 때문이다. 결정을 내리려고 애쓰는 동안에도 추진력과 소중한 자원이 낭비된다. 가장 큰 위험은 움직이지 않고 가만히 있을 때 생긴다.

명확한 방향 설정이 왜 중요한가

회사가 방향을 잃고 떠돌면 경영진의 사기는 떨어진다. 경영진이 사기를 잃으면 아무것도 되는 게 없다. 모든 직원이 무력감을 느끼고 만다. 이때가 바로 방향을 제시하는 강력한 리더가 필요한 시기다. 그 방향이 최상의 방향일 필요는 없다. 강하고 명확한 것이면 충분하다.

조직이 죽음의 계곡에 고립되면 혼란의 늪으로 되돌아가려는 자연스러운 경향을 보인다. 조직 구성원은 경영진이 보내는 아주 작은 신호에도 민감하게 반응한다.

회사의 대표는 의도치 않게 이러한 혼란에 일조한다. 얼마 전한 경제 신문 기자가 나에게 일본 대기업 대표와 만난 이야기를 해 주었다. 그 기자는 이 회사의 이야기를 기사로 쓰던 중이었다. 그가 회사의 전략을 명확히 알아보기 위해 질문을 던지자 대표가 화를 내며 쏘아붙였다. "왜 내가 당신한테 우리 전략을 말해 줘야 합니까? 경쟁자들을 도와주라는 뜻 아니오?" 대표가 자신의 전략을 말하려 하지 않은 건 경쟁자들에게 도움이 될까 봐 두려워서가 아니라고 나는 생각한다. 그보다는 전략이 아예 없기 때문이 아닐까? 그동안 이 회사의 공식 발표는 늘 나를 극도로 혼란스럽게 만들었기 때문이다.

혼란에 기름을 붓는 또 하나의 방법은 상충하는 메시지를 전달하는 것이다. 변화의 시기에 이루어지는 대표의 공개 발표는 각별하게 받아들여지고 영향력이 크게 증폭되는 법이다. 특히 직원들에게 더욱 그러하다. 앞에서 나는 신문에 실린 회사의 전략 방향을 철회한다고 발표한 어느 경영자를 언급했다. 그 철회 발언 후에 그의 신뢰도는 분명 깎였을 것이다. 그는 그 후에 전략 방향을 제시하고 직원들이 그걸 믿도록 만드느라 훨씬 더 고된 노력을 쏟아야 했을 것이다. 한번 일이 꼬인 다음에 실수를 바로잡기 위한 메시지를 전달하려니 훨씬 더 힘이 들었을 것이다.

요점은 이것이다. 만약 회사의 리더가 계곡 건너편의 지형을 명확하게 설명할 수 없거나 설명하지 않는다면, 불확실한 미래 앞에서 어떻게 직원들을 결집해 새롭고 낯선 직무를 받아들이게 하고 불확실한 상황에서 열심히 일하게 만들 수 있을까?

우리가 추구하는 것이 무엇인지 그리고 추구하지 않는 것이 무엇인지 설명하는 명확한 방향 설정은 전략적 탈바꿈의 후반기에 매우 중요하다. 전략적 변곡점의 한가운데서는 대안을 탐색하기 위해 혼돈이 지배하도록 놔둬야 했다면, 후반기에는 그 결과로 초래된 모호함에서 조직이 빠져나오게 하고 새로운 방향으로 나아가도록 직원들의 사기를 높여야 한다.

이제 당신은 "혼돈을 지배해야" 한다. 카산드라의 말에 귀를 기울일 때는 지났다. 실험할 때도 지나갔다. '전진 명령'을 조직에 내려야 할 시기다. 그리고 리더 자신의 자원(시간, 혜안, 연설, 외부 포럼 발표 등)뿐 아니라 기업의 자원을 전력투구할 때다. 무엇보다 리더는 새로운 전략의 롤 모델이 되어야 한다. 이것이 리더가 그 전략에 몰입하고 있음을 증명하는 가장 좋은 방법이다.

어떻게 전략의 롤 모델이 될까? 전략 방향에 필요한 요소에 관심을 표명하고, 새로운 방향에 적합한 세부 사항에 관여하며, 적합하지 않은 일에 대해 관심과 에너지를 거두는 것으로 롤 모델이 될 수 있다. 심하다 싶을 정도로 행동을 새로 설정하라. 그런 행동의 상징성이 조직 내에서 커다란 파급 효과를 일으킬 것이다.

여전히 중요하긴 하지만 전략적으로 즉각 필요하지 않은 분야의 세부 사항을 무시하거나 위임함으로써 리더는 자신의 행동을 새로 설정할 수 있다. 물론 중요한 것들을 강조하지 못하는 위험이 있지만 이는 감수해야 할 부분이다. 만약 반복적인 행동 재설정과 무관심의 결과로 일상 업무의 나사가 일부 빠져 버린다 해도 빠진 나사는 나중에 언제든 다시 죌 수 있다. 반면에 적절하고 명확한 전략 변화를 적절한 시기에 취하지 못한다면 이를 만회할 기회는 영원히 없다.

이런 시기에는 당신의 일정표가 가장 중요한 전략 도구가 된다. 임원들의 일정 대부분은 기존 행동의 타성에 따라 결정된다. 과거에 했던 대로 약속을 정하고, 회의에 참석하며, 활동을 계획하기 쉽다. 과거에 그리했다는 이유만으로 초대에 응하거나 약속을 정하려는 암묵적인 충동을 억제하라. 자신에게 이렇게 물어라. "이 회의에 참석하면 지금 내게 아주 중요한 새로운 기술이나 새로운 시장에 대해 배울 수 있을까?" "나를 새로운 방향으로 안내해 줄 사람을 만날 수 있을까?" "새로운 방향의 중요성에 대한 메시지를 얻을 수 있을까?" 만약 그렇다면 약속을 정하라. 그렇지 않다면 거부하라.

방향을 선택할 때도 양다리를 걸칠 수 없고 선택한 방향에 전념할 때도 양다리를 걸칠 수 없다. 이것이 핵심이다. 만약 리더의 생각이 왔다 갔다 한다면 직원들은 혼란에 빠져 얼마 후 사표를 던지고 회사를 나가 버릴 것이다. 그 결과 리더는 방향을 잃고 헤맬 뿐 아니라 조직의 에너지까지 고갈되는 사태를 맞을 것이다.

새로운 전략적 행동의 롤 모델이 되고자 할 때의 어려움은 대규모 조직의 리더들이 업무 특성상 수많은 중간 관리자나 직원과 직접 접촉하기에는 멀리 떨어져 있다는 점이다. 모든 이와 이야기를 나눌 수 없고, 한눈에 그들 모두를 바라보며 요점을 전달할 수 없다. 그렇기에 자석이 쇳가루를 끌어당기듯 강력하게 자신의 결심, 의지, 비전을 보여 줄 방법을 찾아야 한다.

많은 사람을 상대해야 할 때는 아무리 거듭 소통하고 거듭 설명해도 충분하지 않다. 직원들을 향해 거듭 연설하고, 그들의 일터를 찾아가 불러 모은 다음 자신이 달성하고자 하는 것을 반복하고 또 반복해 설명하라("그 말씀은 이런 뜻입니까?"란 질문에 특히 신경 써라. 이런 질문은 당신의 메시지를 명확하게 전달할 가장 좋은 기회다). 리더의 새로운 생각과 새로운 주장이 스며들려면 약간의 시간이 필요할 것이다. 그러나 반복적으로 행한다면 새로운 방향은 더욱 예리하게 명확해질 것이고 직원들에게 갈수록 분명해질 것이다. 그러므로 최대한 자주 대화하고 질문에 성심껏 답해야 한다. 앵무새처럼 반복하고 있다고 느끼겠지만, 그렇게 반복해야 전략적 메시지의 힘을 강화할 수 있다.

여기에 중간 관리자들이 해야 할 특별한 역할이 있다. 중간 관리자들은 멀리 떨어진 곳까지 리더의 메시지를 전달하는 도우미 역할을 한다. 그들의 생각을 리더의 생각과 일치시키고 새로운 방향을 강조하는 원동력으로 삼는다면 리더의 존재감은 몇 배 증대될 것이다. 따로 시간을 내어 그들과 상호 작용하라. 그러지 않으면 그들의 전폭적인 헌신을 잃어버릴 리스크에 빠진다.

이러한 리더의 '노출'이 지닌 가장 바람직한 측면은 직원들의 호된 질문 공세를 통과할 수 있는지 여부를 테스트한다는 점이다 (직원들이 편안한 마음으로 질문할 수 있는 기업 문화를 갖추고 있다는 전제 아래). 직원들의 질문은 보통 예리한데, 자유로운 분위기에서는 예상할 수 없는 질문들이 튀어나온다. 만약 리더의 전략적 사고에 비논리적인 것이 있다 싶으면 직원들은 코웃음을 치며 집요하게 파고든다.

리더에게 이런 경험은 즐겁지 않다. 리더는 본인의 전략적 사고의 허점을 노출시키고 싶지 않을 것이다. 직원들 앞에서 허점이 드러난다는 건 당황스러운 일이 아니겠는가? 하지만 나는 나중에 시장에서 허점이 드러나기보다는 아직 수정할 시간이 있을 때 직원들에게 발견되는 편이 훨씬 낫다고 생각한다.

이때는 발달한 기술이 리더에게 도움이 될 수 있다. 이메일은 많은 사람에게 접근할 수 있는 강력하고 새로운 기술 도구다. 대부분의 현대 조직에서는 모든 컴퓨터가 사내 네트워크로 연결되어 있어서 이를 통해 네트워크 내의 다른 모든 컴퓨터에 메시지를 전송할 수 있다. 컴퓨터 앞에 앉아 몇 분만 시간을 쓰면 경영자는 수십, 수백, 심지어 수천의 구성원에게 자기 생각을 알릴 수 있다. '전자 통신'만이 제공할 수 있는 신속성 덕분이다.

충고 하나를 덧붙여야겠다. 만약 리더의 메시지가 명확하다면, 수많은 질문과 반응이 동일한 매체(이메일)를 통해 리더 자신에게 돌아올 것이다. 그 질문에 응하라. 많은 시간을 들일 필요는 없다. 두세 줄의 대답이면 생각의 핵심을 잘 전달할 수 있다. 이것은 '레버리지가 높은high-leverage' 활동이다. 리더의 메시지는 답장을 받은 개인에게만 전달되지 않고 컴퓨터를 옮겨 다니며 네트워크상의 다른 직원들에게까지 전달될 테니 말이다. 그러므로 이메일을 통한 소통이 '전 직원 회의'와 동일한 수단이라고 간주하라. 분명하고 간단하게 요점을 전하라. 리더의 이런 대응은 직원들의 생각을 원하는 방향으로 이끌어 가는 데 큰 도움이 될 것이다.

나는 하루에 2시간가량을 전 세계로부터 들어온 메시지를 읽고 답하는 데 쓴다. 모두 한 번에 읽지는 못하지만 하루 일과가 끝나기 전에는 모두 읽어 보려고 항상 노력한다. 이메일이라는 도구가 내 생각과 반응, 편견, 취향을 아주 효과적으로 표현할 수 있음을 깨달았기 때문이다.

내가 받는 이메일로 수많은 사람의 생각, 반응, 편견, 취향을 파악하는 것 역시 중요하다. 이메일을 통하면 그 어떤 수단보다 더 많은 예언자(카산드라)의 소식을 들을 수 있다. 나는 인텔 직원이 일하는 모든 건물 복도를 걸어 다닐 때보다 이메일을 통해 더 많은 논쟁을 접하고 더 많은 비즈니스 가십을 듣는다. 어떨 때는 전혀 알지 못하는 사람들로부터 말이다. '몸으로 돌아다니는 경영'이라 불리던 것 상당 부분이 '손가락으로 컴퓨터 키보드를 놀리는 경영'으로 대체되었다. 인텔이 전 세계에 퍼져 있고 나에게 주어진 모든 시간을 인텔이 소유한 60여 개 빌딩을 돌아다니는 데만 쏟아도 부족하다는 점을 생각할 때, 이메일은 상당히 중요한 수단이 되었다.

대부분의 경우 경영자는 사내 TV 방송이나 미리 녹화된 비디오테이프로 새로운 전략 방향을 소통하려 한다. 이 방법은 합리적이고 간편한 것으로 보이지만 실은 별 효과가 없다. 이런 일방향 one-way 매체에서는 "그 말씀은 이런 뜻인가요?"란 질문과 대답이 오가는 상호 작용 요소가 결여되어 있다. 만약 직원들이 대면 회의나 이메일로 리더의 생각을 테스트할 기회를 갖지 못한다면 리더의 메시지는 허풍에 지나지 않을 것이다.

쉬운 방법만 쓰려는 유혹을 버려라. 물론 상호 작용이 가능한,

노출된 방식으로 전략 변화를 소통하는 일은 쉽지 않다. 그러나 절대적으로 필요한 일이다.

새로운 세계에 적응하기

경영진 중 절반은 5년 내에 '소프트웨어 쪽'으로 전환할 필요가 있다는 고든 무어의 언급은 매우 명확한 통찰이었고 '10배' 힘과 싸우는 모든 기업에 공통으로 적용되는 예측이었다. 한마디로 말해 경영진의 변화 없이는 회사를 변화시킬 수 없다. 경영진을 짐 싸 내보내고 다른 사람으로 대체하라는 말이 아니다. 그들 한 사람 한 사람이 새로운 환경의 요구에 좀 더 적합하도록 스스로 달라져야 한다는 이야기다. 그러려면 학교로 돌아가거나, 다른 분야로 재배치되거나, 아니면 해외 지사에 나가 몇 년을 보낼 필요가 있을지 모른다. 경영진은 새로운 환경에 적응해야 한다. 적응하지 못하거나 적응을 거부한다면 그들은 회사가 지향하는 새로운 세계에 적합한 이들에게 자리를 내주어야 할 것이다.

인텔은 무어가 제시한 방향대로 경영진의 변화를 이루어 냈다. 정확히 말하자면 일부 임원은 회사를 떠났고, 그들의 자리는 새로운 요구 조건에 훨씬 걸맞은 커리어를 지닌 인텔 내의 다른 사람들로 대체되었다. 그러나 인텔은 새로운 지름길을 알게 되었다. 앞에서 언급했듯이 나는 PC 산업 내 소프트웨어 기업들의 전략을 학습하고 그 기업들의 경영자와 관계를 구축하는 데 상당한 시간을 투자했다. 다른 이들은 새로운 자리로 수평 이동해야 했다. 몇몇 사람들은 원래보다 아래 단계로 내려가기도 했는데(강등), 인텔의 새로운 방향에 적합한 기술 경험을 쌓은 후 다시 경영자 지위로 올라설 수 있었다. 인텔에서는 강등됐다가 경영진에 다시 복귀하는 그런 일이 자주 벌어진다. 경영자들이 회사의 브레인으로서 새로운 방향에 동참하기 위해 필요한 새 기술을 학습하는 방법이라 인정될 정도다.

이런 적응 행동을 보이는 기업은 인텔만이 아니다. 휴렛팩커드는 지난 50년 동안 새로운 방향에 일관되게 적응해 온 기업이다. 나는 그들이 어떻게 그리하는지 살펴볼 기회가 있었다. 최근 몇 년 동안 휴렛팩커드의 경영진은 미래에 필요한 자신들의 마이크로프로세서를 인텔의 마이크로프로세서 기술에 의존하기로 결정했다.[6] 이 말은 현재 자체 설계한 마이크로프로세서를 탑재한 자신들의 컴퓨터 사업이 경쟁사 제품에서도 호환 가능한 마이크로프로세서(인텔 마이크로프로세서-옮긴이)에 의존할 정도로 성장해야 한다는 의미였다.

이는 사업상 매우 중대한 변화라서 결정을 내리는 데 아주 힘든 과정을 거쳐야 했다. 나는 토론 과정을 그들과 회의하면서 직접 목격했는데, 잠깐 살펴보는 것만으로도 왜 휴렛팩커드가 방향 전환에서 그토록 훌륭한 성공 기록을 가지고 있는지 느낄 수 있었다. 토론은 합리적이면서 부드럽고 느리게 진행됐지만 제자리를 맴돌지 않고 꾸준히 결론을 향해 나아갔다.

경영진은 종종 극적이라 할 만큼 완전히 새로운 방향으로 나아가야 할 필요성을 깨닫지만, 회사 구성원 모두를 동참시키지는 못한다. 나는 1983년부터 1993년까지 애플 컴퓨터의 CEO를 역임했던 존 스컬리John Sculley가 하버드 경영대학원 모임에서 자신의 임기 중 저질렀던 2가지 큰 실수를 고백하는 모습을 비디오테이프로 보았다. 하나는 애플의 소프트웨어를 인텔의 마이크로프로세서에 호환되지 않도록 만든 것이었고, 다른 하나는 당시 혁명적이던 레이저 프린터를 애플 컴퓨터가 아닌 다른 PC에서도 작동되도록 개선하지 않은 것이었다. 나는 이 말을 듣고 깜짝 놀랐다. 그의 이야기는 그가 수평적 산업 구조의 의미를 잘 이해하고 있다는 인상을 내게 주었기 때문이다. 완전히 수직적 컴퓨터 기업으로 성공을 구가해 온 15년 역사의 타성을 제압할 정도로 그의 리더십이 강력하지 못했던 것 같다.

이제 흥미로운 사례인 왕 연구소Wang Laboratories 이야기를 해보자. 창립자인 안 왕An Wang 박사의 리더십 아래 이 회사는 데스크톱 계산기 생산업체에서 분산 워드 프로세싱 시스템distributed word processing system의 개척자가 되기까지 엄청난 탈바꿈을 겪었다. 왕 박사는 관련 기술들을 잘 이해했고 회사를 강력하게 장악했다. 그의 비전은 곧 법이었고, 그 비전은 대체로 잘 들어맞았다.[7] 그러나 1989년에 이르러 PC 혁명이 정말로 중요해졌을 때 왕 박사의 건강이 매우 악화되었다. 그의 강력한 통제가 없었기에, 또 변화의 시기에 회사의 새로운 정체성을 정립할 수 있는 고위 경영진이 없었기에 회사는 전략 방향을 잃어버렸다. 회사는 탈바꿈에 실패했고 사실상 파산하고 말았다.[8]

왜 애플과 왕은 혼돈을 지배하지 못했을까?

톱-다운과 보텀-업의 합의점 찾기

전략적 변곡점을 성공적으로 항해하는 회사는 보텀-업bottom-up(상향식) 행동과 톱-다운(하향식) 행동 사이에서 절묘한 합의점을 찾는 것처럼 보인다. 보텀-업 행동은 중간 관리자급에서 이루어진다. 그들은 직무 특성상 변화의 첫 조짐에 노출되어 있고 변화가 처음 감지되는 실무의 가장자리에 위치에 있으므로(눈은 가장자리부터 녹는다) 일찍 상황을 파악한다. 그러나 직무의 한계 때문에 중간 관리자들은 지엽적으로만 영향을 미친다. 생산 계획자는 웨이퍼 할당에 영향력을 행사할 수 있지만 마케팅 전략에는 아무런 영향을 미치지 못한다. 중간 관리자들의 행동은 고위 경영진의 톱-다운 행동과 합의점을 찾아야 한다. 고위 경영진은 변화의 바람으로부

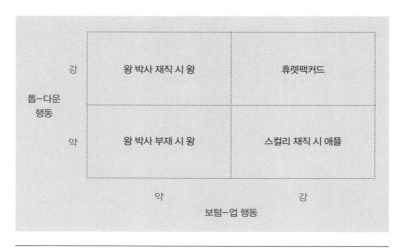

| | 강 | 왕 박사 재직 시 왕 | 휴렛팩커드 |
| 톱-다운
행동 | 약 | 왕 박사 부재 시 왕 | 스컬리 재직 시 애플 |

약　　　　　　　　강

보텀-업 행동

[8-2] **톱-다운과 보텀-업의 역학 관계**

터 멀리 떨어져 있긴 하지만, 일단 그들이 새로운 방향으로 움직이기 시작하면 조직 전체의 전략에 영향을 끼칠 수 있다.

보텀-업 행동과 톱-다운 행동이 동등한 힘을 발휘할 때 최상의 결과가 나오는 듯하다. 이를 2×2 정방행렬two-by-two matrix로 표현하면 표 [8-2]와 같다.

여기에서 최고의 사분면은 강한 톱-다운 행동과 강한 보텀-업 행동이 대체로 균형을 이루는 우상단 면일 것이다.

이 두 행동 간 상호 작용이 역동적으로 이루어진다면, 최고 경영진이 '혼돈이 지배하는 상황'과 '혼돈을 지배하는 상황'을 잘 이끌어 갈 능력을 지녔다면, 이러한 합의는 매우 생산적일 것이다. 최고 경영진이 고삐에서 힘을 좀 빼면 보텀-업 행동들은 서로 다른 제품 전략을 실험하고 추진하는 등 회사를 여러 방향으로 끌고 가면서 혼돈의 상황으로 치달을 것이다. 이러한 창조적 혼돈이 지배하는 상황에서 하나의 방향이 명확하게 드러나면 이제 그 혼돈을 지배하는 것은 고위 경영진의 몫이다. 두 유형의 행동을 시계추처럼 왔다 갔다 하는 것은 전략적 탈바꿈 과정을 헤쳐 나가는 가장 좋은 방법이다.

모순과 대립을 지양해 더 높은 차원의 해답을 찾는 이러한 역동적 합의 과정은 필수 사항이다. 죽음의 계곡을 건너는 회사를 올바로 인도하기 위한 지혜를 최고 경영진의 머리에만 의존할 수는 없다. 고위 경영진이 회사 내에서 발탁된 인물이라면 그의 사고방식은 기존 규칙을 따를 것이다. 외부에서 영입된 사람이라면 새로운 방향으로 발전해 온 세세한 내용을 잘 이해하지 못할 가능성이 있다. 고위 경영진은 중간 관리자에게 의존해야 한다. 하지만 길을 인도하는 부담을 중간 관리자의 판단에만 맡길 수는 없는 노릇이다. 중간 관리자들은 세부 지식을 가지고 있고 실무 접촉을 하지만, 필연적으로 그들의 경험과 전망은 회사 전체 차원이 아니라 지엽적일 수밖에 없기 때문이다.

나는 이런 교훈을 어렵사리 깨달았다. 1980년대의 위기 이전까지 인텔은 완전히 보텀-업 방식의 전략 계획 체계를 갖추고 있었다. 중간 관리자들이 각자의 분야에 대한 전략 계획을 수립한 다음 자신들의 생각, 전략, 요구 사항, 계획을 상세하면서도 지루한 방식으로 고위 경영진이 모인 자리에서 발표했다. 회의는 너무나 '일방향'으로 이루어졌다. 발표 준비 작업을 모두 중간 관리자들이 수행했을 뿐 아니라 발언 대부분도 중간 관리자들이 했다. 고위 경영진은 테이블 반대편에 앉아 논리적 약점과 데이터의 비일관성을 지적하는 질문을 이따금 던질 뿐이었다. 그런 질문은 대개 사소한 트집 잡기에 불과했고 전략 방향에 대한 아무런 힌트도 주지 못했다.

이런 회의는 회사의 중요한 전략이 경쟁사보다 더 크고 더 좋은 반도체 메모리를 생산하는 데 국한된 상황이었으니 나름 의미가 있었다. 회의 내용은 온통 세부적인 사항들이었다. 어떤 기술을 개발해야 하고, 어떻게 개발해야 하며, 그 기술로 어떤 제품을 생산할지 등.

하지만 5장에서 이야기한 전략적 변곡점에 휩쓸리자 큰 변화에 대처하지 못하는 이런 시스템의 무능함은 명명백백해졌다. 메모리 생산을 책임지던 중간 관리자들이 "메모리 사업에서 우리는 승산이 있는가?"와 같은 중요한 문제에 어떻게 답할 수 있었겠는가? 마이크로프로세서 사업 본부장이 "앞으로 유망한 마이크로프로세서 사업에서는 자원 부족에 시달리면서 문제 많은 메모리 사업에 최고의 기술 자원을 계속 투입하는 것이 과연 옳은가?"라는 근본적인 질문을 어떻게 던질 수 있었겠는가? 이럴 때 고위 경영진이 관여해 뭔가 단호한 행동을 취해야 했다. 결국 엄청난 적자에 시달리면서도 인텔은 단호한 조치를 감행했다. 하지만 우리는 전략을 수립할 더 좋은 방법이 있어야 함을 그때 깨달았다.

인텔에 필요했던 것은 깊고 집중적인 지식을 갖춘 중간 관리자와 맥락을 파악할 수 있는 넓은 안목을 지닌 고위 경영진 간의 균형 잡힌 상호 작용이었다. 이 둘 사이의 합의 과정에서는 흔히 격렬한 지적 논쟁이 벌어지곤 한다. 그러나 이런 논쟁을 통해 계곡 건너편의 모습을 좀 더 일찍 파악할 수 있고 좀 더 단호하게 그 방향으로 나아갈 수 있다.

이 두 단계, 즉 논쟁(혼돈이 지배하는 상황)과 단호한 전진(혼돈을 지배하는 상황)에 슬기롭게 대처하는 조직은 강력하고 적응력이 뛰어난 조직이다.[9]

이런 조직은 다음과 같은 2가지 속성을 지니고 있다.

1. 논쟁을 감수하고 장려한다. 논쟁은 격렬하게 진행되고, 이슈를 탐색하는 데 집중하며, 지위 고하를 가리지 않고 벌어지고, 다양한 배경을 지닌 사람들이 참여한다.[10]
2. 명확한 결정을 내리고 그 결정을 받아들일 수 있다. 그런 다음 조직 전체가 그 결정을 지원한다.[11]

이런 속성을 지닌 조직은 그 어떤 조직보다 전략적 변곡점에 대응할 준비가 잘 갖춰져 있다.

이와 같은 기업 문화에 대한 설명은 매력적일 정도로 논리적이지만 운영하기에는 무척 쉽지 않은 환경이다. 특히 새로 조직에 합류해 시계추의 미묘한 움직임에 익숙하지 않다면 더욱 그렇다. 예를 하나 들어 보겠다. 얼마 전 인텔은 컴퓨터 전문가로 경영진을 보강하기 위해 외부에서 아주 유능한 고위 경영자를 영입했다. 그는 우리 조직에 잘 적응하고, 인텔 특유의 '기브 앤드 테이크' 분위기를 좋아하며, 자신의 이해를 기초로 회사 업무를 잘 따라가려 노력하는 듯 보였다. 하지만 그는 무엇이 본질인지 깨닫지 못했다.

한번은 그가 위원회를 조직해 어떤 문제를 조사하고 권고안을 마련하는 임무를 부여받았다. 그는 무엇을 해야 하는지 잘 알고 있었지만, 위원회에 지침을 내리는 대신 보텀-업(상향식) 결정으로 일을 처리하고자 했다. 그런데 위원회가 정반대 권고안을 제시하자 그는 코너에 몰렸다. 그 문제와 몇 달간 씨름한 끝에 이미 마음을 확고히 정한 사람들에게 그는 뒤늦게 자신의 해결책을 따르도록 지시했다. 효과가 있을 리 없었다. 뒤늦은 조치라서 그의 지시는 완전히 자의적인 것으로밖에 보이지 않았다. 인텔의 조직 문화는 그의 지시를 거부했고, 그는 자신의 잘못을 이해하느라 힘든 시간을 보내야 했다.

죽음의 계곡 건너편에서

지금까지 많은 기업들이 전략적 변곡점을 극복해 냈다. 그런 기업들은 살아남았고, 경쟁력을 갖추었으며, 시장에서 성공을 거두고 있다. 그들은 죽음의 계곡이라는 난관에서 생존했고, 계곡에 들어설 때보다 더욱 강해진 모습으로 계곡 밖으로 나왔다.

휴렛팩커드는 컴퓨터 사업의 성공에 힘입어 매출 300억 달러 기업으로 성장했다.[12] 이 사업 부문에서는 IBM 다음으로 큰 규모다.

인텔은 마이크로프로세서 전략에 기초해 세계에서 가장 큰 반도체 생산업체로 자리 잡았다. 또한 인텔은 펜티엄 프로세서 결함 사태를 이겨 내면서 그 어느 때보다 강한 기업이 되었고 고객의 요구를 더욱 훌륭하게 만족시키고 있다.

넥스트는 살아남아서 소프트웨어 기업으로 컴퓨터 산업에 나름의 기여를 하고 있다.

AT&T와 지역 벨 회사들은 서로 경쟁하며 성장해 AT&T가 분할되기 전보다 시장 가치가 몇 배나 큰 기업이 되었다.[13]

싱가포르와 시애틀항은 번창 중이다.

워너 브라더스Warner Brothers 영화사는 메이저 미디어 기업으로 도약하는 파도에 올라탔다.

'죽음의 계곡 건너편'은 변화하기 전에는 가시화하기 힘들었던 산업의 새로운 질서를 비유적으로 표현한 말이다. 새로운 지형과 마주하기 전에 그것에 관한 멘탈 맵을 지니고 있는 경영진은 없다. 그래서 전략적 변곡점을 통과하려면 혼란의 시기, 실험, 혼돈의 과정이 필요하다. 그 후에는 처음에 모호해 보였던 목표로 새롭게 방향을 전환하기 위한 전력투구의 시기를 거쳐야 한다. 카산드라의 말에 귀 기울이고, 일부러 논쟁 분위기를 조성하면서, 처음에는 잠정적이었지만 점차 명확해지는 새로운 방향으로 끊임없이 나아가야 한다. 어느 정도의 희생과 개인의 생각 전환 또한 필요하다. 모두가 살아남지는 못하며 살아남은 사람이라 해도 예전과 같지 않으리란 것을 수용해야 한다.

전략적 변곡점이라는 모습으로 나타나는 죽음의 계곡, 이곳을 통과하는 일은 조직이 견뎌 내야 할 가장 힘든 과제 중 하나다. '10배' 힘이 앞에 떡 하니 버티고 있는 한 우리의 선택지는 그 변화를 수용하느냐, 아니면 불가피한 몰락을 감수하느냐, 이 2가지밖에 없다. 다른 선택의 여지는 전혀 없다.

인터넷,
위협인가 기회인가?

"매출액이 수천억 달러에 달하는 기업들에 영향을 끼치는 것은 그것이 무엇이든 간에 큰 골칫거리다."

인터넷의 출현이 몰고 온 충격

내가 이 책을 쓰는 동안 넷스케이프Netscape가 주식 시장에 상장됐다. 나는 이 회사에 대해 알고 있었고 전도유망하다고 생각했다. 하지만 일반인의 주식 매수가 가능했던 첫날 주가가 폭등하고 상승세를 멈추지 않자 나는 충격을 받았다(1995년 8월 9일 넷스케이프 주식의 첫 공급 가격은 주당 28달러였다. 주가는 그날 74달러로 급등했고, 1995년 12월 6일엔 174달러로 정점을 찍었다).[1] 나로서는 믿을 수 없이 급등하는 주가에 대해 뭐라 설명할 방법이 없었다. 그토록 투자자가 몰린다는 건 그저 유망한 기업이라는 이유를 넘어 무언가가 있다는 뜻이었다.

넷스케이프의 사업상 전제 조건은 진화 중인 인터넷과 밀접한 관련이 있었다. 그리고 다른 인터넷 기반 기업들의 주가도 넷스케이프의 뒤를 따라 급등함에 따라 이러한 투자 시장의 열기는 넷스케이프뿐 아니라 인터넷과 깊은 관계가 있는 것이 분명했다.

언론 또한 이에 발을 맞췄다. 각종 심층 기사가 쏟아졌다. 대부분 넷스케이프, 선 마이크로시스템스Sun Microsystems와 같이 인터넷을 기반으로 활동하는 소프트웨어 기업들과 마이크로소프트로 대변되는 기존 소프트웨어 업체 간의 대립을 극적으로 보도하는 양상을 보였다.[2]

뭔가 진행 중이었고, 뭔가 변화하는 중이었다.

인터넷이 무엇인지 확실히 알지 못하는 사람에게는 까다로운 질문이겠지만 두려워할 필요는 없다. 간단히 말해 인터넷은 컴퓨터끼리 연결된 네트워크다. 당신이 캘리포니아에서 인터넷에 연결된 PC를 가지고 있다면 캘리포니아뿐 아니라 뉴욕, 독일, 홍콩에 있는 PC와 서로 데이터를 주고받을 수 있다(도표 [9-1]).

인터넷 구축은 정부가 출자해 여러 연구소의 대형 연구용 컴퓨터를 연결했던 1960년대 말부터 시작되었다.[3] 인터넷이란 아이디어는 핵전쟁이 발발해 국가의 일반 전화 인프라가 파괴되어도 작동할 수 있는 통신 수단을 확보하자는 데서 출발했다. 그 후 연구 목적으로 구축된 초기 인터넷에 점차 외부 컴퓨터가 연결되기 시작했다. 사람들이 대학 전산망, 기업 전산망, 정부 전산망을 개발하고 이를 기존 네트워크에 연결시킴에 따라 인터넷은 질과 양 모두에서 성장을 거듭했다. 사람들은 더 많은 컴퓨터가 서로 연결될수록 더욱 유용할 것이라는 생각에 고취되었다. 나는 모든 컴퓨터가

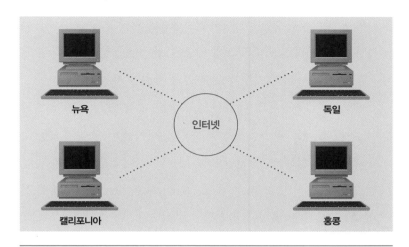

[9-1] 인터넷 연결

인터넷에 연결된 네트워크를 '연결 협동조합connection co-op'을 결성하는 것과 같다고 생각한다.

　'연결 협동조합'을 구축하기 위한 중요한 요소 한 가지는 연결 규약을 정립하는 것이었다. 이 규약을 따르기만 하면 어떤 네트워크든 기존 네트워크에 바로 접속할 수 있었다. 나는 이것이 19세기의 철도 연결망 발전 과정과 유사하다고 생각한다. 무수히 많은 철도 회사가 하나의 철로 규격에 합의해야 했다. 합의가 이루어지자 모든 순환선과 지선이 미국 전역에 걸친 철도망에 연결될 수 있었고, 중간에 기차를 바꿔 타지 않고서 서로 다른 회사가 소유한 철도로 캘리포니아에서 캔자스까지 갈 수 있었다. 이와 비슷하게 캘리포니아에서 생성된 데이터가 수많은 경로를 거치고 수많은 네트워크를 통과해 종착지인 캔자스에 있는 컴퓨터에 도착한다. 다시 말해 인터넷은 컴퓨터 데이터를 위한 공통 규약을 제공한다.

상호 연결된 컴퓨터 네트워크 구축은 수십 년 전부터 진행되었다. 처음에 네트워크는 정부와 대학 연구자들의 통신 수단으로 이용되었고, 성장 속도는 완만했다. 나중에 인터넷은 또 하나의 현상과 교차하게 되었다. 바로 랜local area network, LAN(근거리 통신망)에 연결된 PC 수가 엄청나게 증가한 것이다.

랜은 인터넷과 직접적인 관련이 없는 현상으로 기업체 등 여러 조직의 PC가 증가함에 따라 발생한 결과다. 본래 PC는 개인 작업만을 위해 사용되다가 점차 서로 연결되기 시작했다. 처음엔 값비싼 프린터를 공유할 목적이었지만 나중에는 데이터와 파일, 이메일을 교환할 수 있게 되었다. 수많은 PC가 랜으로 연결되자 사람들은 랜이 인터넷에 연결될 수 있다는 아이디어를 생각해 냈다. 이 아이디어가 현실화하자 기업체의 네트워크는 곧바로 '연결 협동조합'의 일원이 되었다. 이 시기에 벌어진 2가지 현상인 초기 인터넷의 성장과 네트워크화된 PC의 성장에 기업체 랜이 합류하자 인터넷은 놀라운 가속도로 더욱더 성장을 거듭했다.

성장세에 가속이 붙었을 뿐 아니라 인터넷 참여자들의 특성 또한 변화했다. 인터넷 참여자들은 원래 연구 결과, 논문, 데이터 등을 서로 주고받는 대학 연구자들이 대부분이었다. 그런데 수백만 대의 PC가 네트워크로 연결돼 '연결 협동조합'의 일원이 되자 인터넷은 모든 PC 사용자들이 다른 PC 사용자들과 연결할 수 있는 수단이 되었다.

이토록 복잡한 네트워크가 걷잡을 수 없는 성장을 계속 구가할 수 있을까? 그렇다. '연결 협동조합'이기 때문이다. 각 기업이 자체 네트워크를 강화하면 전체 네트워크를 강화하는 효과를 가져온다. 개인이 자기 이익을 위해 행동하는 것이 곧 전체 이익을 위해 행동하는 것이 되는, 잘 운영되는 협동조합처럼 말이다.

또한 인터넷의 데이터 처리 능력에서도 커다란 진전이 있었다. 인터넷이 처음 개발됐을 때는 장거리 전화선을 통해 데이터를 송신할 때 한쪽 루트가 막히거나 작동하지 않으면 시스템이 자동으로 다른 루트를 찾도록 한다는 아이디어를 채용했다. 하지만 이제는 대량의 데이터를 작은 조각으로 나눔으로써 이미 흐르고 있는 데이터 흐름에 훨씬 쉽게 흡수시킬 수 있다. 이러한 접근법은 추가 투자 없이 네트워크의 처리 능력을 확대한다.

비행기 출발 시간이 임박해 단체 여행객에게 비행기 표를 배정해야 하는 상황을 떠올려 보라. 단체 여행객 모두가 한 비행기에 탈 수 있을 만큼 많은 빈자리를 찾기는 불가능할지 모른다. 하지만 비행기에는 보통 띄엄띄엄 빈자리가 남아 있기 마련이라서 단체가 아닌 개인 여행객들은 비행기에 쉽게 탑승할 수 있다. 항공사는 최대한 빈 좌석 없이 비행기를 이륙시키려 하므로 빈 좌석을 싼 가격에 팔고자 할 것이다. 인터넷에서 하나의 데이터 조각은 개인 여행 객처럼 장거리 전화선 네트워크의 빈자리에 앉게 된다. 즉 다른 사용자들이 주고받는 데이터 조각들 사이 빈틈을 채운다. 이런 방식의 데이터 전송은 기존 전화 네트워크를 매우 효율적으로 사용하게 해 준다.

여기에 2가지 추가 현상이 인터넷의 성장을 가속화했다. 첫째는 PC가 멀티미디어 PC로 향상되고 업그레이드됐다는 사실이다. 즉 PC로 컬러 이미지, 사진, 음향, 심지어 동영상까지 처리할 수 있게 됐다. 둘째는 팀 버너스-리Tim Berners-Lee라는 유럽입자물리연구소Conseil Européenne pour la Recherche Nucléaire, CERN의 연구원이 한 컴퓨터의 데이터를 다른 컴퓨터의 데이터에 연결하는 도구를 개발했다는 사실이다. 그 덕에 컴퓨터 사용자들의 편의성이 크게 향상되었다. 어떤 회사의 이름 같은 강조 표시된 키워드를 클릭하면 모든 인터넷 네트워크를 통해 자동으로 연결이 이루어지고 회사 정보를 보유한 컴퓨터가 조회 결과를 제시하는 것, 이것이 바로 컬러풀한 그래픽과 버너스-리의 검색 방법이 결합된 월드 와이드 웹World Wide Web이다.

그 누구의 컴퓨터든 전 세계의 수많은 컴퓨터와 연결 가능한 '창'이 될 수 있다는 사실은 컴퓨터 사용자들에게 기적과 같은 일로 여겨졌다. 그리고 그런 컴퓨터들을 컬러풀한 그래픽, 사진 이미지, 기본적인 음향과 동영상으로 무장할 수 있다는 사실은 매우 황홀한 기적이었다.

요컨대 이러한 기적은 4가지 요소의 융합 덕이다. 즉 서로 연결된 네트워크의 끝없는 진화, 만국 공통의 규약에 따라 더 큰 네트워크에 연결될 수 있는 랜과 그 랜에 연결된 수많은 PC, PC의 멀티미디어화, 그리고 버너스-리의 검색 방법이 서로 융합된 결과물이다. 화학 물질을 적절한 비율로 혼합하면 바로 연소가 일어나듯이, 이 4가지 요소의 융합으로 인터넷에 대한 대중의 관심이 폭발했다.

그런데 이 폭발은 찻잔 속의 태풍일까, 아니면 지속적 변화를 알리는 신호일까?

공교롭게도 내가 이 책을 쓰는 동안 인텔의 반기 전략 회의가 임박했다. 이런 행사에서 나의 역할은 우리의 사업 환경을 내가 본 대로 설명하고 중요한 변화에 대한 관심을 불러일으키는 것이다. 나는 인터넷이 지난 한 해 동안 우리의 환경에서 가장 큰 변화임을 감지했다.

하지만 그런 느낌만으로는 부족했다. 나는 다음 질문에 답해야 했다.

"인터넷이 인텔에 '10배' 힘이 될 수 있을까? 만약 그렇다면 우리는 무엇을 해야 하는가?"

통신, 소프트웨어, 미디어 산업에 일어난 변화

꽤 오랫동안 이 질문을 생각한 끝에 나는 세계의 모든 컴퓨터가 연결되는 현상이 수많은 산업에 엄청날 영향을 끼치리란 것을 깨달았다.

인터넷은 통신 기술이므로 당연히 전화 통신 산업에 영향을 미칠 것이다.[4] 그것은 '10배' 힘을 발휘할 수 있을까? 전화선으로 정보를 전송할 때의 비용을 고려해 보라. 인터넷을 통해 데이터 패킷을 전송하는 기술은 기존 인프라를 매우 효율적으로 사용함으로써 일반 전화 연결보다 매우 저렴한 비용으로 빠르게 연결 서비스를 제공한다. 다시 말해 인터넷을 통한 데이터 트래픽은 전통적인 전화 통화보다 훨씬 가성비가 좋으면서 일상적인 방식으로 연결이 가능하다.

이뿐이 아니다. 갈수록 늘어나는 정보량을 데이터로 전환해 전달하므로 사람들이 과거에 전통적 전화 통신으로 전송하던 때보다 훨씬 더 효율적이다. 이것은 마치 팩스로 문서 보내기와 전화로 문서 읽어 주기를 비교하는 것과 어느 정도 비슷하다. 또한 인터넷은 짧은 시간 안에 더 많은 정보를 전달할 수 있으므로 더 가성비가 좋다. 이 모든 점들이 전화 회사의 매출 감소에 잠재적으로 영향을 끼친다.

그러나 한편으로 인터넷은 전화 회사에 추가 사업 기회를 선

긍정적 영향	부정적 영향

• 부가적인 데이터 통신 사업
• 기존에 투자한 인프라 활용
• 사진, 음향, 동영상 등 데이터 증가
  (전송량 증가)
	• 기존 전화 통신이 데이터 통신으로 대체
	  (통화량 감소)
	• 전화 통신 기기의 일상용품화

[9-2] 인터넷이 전화 통신 산업에 끼치는 영향

사한다. 전화 회사가 엄청난 투자로 구축한 통신 인프라를 활용하는 기회가 될 수 있는 것이다. 이것은 장거리 전화 회사에 딜레마로 작용한다. 인터넷을 포용해야 할까, 아니면 모른 척해야 할까?

다시 말해 인터넷은 전화 통신 산업에 플러스 효과와 마이너스 효과를 동시에 가져다준다. 단기적으로 보면 인터넷 사용의 성장은 위협으로 다가올 가능성이 더 높다. 하지만 장기적으로는 사진, 음향, 동영상과 같은 풍성하고 다채로운 데이터가 인터넷 사용의 폭발적 증가를 가져올 것이고, 그에 따라 새로운 사업 기회가 출현할 것이다. 인터넷이 전화 통신 산업에 끼치는 영향을 대차대조표로 표현한다면 표 [9-2]와 같을 것이다.

인터넷은 또한 소프트웨어 산업에 잠재적으로 엄청난 영향을 미친다.[5] 인터넷이 소프트웨어를 유통시키는 데 훨씬 효율적인 방법일 수 있기 때문이다. 생각해 보라. 인터넷상에 흐르는 모든 것들은 비트bit로 구성된다. 소프트웨어 역시 비트로 되어 있다. 현재 소프트웨어는 플로피 디스크나 CD-ROM에 담겨 유통된다. 마치 세제나 시리얼처럼 화사한 색깔의 상자에 담겨 소매점 선반에 진열된다.

하지만 워드 프로세서나 컴퓨터 게임을 구성하는 비트는 인터넷이라는 비용효과적인 방식을 통해 여러 컴퓨터로 충분히 전송될 수 있다. 결국 비트가 하나의 컴퓨터에서 다른 컴퓨터로 자유롭게 이동할 수 있다면, 누구든 상당한 크기의 소프트웨어를 받을 수 있고, 그것을 수백만 대의 다른 컴퓨터로 전송할 수 있다. 소프트웨어를 포장하는 상자도, 진열대도 필요치 않다. 중간 유통자도 불필요하다. 소프트웨어를 업그레이드하거나 수정하기가 훨씬 쉬워질 뿐 아니라 전체 판매 프로세스가 효율적으로 운영될 것이다.

사람들의 눈길을 끄는 상자에 포장된 소프트웨어를 잔뜩 쌓아 놓고 팔던 소매업체의 관점으로 이런 현상을 바라보면, 인터넷은 월마트가 소도시 소매점에 끼쳤던 것과 같은 충격을 소프트웨어 소매업체에 가하지 않겠는가? 이것은 분명 '10배' 힘으로 느껴진다.

소프트웨어 사업에 영향을 미치는 또 다른 현상은 인터넷이 소프트웨어가 설계되는 완전히 새로운 기반을 제공한다는 것이다. 이런 기반은 인터넷에 연결된 컴퓨터 각각의 특성과는 상관없이 모든 종류의 컴퓨터에 적용된다. 만약 많은 소프트웨어가 이 새로운 기반을 위해 출시된다면, 인텔과 인텔의 제품을 기초로 사업을 구축한 여러 컴퓨터 제조업체들과 소프트웨어 개발업체들로부터 사업을 빼앗아 가지 않을까?[6] 우리에게 '10배' 충격으로 다가오지 않을까?

그러나 다시 말하지만 이게 전부는 아니다. 모든 미디어 기업이 이런 소용돌이에 휩쓸리고 있다. 지난 몇 년 동안 비아컴(바이어컴)Viacom, 타임 워너를 비롯한 모든 미디어 조직들은 실험적으로 '뉴 미디어' 사업부를 설립했는데, 대부분 월드 와이드 웹에 초점을 맞추고 있다. 스타트업 기업들이 미국 동부와 서부 양쪽에서 우후죽순 출현해 자체 웹 사이트를 구축하고는, 얼마나 많은 사람이 자기네 정보를 조회하는지 측정하고 싶어 하는 기업들에 서비스하고 있다. 광고업체들도 이런 흐름에 동참하고 있다.[7]

광고업계에 불어닥친 이런 변화는 통신 산업과 PC 산업에서 일어나는 현상보다 더 큰 기회일지 모른다. 일부 추산에 따르면 1995년 광고비 지출액은 전 세계적으로 3450억 달러에 달한다.[8] 현재는 이 모든 광고비가 신문, 잡지, 라디오, TV 광고를 위해 집행되고 있다. 광고비는 GM, 코카콜라, 나이키와 같은 광고주로부터 기존의 미디어 산업으로 흘러가지, PC 산업이나 통신 산업의 주머니로는 들어가지 않는다. 하지만 이제는 상황이 바뀌려 하고 있다.

만약 미디어 산업을 인터넷 '전과 후'로 나눠 표현한다면 도표 [9-3]과 [9-4] 같을 것이다.

이 도표는 인터넷이, 아니 정확히 말해 월드 와이드 웹이 GM,

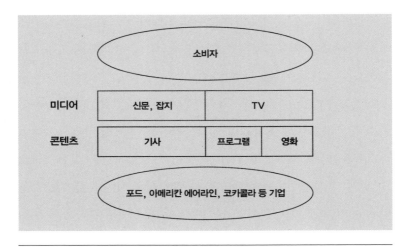

[9-3] 인터넷 이전의 미디어 산업

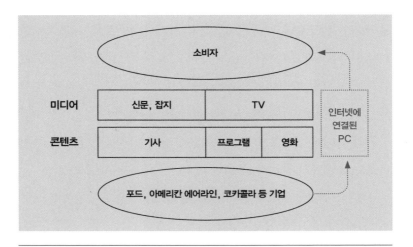

[9-4] 인터넷 이후의 미디어 산업

코카콜라, 나이키 같은 광고주들에게 새로운 대안임을 제시한다. 광범위한 소비자에게 광고 메시지를 전달하려면 현재 신문, 잡지, 라디오, TV에서 정보를 얻는 소비자의 "시선을 강탈해" 월드 와이드 웹으로 돌려야 한다. 만약 이런 일이 대규모로 발생한다면 분명 기존 산업(신문, 잡지, 라디오, TV)과 신규 산업(인터넷 연결 사업자, 월드 와이드 웹 구축 업체, 컴퓨터 제조업체) 모두에 엄청난 일이 아닐 수 없다. 기존 산업은 큰 타격을 입을 것이고, 신규 산업은 반대급부로 큰 이득을 볼 테니 말이다. 신규 산업에 돌아가는 이득은 기존 산업에는 그대로 손실이 된다.

하지만 이런 일이 대규모로 발생하려면 기존 미디어로 향해 있는 소비자의 시선을 유인해 내야 할 것이다. 인터넷상의 정보는 기존 미디어의 프로그램만큼이나 매력적으로 만들어져야 할 것이다. 현재 컴퓨터 스크린에 생동감을 주기 위한 시도가 많이 이루어지고 있다. 물체를 3D(3차원)로 보여 주는 기술, 사용자가 마치 방 안을 돌아다니듯 가상의 물체들 사이를 왔다 갔다 할 수 있는 기술, 좋은 품질의 음향과 동영상으로 콘텐츠를 풍부하게 만드는 기술 등이 그것이다. 이런 기술 향상은 월드 와이드 웹의 정보에 생동감을 불어 넣음으로써 사람들이 이미 익숙해져 있는 TV 화면과 비슷하거나 능가하는 경험을 제공할 수 있다. 앞으로 1~2년 안에 PC의 생산 속도가 흑백과 컬러 TV의 생산 속도를 추월할 것이라는 전망은 인터넷에 연결된 PC가 사실상 TV의 대안이 될 가능성에 힘을 실어 주고 있다.

기존 미디어 산업의 규모로 봐서 신규 업체들에 돌아갈 보상은 엄청날 것이다. 시장 규모가 더 확대되지 않거나 더 많은 사람에게 영향력을 미치지 못해 모든 업체에 이득을 주지 못한다면, 당연히 기존 미디어 산업이 손실을 입을 것이다. 우리는 신규 미디어 산업의 출현을 목격 중일지 모른다. 만약 그렇다면 이것은 '10배' 힘이 분명할 것이다.

새로운 연결이 인텔에 가져다주는 영향

다가올 회의에 대비해 인텔의 사업 환경 평가 자료를 준비하는 동안 나는 많은 것을 생각했다. 서로 연결된 컴퓨터들이 새로운 미디어 산업의 기초가 된다면 그것은 분명히 우리에게 엄청난 긍정적 영향을 미칠 수 있을 것이다. 1980년대에 직장 내 개인 생산성 향상이 우리 산업의 성장을 이끌어 왔듯이, 일하는 사람들 간 데이터 공유는 1990년대에도 지속적 성장을 약속할 것이다. 인터넷이 상업적 광고 메시지를 전달하는 미디어가 되면 이러한 성장을 다음 10년 동안에도 유지할 수 있을 것이다.

이렇게 되려면 콘텐츠에는 생동감이 있어야 하고, 사물은 3D로 표현되어야 하며, 음향과 동영상은 어디에서나 접근 가능해야 한다. 이를 구성하는 엄청난 양의 데이터를 처리하려면 좀 더 강력한 마이크로프로세서가 필요하다. 이것은 우리 사업에 어마어마한 가능성이다.

그런데 만약 인터넷을 위해 개발된 소프트웨어가 여러 회사에서 만든 마이크로프로세서에서도 돌아간다면, 현재는 PC 사용자들이 일반적으로 사용하는 소프트웨어와 그런 회사들의 칩(마이크로프로세서)이 호환되지 않아서 경쟁자가 아니지만, 앞으로는 그들이 우리의 경쟁자가 될 수 있다. 그러면 우리 사업은 수많은 경쟁자와 경쟁을 벌여야 할 것이고 자칫 우리 제품은 일상용품으로 전락할 수 있다. 이것만이 곧 다가올 위협은 아니다.

몇몇 업체 사람들은 저렴한 '인터넷 PCInternet Appliance'의 출현을 알리고 다닌다.[9] 이 단순화된 컴퓨터가 인터넷상에 존재하는 거대한 중앙 컴퓨터에 연결되어 데이터 저장과 수치 계산 작업을 거기에 의존하면서, 필요한 모든 소프트웨어와 데이터를 언제 어느 때고 컴퓨터 사용자에게 전송해 줄 것이라고 그들은 말한다. 이런 방식을 취하면 사용자는 지금처럼 컴퓨터에 대해 많이 알지 않아도 된다고 그들은 주장한다. 사용자가 행하는 모든 작업이 보이지 않는 곳에 있는 대형 컴퓨터들의 네트워크로 처리되기 때문이다. 이런 '인터넷 PC'는 좀 더 단순하고 좀 더 저렴한 마이크로칩으로 생산할 수 있다. 분명히 이것은 우리 사업에 타격이 될 것이다.

하지만 이러한 가정에는 관련된 문제가 많다. 가장 중요한 문제는 "이런 컴퓨터 기기가 기술적으로 구현 가능한가?"다. 그럴 수 있겠지만 아마 성능은 보잘것없을 것이다. 근본적으로 컴퓨터의 '자연법칙'에서 벗어날 수 없기 때문이다. 저렴한 마이크로프로세서는 처리 속도가 느리기 마련이다. 단순하고 값싼 마이크로프로세서로는 사용자의 관심을 잡아끌 정도로 매력적이고 놀라운 콘텐츠 제작 작업을 수행하지 못할 것이다. 25년 전에 만든 많이 팔렸고 꽤 기능이 괜찮았던 TV를 요즘 TV보다 싸게 살 수 있지만, 그럼에도 소비자들은 구식 기능을 지닌 TV를 구매하지는 않는다. 컴퓨터도 마찬가지다. 소비자들은 싼 가격을 원하지만 그렇다고 해서 기술적으로 낙후된 제품을 사려 하지는 않는다.

게다가 더 중요한 문제가 존재한다. 1995년에 6000만 대의 PC가 팔렸다. 무엇이 구매를 자극했을까? 나는 대부분 2가지 사용 목적으로 팔렸다고 생각한다. 하나는 개인 용도, 다른 하나는 회사 네트워크나 전화선 시스템을 통해 데이터를 전송하고 공유하기 위한 용도였다. 인터넷은 여기에 세 번째 용도의 출현을 촉진했다. 저렴하고 광범위한 연결 수단을 통해 사용자와는 아무런 관련이 없는 개인이나 조직이 보유한 컴퓨터 속 데이터와 애플리케이션에 접속하기 위한 용도가 바로 그것이다.

이 세 번째는 현재나 미래나 가능성이 매우 큰 용도지만, 과연 첫 번째와 두 번째 용도를 사라지게 만들 수 있을까? 나는 그렇게 생각하지 않는다. 이 3가지 용도가 영원히 지속되리라 나는 믿는

긍정적 영향	부정적 영향
• 더 많은 애플리케이션 • 더 저렴한 연결성 • 더 저렴한 소프트웨어 유통 • 미디어 사업 확대: 강력한 마이크로 　프로세서 필요	• 마이크로프로세서의 일상용품화 • 중앙 컴퓨터의 높은 처리 능력 필요 • 저렴한 마이크로프로세서로 돌아가는 　인터넷 PC

[9-5] 인터넷이 인텔에 끼치는 영향

다. PC의 미덕은 이 3가지 용도 모두를 충족시킬 수 있다는 유연성
에 있다. 3가지 중 하나만 만족시키는 컴퓨터는 모든 용도에 적합
한 컴퓨터에 비해 매력적이지 않을 것이다.

발표 자료를 준비하면서 나는 또 다른 대차대조표를 그려
야 할 때임을 깨달았다. 지금까지 이야기한 내용을 표로 만들면
[9-5]와 같다.

이것은 전략적 변곡점인가

이 대차대조표가 어떤 의미인지 묻기 전에 좀 더 근본적인 질문을
던져 보자. 인터넷은 정말 대단한 것인가? 아니면 그저 과대 포장
된 유행인가?

나는 정말로 대단한 것이라고 생각한다. 총매출 규모가 수천억 달러에 달하는 산업에 영향을 끼칠 수 있는 것이라면 그게 무엇이든 간에 대단한 것이라고 나는 여긴다.

이것이 인텔에 전략적 변곡점으로 작용할까? 이것은 '10배' 힘이 되어 보완자를 포함한 우리 사업에 영향을 미칠까?

표 [9-5]를 보면 소비자나 공급자에게는 큰 영향이 없음을 알수 있다. 경쟁자에게는 어떨까? '은제 탄환' 테스트를 적용해 보자. 인터넷으로 인해 새롭게 출현할 경쟁자들은 우리가 현재 은제 탄환으로 겨누고 있는 경쟁자보다 더 중요한 목표물이 될까? 내 직감으로는 그렇지 않다. 분명히 새로운 경쟁자들이 등장하겠지만, 그들은 경쟁자면서 동시에 보완자 역할을 수행할 것 같다. 나는 우리에게 새로운 경쟁력을 가져다줄지 모를 보완자를 제거하는 데 은제 탄환을 사용하고 싶지는 않다.

'인텔 연합'에 속해 있는 '동반자' 업체들은 다른 업체들로 바뀌게 될까? 그렇다. 우리 경쟁사들의 보완자 역할을 담당했던 기업들이 이제는 인텔의 마이크로칩을 탑재한 컴퓨터에서도 잘 작동하는 소프트웨어를 출시하고 있기 때문이다. 우리의 보완자들 역시 우리 경쟁자들을 위한 제품을 만들고 있다. 인터넷이 가져다주는 기회를 잡으려는 새로운 기업들이 하루가 멀다 하고 설립되고 있다. 창조적인 에너지와 막대한 자금 대부분이 인텔 칩에서 돌아가는 새로운 애플리케이션 제작에 투입되고 있다. 그 결과로 인텔의 동반자 업체 수는 계속 증가하겠지만, 이익이 되면 모를까 우리가 손해 볼 일은 없다고 생각한다.

인텔 직원들은 어떨까? 그들은 인터넷과는 아무 상관이 없을까? 나는 그렇지 않다고 생각한다. 인텔 직원 중 상당수는 연구자로서 능력과 거대 시장화된 인터넷 사용자로서 능력을 통해 초기 연구 단계 때부터 거대 시장으로 성장한 지금까지 인터넷 진화 과정을 잘 좇아가고 있다. 그들의 존재는 우리가 이 기술을 활용할 유전자를 보유하고 있음을 확신시켜 준다.

그렇다면 전략적 부조화의 징조가 있는지 테스트해 보자. 인텔이 그간 했던 말과 행동이 일치하는가? 우리는 월드 와이드 웹에 대한 메시지를 인텔 내부에서 소통하는 데 열중하고 있다. 우리는 떠오르는 사업 부문에 소속된 핵심 멤버 대부분과 지속적으로 접촉한다. 심지어 인텔 칩이 탑재되지 않은 값싼 인터넷 PC 개발을 촉구하는 직원들과도 이야기를 나눈다. 그렇지만 전략적 부조화의 징조는 보이지 않는다. 물론 내가 CEO의 위치에 있기에 징조를 못 느끼는 것일 수도 있다.

이 모두가 인터넷이 인텔에는 전략적 변곡점이 아님을 가리킨다. 그럼에도 나는 모든 변화의 총합이 너무나 압도적이라서 인터넷이 전략적 변곡점이라는 생각에 깊이 빠져 있다.

무엇을 할 것인가

모든 것을 감안할 때 인터넷이 주는 기회가 위협을 능가한다고 나는 생각한다. 그래도 인텔은 일을 크게 벌임으로써 이 기회를 적극적으로 활용하지는 않을 것이다. 여기에서 말하는 '인텔'에는 나도 포함되므로 나는 이렇게 물어야 한다. "달리 내가 할 수 있는 일은 무엇인가?"

나는 사업 환경 평가 자료의 절반 이상을 인터넷에 할애하기로 결심했다. 결심하기는 쉬웠지만 내가 잘 알지 못하는 내용을 동료들에게 발표할 수는 없었다. 그래서 나는 연구를 해야 했다.

닥치는 대로 많은 책을 읽고, 오랜 시간을 들여 월드 와이드 웹상에 위치한 컴퓨터를 찾아내 그 안에 있는 경쟁사들과 괴짜 기업들에 관한 내용을 읽었다. 또 인터넷 PC를 PC의 대체재로 시장에 내놓아 우리 사업을 무너뜨리려 든다는 이유로 처음에는 적이라 간주했던 기업을 포함해 여러 회사를 방문했다. 우리 직원들에게 인터넷에 연결된 PC로 어떤 것을 할 수 있는지 보여 달라고 요청하기도 했다.

점점 내 머릿속 그림이 분명해졌다. 나는 발표 자료를 정리해 최종적으로 40여 명의 고위 경영진 앞에서 발표했다. 그들 중 몇몇은 이 주제에 관해 나보다 더 많은 걸 알고 있었고, 몇몇은 이 주제를 한 번도 생각조차 해 보지 않은 사람들이었다. 내 발표에 대한 반응은 "지금껏 당신이 했던 전략 분석 중 최고였습니다"라는 말부터 "도대체 왜 인터넷에 그렇게 많은 시간을 낭비했습니까?"라는 말까지 다양했다. 하지만 나는 이것 하나만은 성공했다. 전략 토론의 무게 중심을 어느 정도 인터넷 쪽으로 옮겨 놓았던 것이다.

인터넷과 관련해 상당히 당혹스러워하는 분위기가 있는 듯하다. 사람들은 생각보다 많은 것을 알지 못한다. 인터넷에 익숙해지는 것이 문화 차원에서 의무가 되어 버린 바람에 사람들은 기초적인 질문을 받으면 당혹스러워한다. 그래서 이런 익숙함이 대부분 몹시 피상적이라고 나는 느낀다. 이에 대한 대응책으로 우리는 경영진과 영업 사원들을 위한 체험 과정을 각각 개설해 월드 와이드 웹의 현재 상태를 직접 경험하도록 하고 있다. 사람들이 자신의 무지와 대책 없이 맞닥뜨리는 일 없이 배경 지식을 조금씩 쌓아 가기를 바라는 마음에서 한 조치다.

나의 배경 지식 역시 피상적임을 인정하지 않을 수 없다. 하지만 지식이 깊어지면서 개인 용도, 네트워킹 용도, 인터넷 용도라는 PC의 3가지 용도 모두가 우리 산업을 여러 해 동안 끌고 가리라는 확신이 점점 든다. 또한 미디어와 광고 산업이 우리에게 더 큰 기회를 선사하리란 확신도 커져 간다.

하지만 인텔이 이 모든 기회를 활용하는 데는 몇 가지 문제가 있다. 새로운 환경에 좀 더 잘 적응하려면 우리의 '유전자 구성'을 새롭게 할 필요가 있다. 과거에는 관련이 없었던 소프트웨어 기업들, 네트워크를 한창 업그레이드 중인 통신 서비스 업체들, 우리 기술을 배우고 싶어 하는 광고와 미디어 회사들, 이전까지는 컴퓨터 세계에 관심이 없었지만 이제는 주목해야 한다는 걸 갑자기 깨달은 광고주 기업들 등, 발굴하고 육성해야 할, 함께 일하는 법을 배워야 할 동반자 관계의 업체들이 많다.

인텔에는 이 훨씬 복잡한 역할을 수행할 시간, 관심, 규범이 존재하는가? 인텔이 이 역할을 수행하려면 회사 전체의 조직 구조를 재고하고 내부 복잡성을 줄이는 재편 작업을 할 필요가 있다. 이러한 변화는 수천 명에 달하는 직원들의 삶에 영향을 끼칠 것이다. 직원들은 왜 우리가 과거에 잘 돌아가던 것을 손보려 하는지 이해해야 한다.

인텔은 전사 차원에서 3가지 전략 목적에 따라 설정된 방향을 준수하며 운영되고 있다. 첫째는 마이크로프로세서 사업, 둘째는 통신 사업, 셋째는 운영과 계획 실행이다. 이제 인터넷과 연결하는 노력에 필요한 모든 것을 집결시킨다를 넷째 목적으로 추가한다. 이것은 많은 논란을 불러일으킨다. 어떤 사람은 우리가 해야 할 모든 인터넷 관련 일을 원래의 3가지 목적 아래에 두는 게 좋다고 생각한다. 나는 그렇게 생각하지 않는다. 인터넷 관련 활동을 별도로 다루고 원래의 3가지 목적 수준으로 승격시키는 것은 인터넷의 중요성을 전사에 알리는 좋은 방법이기 때문이다.

여기까지가 우리의 현재 위치다.

마지막 하나를 제외하면 말이다. 만일 저렴한 인터넷 PC를 믿는 사람들의 말이 옳다고 판명 나면 어떻게 될까?

대형 컴퓨터에서 소형 컴퓨터로 지능을 끌어내려 온 지난 20~30년간의 트렌드에 비춰 볼 때 대형 컴퓨터에 의존하는 인터넷 PC는 시계를 거꾸로 돌리는 것과 같다. 나는 인터넷이 지금까지 트렌드를 뒤집어 놓으리라곤 생각하지 않는다. 그러나 다시 말하지만 내 유전자는 바로 그 20~30년의 세월로 형성되었다. 그러니 나만 알지 못하는 것일지 모른다.

그래서 나는 미래를 위해 스스로 준비하려면 한 걸음 더 나아가야 한다고 생각한다. 또한 우리의 시장 경쟁력이 어느 때보다 강력한 지금이 바로 적기라고 생각한다. 나는 인텔의 마이크로칩에 기반한, 최고로 저렴한 인터넷 PC를 개발하는 데 인력을 배치해야 한다고 본다. 그 인력이 우리의 전략에서 '탈선'하게 내버려 두자. 그래서 그들을 우리 자신의 카산드라로 삼자. 과연 이 일(인터넷 PC 개발)이 가능한지, 내가 '잡음'이라 생각하는 것이 사실은 무언가가 변했다는 강력한 '신호'인지를, 그들이 가장 먼저 우리에게 알려 줄 수 있게끔 말이다.

커리어의 변곡점에
대처하는 법

"환경 변화에 따른 커리어 변곡점은
삶의 질에 관계없이 들이닥친다."

커리어를 뒤흔드는 변화의 힘

나는 인텔의 CEO로 11년을 재직하고 1998년에 사임했다. CEO 사임은 통상적인 승계 프로세스를 통해 이루어졌다. 나는 승계 준비를 항상 경영자의 임무 중 하나라고 여겼고 이런 생각을 종종 밝히곤 했다. 이제 나는 다른 사람들의 예상대로 승계 작업을 마칠 수 있었다.

수년간 인텔 이사회 멤버들 사이에서는 내 후임자에 관해 점점 의견이 일치되어 갔다. 이사회는 이런 선택을 자주 논의했고, 논의 결과에 따라 오랫동안 그 사람을 갈수록 책임을 많이 지는 위치로 이동시켰다. 내 신상 변화는 내외부에 널리 예상되었다. 나는 회장 임무를 계속 수행하며 매일 출근해 예전과 동일한 여러 활동에 참여하겠지만 예전과는 차이가 있을 테고 그 차이는 점점 커질 테니까 말이다.

내 커리어의 변화가 대개 그러했듯 이번 역시 부드럽게 다가 왔다. 그러나 매년 나를 둘러싸고 발생하는 다른 많은 이들의 커리어 변화를 생각하지 않을 수 없다. 어떤 변화는 내 커리어 변화만큼이나 자연스럽지만, 힘겨운 상황에서 일어나는 커리어 변화가 훨씬 더 많다. 생각해 보라. 어떤 통계에 따르면 1998년에는 1조 달러 규모의 인수 합병을 목도하게 될 터였다. 1조 달러라는 숫자는 100만 명의 사람이 딸려 있는 기업 구조상의 변화를 의미한다.

이것 말고도 향후의 업무 환경을 뒤바꿔 놓을 힘들이 있다. 9장에서 살펴본 인터넷의 확산이 가속화하면서 수많은 기업의 사업 방식에 갈수록 큰 영향을 미치고 있다. 인터넷 확산은 기존 사업 방식을 무너뜨리고 새로운 방식을 창조할 것이다. 이 과정에서 많은 일자리가 흔들릴 것이다.

1998년 아시아 경제는 고속 성장에서 역성장으로 곤두박질 쳤다. 금융 위기가 닥치기 전까지 아시아 국가들은 새로운 제품과 서비스에 대한 수요를 통해 전 세계 경제 성장에 불을 지폈다. 아시아 경제의 갑작스러운 멈춤으로 촉발된 변화가 아시아를 포함한 전 세계의 셀 수 없이 많은 일자리에 악영향을 끼쳤다.

환경 변화가 기업에 전략적 변곡점을 야기한다면, 분명 기업에 소속된 직원들의 커리어에는 훨씬 더 큰 변곡점을 유발한다.

환경 변화만이 개인 커리어에 격변을 일으키는 주범은 아니다. 다른 생활 방식을 추구하는 욕망이나 오랫동안 스트레스 심한 직업으로 쌓인 피로감이 자신의 바람과 필요를 재평가하게 만들어 외부 환경과 마찬가지로 강력한 힘으로 작용할 수 있다. 달리 말하면 내적 사고와 감정 시스템이 직업인으로서 개인에게는 외부 환경만큼이나 큰 부분을 차지하는 것이다. 이 두 측면 모두에서 일어나는 중요한 변화는 직업 생활에 많은 영향을 미칠 수 있다.

기업이 엄청난 변화에 어떻게 대처하는지를 보면 개인 커리어에 적용할 교훈을 얻을 수 있지 않을까?

당신의 커리어가 당신의 사업이다

직장인이든 자영업자든 각 개인은 개별 사업체라는 생각을 나는 오랫동안 가지고 있다. 당신의 커리어는 곧 당신의 사업이고, 당신은 그 사업의 CEO다. 대기업 CEO와 마찬가지로 당신은 시장의 힘에 대처해야 하고, 경쟁자와 맞서 싸워야 하며, 보완자의 강점을 활용해야 하고, 현재의 일이 다른 방식으로 이루어질 가능성을 늘 경계해야 한다. 커리어에 손상이 가지 않도록 하고 경영 환경의 변화로부터 이익을 얻도록 스스로를 이끄는 것은 당신의 책임이다.

환경 조건들이 변화하면 사업(당신의 커리어) 궤적은 익숙한 곡선을 그리게 된다. CEO(바로 당신)의 행동으로 인해 커리어 경로가 위로 치솟아 오를지 아니면 아래로 곤두박질칠지가 갈리는 결정적인 지점에 이르는 것이다. 다시 말해 커리어의 변곡점에 직면한다.

전략적 변곡점이 사업의 위기 시점을 나타내는 것과 마찬가지로, 커리어 변곡점은 커리어 경영 환경의 미묘하지만 중대한 전환을 낳는다. 이 변곡점에 어떤 행동으로 대응하느냐에 따라 당신 커리어의 미래가 결정된다. 그런 행동이 반드시 당장 커리어의 단절을 불러일으키지는 않겠지만, 그로 인한 영향은 지속적이고 중요한 효과를 일으키는 힘으로 작용할 것이다. 지금껏 살펴봤듯이 전략적 변곡점은 기업의 생애에서 고통스러운 순간이지만 그것을 뚫고 지나가려는 노력은 회사 구성원이 함께 부담한다. 반면에 커리어 변곡점은 모든 것이 개인 자신에게 달려 있기 때문에 더욱 고통스럽게 느껴진다.

커리어 변곡점은 아주 흔하게 발생한다. 이 책이 처음 출간됐을 때 나를 인터뷰했던 비즈니스 전문 기자와 관련된 이야기가 생각난다. 그의 옛 직업은 은행원이었다. 그는 행복하게 직장 생활을 잘해 나갔다. 어느 날 자신이 다니는 은행이 더 큰 은행에 합병됐다는 소식을 들을 때까지는. 그는 바로 해고당했다. 그에게는 갚아야 할 빚이 있었지만 금전적으로는 크게 문제가 되지 않는 상황이었다. 그는 커리어를 바꿔 주식중개인이 되고자 했다. 그러나 은행원의 스킬이 주식중개인에게 요구되는 스킬과 다름을 깨달았다. 그래서 주식중개인 학원에서 필요한 스킬을 습득했고 자격증을 따중개인으로 일하기 시작했다.

한동안은 일이 순조롭게 풀려 갔고 미래가 밝은 듯 보였다. 그런데 나와 인터뷰하기 얼마 전부터 온라인 중개 회사가 생겨나기 시작했다. 그러자 수수료가 낮은 온라인 회사와 거래하길 선호하는 고객들 일부가 빠져나갔다. 불길한 조짐이었다.

이때 그는 바로 방향을 틀기로 결심했다. 그는 늘 글쓰기에 관심이 많았고 소질도 있었다. 은행원으로 일하고 주식중개인으로 잠깐 활동하면서 재무 지식을 습득한 그는 비즈니스 전문 기자라는 꼭 맞는 직업을 찾아냈다. 비록 돈은 덜 벌지언정 기술 변화에 대체될 것 같지 않아 보였다. 그를 만났을 때 그의 커리어는 이미 영향력을 발휘할 수 있는 수준이었다. 비즈니스 전문 기자로 커리어를 전환한 건 그에게 트라우마를 주지 않았다. 외부 환경 변화로 어쩔 수 없이 해야 했던 주식중개인으로 전환과 달리 자신의 계획에 따라 이루어 낸 결과였기 때문이다.

전략적 변곡점 대처와 연관된 여러 요소가 여기에도 적용된다. 가장 중요한 것(그리고 가장 어려운 것)은 자신이 처한 환경에서 일어나는 변화에 늘 경계를 늦추지 않는 태도다. 조직 내에서 일할 때는 당신이 종사하는 사업 분야의 상황과 관련해 전 세계에서 쏟아지는 많은 포화를 조직의 엄호 아래 피해 가곤 한다. 그리고 남은 직장 생활 동안 영원히 그럴 순 없으리란 걸 잘 알고 있을지라도 고용주에게 자신의 안위에 대한 책임을 내맡겨 두기 십상이다. 그러나 이럴 경우 경영 환경 변화를 무시하는 거대 조직의 CEO처럼, 당신은 자신의 커리어에 영향을 끼칠 수 있는 잠재적 변화를 전혀 깨닫지 못할 가능성이 있다.

어떻게 해야 이런 상황을 피할 수 있을까?

정신적 불 끄기 훈련을 하라

사업에 잠재된 전략적 변곡점에 경계를 게을리하지 않도록 '경보 시스템'을 날카롭게 조정하라. 언젠가 발생할 수 있는 화재를 예상하고 '정신적 불 끄기 훈련'을 실시하라. 한마디로 자신의 커리어에 대해 조금은 편집광이 돼라.

거대 기업의 CEO가 되었다고 가정해 보라. 당신은 외부의 관점과 자극에 마음의 문을 열어야 한다. 신문을 읽고, 업계 콘퍼런스에 참가한다. 다른 회사의 동료 경영자들과 인맥을 쌓는다. 그러면 유력한 트렌드로 자리 잡기 전에 아직은 입증되지 않은 변화의 조짐들을 이곳저곳에서 듣게 된다. 동료들과 친구들의 이야기에 귀를 기울여라.

기업에서는 잠재적 변화를 처음 감지하고 CEO에게 전략적 변곡점 소식을 일찍 알리는 현장 직원들이 유용한 카산드라 역할을 맡는다. 커리어 변곡점의 경우에는 다른 산업이나 경쟁적 환경에서 일하는 친구나 가족이 카산드라가 되어 당신이 아직 감지하지 못한 변화의 바람을 알려 줄 수 있다. 아마 그들은 현재 당신에게 다가오는 변화의 파도를 이미 경험했을지 모른다. 또는 자신이 종사하는 산업에서 발생한 커리어 변곡점을 이미 경험했기에 비록 같은 분야 일을 하지 않더라도 당신에게 전해 주고픈 교훈이 있을 것이다.

신문 기사, 업계 소문, 회사 내 가십 등 여러 원천의 카산드라들이 모두 비슷한 것을 가리킨다면 그때야말로 주목해야 할 때다.

이런 상황에 처했다고 가정하고 다음 질문들을 자신에게 던져 보라.

- 이런 이야기들이 어떤 식으로든 당신에게 적용될 것 같은 변화로 여겨지는가?
- 당신이 처한 상황에서는 중요한 변화가 어떻게 나타날 것 같은가?
- 회사에서 일상적으로 얻는 사업 정보를 통해 그런 변화를 알 수 있는가?
- 회사의 실적으로 그런 변화를 예측할 수 있는가?
- 당신의 우려를 상사에게 알릴 수 있는가?
- 그런 변화에 영향을 받는다면 무엇을 할 것인가?
- 산업 변화에 당신 회사가 어떻게 영향받을 것 같은가?
- 그런 산업 변화는 당신 회사에 일시적 방해 요소인가, 아니면 장기적인 산업 구조 조정의 단초인가?

전자라면 당신 커리어에 아무 영향을 끼치지 않은 채 당신 회사는 원래대로 회복할 수 있다. 하지만 후자라면 그 파급 효과는 오래 지속될 것이다.

- **새로 등장한 기계나 컴퓨터 시스템이 당신 부서의 업무 방식을 변화시킬 수 있는가?**

  이 새로운 기법으로 예전만큼 능숙하게 일할 스킬을 갖추고 있는가? 이 새로운 방식을 익혀 낼 자신감이 있는가? 그렇지 않다면 당신은 무엇을 해야 할까? 다른 산업에서 어떤 발전이 일어나고 있는지 예의 주시하라. 그 발전이 당신 일자리에 '파급 효과'를 일으킬지 모른다.

- **당신 회사가 경쟁사에 넘어간다면 그건 무엇을 의미하나? 다른 고용주를 위해 일할 뿐 업무는 별 영향을 받지 않을 수 있나? 아니면 산업 전체의 판도가 바뀌는 것인가?**

  처한 조건에 따라 문제 해결 조치가 달라지므로 이런 질문을 던지고 대답하는 일은 중요하다. 만약 당신 고용주가 다른 집단에 밀려난다면, 당신은 자신의 스킬을 계속 발휘하면서 그 가라앉는 배에서 경쟁의 바다를 성공적으로 항해할 가능성이 큰 배로 갈아탈 방법을 모색할 수 있다. 반면에 산업의 근본적인 변화가 발생해 당신이 가진 스킬이 쓸모없어지면, 당신은 어떤 기업이 이기고 지든 상관없이 어디에서도 일자리를 찾을 수 없을 것이다. 이런 상황이 바로 진정한 커리어 변곡점이라 할 수 있다.

커리어 변곡점의 출현 여부는 공감하는 동료들과 벌이는 격렬한 논쟁을 통해 가장 잘 판단할 수 있다. 당신은 자신의 업무 환경에 지속적으로 질문을 던지는 습관을 길러야 한다. 일상 업무에 깔려 있는 암묵적 가정들을 재검토함으로써 변화를 인식하고 분석하는 능력을 연마할 수 있다. 다시 말해 당신의 업무 환경에 관해 자신과 내적 논쟁을 지속하는 습관을 들여라.

타이밍이 전부다

사업의 전략적 변곡점과 마찬가지로, 커리어 변곡점을 성공적으로 헤쳐 나가느냐 여부는 타이밍 감각에 달려 있다. 무언가 변화할지 모를 징조를 느끼고 있는가? 당신은 이미 변화를 예상하고 거기에 준비되어 있는가? 아니면 반박의 여지가 없을 정도로 신호가 분명해지면 행동에 옮기려고 기다리고 있는가?

사업 경영과 마찬가지로, 사람들이 일찍 커리어 변화를 추진하는 경우는 드물다. 대부분은 나중에야 좀 더 일찍 변화를 추진했으면 좋았을 거라며 후회한다. 실제로 기존 일자리의 안전한 거품 속에서 시도하는 변화, 즉 상황이 좋을 때 시도하는 변화는 당신의 커리어가 파탄 나기 시작하고 나서야 시도하는 변화에 비하면 별로 고통스럽지 않을 것이다.

게다가 당신이 커리어 변곡점을 활용하는 선두 그룹에 속해 있다면 새로운 시도 활동 속에서 최고의 기회를 찾아낼 가능성이 있다. 요컨대 일찍 일어나는 새가 벌레를 잡는 법이다. 후발 주자에게 남는 건 음식 찌꺼기뿐이다.

변화를 위한 몸을 만들어라

불길한 징조를 예감한 때부터 커리어 변곡점이 닥치기 전까지 기간은 소중한 시간이다. 달리기 선수가 경주를 위해 몸을 만들듯이 이 기간은 변화를 위해 몸을 만들 시간이다. 지금과는 다른 역할을 수행하는 자기 자신을 그려 보라. 그 역할이 어떤 것인지 세밀하게 살펴보라. 그 역할을 수행하는 사람들과 이야기를 나눠 보라. 그 역할에 관한 질문을 자신에게 던져 보라. 어떻게 해야 그 역할에 적합해질지 자기 자신과 대화를 나눠라. 커다란 변화를 준비하도록 당신의 뇌를 훈련시켜라.

실험은 변화를 준비하기 위한 핵심 방법이다. 앞에서 이야기한 비즈니스 전문 기자의 이직 준비는 주식중개인으로 일하는 동안 시작되었다. 덕분에 그는 몇 가지 유익한 목적을 달성했다. 먼지를 뒤집어쓰고 있던 자신의 글쓰기 스킬을 찾아냈고, 주 수입을 포기하지 않고서 미래 변화의 실현 가능성과 현실성을 테스트했으며, 언론사의 인물들과 인맥을 쌓았다. 이렇게 함으로써 그는 글쓰기를 전업으로 삼더라도 생계를 유지할 수 있음을 확인했다.

실험은 여러 형태로 이루어질 수 있다. 먼저 부업을 해 볼 수 있다. 또 시간을 쪼개 대학원에 다닐 수 있다. 아니면 현재 고용주에게 완전히 다른 새로운 업무를 맡겨 달라고 요청할 수도 있다. 이 모두가 커리어의 새로운 방향을 탐색하고 커리어 변곡점에 대비하기 위한 방법이 된다.

실험을 할 때는 닥치는 대로 행동하지 마라. 현재 하는 일과 다르다는 것만이 유일한 특징인 방향으로 무작정 길을 나서지 마라. 당신이 직면한 변화의 본질을 파악하고 이해하면서 길을 찾아라. 그래야 실험을 통해 그 변화를 헤치며 앞으로 나아갈 수 있다. 당신이 알아차린 변화의 파도에 대한 면역력이 더 강한 분야에서 당신의 지식이나 스킬을 활용할 수 있는 무언가를 찾아라. 처음부터 변화를 활용할 수 있는 일자리를 찾으면 더 좋다. 변화에 맞서 싸우기보다 그 흐름에 올라타라.

죽음의 계곡을 빠져나오기 전에 무엇을 달성하고 싶은지 시각화해 보는 일이 매우 중요하다. 스스로에게 다음 질문을 던져 보라.

- 앞으로 2~3년 동안 산업의 성격이 어떻게 될 것이라 생각하는가?
- 지금 당신이 속한 산업은 앞으로도 일하고 싶은 산업인가?
- 당신의 고용주는 이 산업에서 성공할 좋은 위치를 차지하고 있는가?

- 이 새로운 산업 지형의 커리어에서 당신이 발전시켜야 할 스킬은 무엇인가?
- 당신이 커리어에서 닮고 싶은 롤 모델이 있는가?

8장에서 언급했던 고든 무어의 말을 기억할 것이다. 인텔이 반도체 회사에서 마이크로프로세서 회사로 변화한다면 경영진 중 절반은 소프트웨어 쪽 커리어를 지닌 사람이어야 한다고 그는 말했다. 업무 특성에 대한 전략적 변화의 핵심을 정확히 꿰뚫은 그의 견해는 결국 나를 포함한 많은 사람에게 커리어 변곡점을 촉발했다. 그러나 동시에 그의 견해는 우리가 무엇을 배워야 하고 어떻게 변화해야 하는지에 대한 아이디어를 알려 주었다.

스스로 질문하고 답하기는 커리어 변곡점이 존재하는지 명확하게 인지하도록 해 줄 것이다. 마찬가지로 당신이 직면할 미래의 특성에 대해 스스로 계속 묻고 답한다면, 외부 세계의 강요로 무모하게 뛰쳐나가는 대신 노력을 집중할 명확한 목표를 설정하고 그곳을 향해 꾸준히 작은 발걸음을 내디딜 수 있을 것이다.

죽음의 계곡을 빠져나가는 데 도움이 되는 2가지가 있다. 바로 명확성과 신념이다.

명확성은 당신 커리어가 어디로 향하는지에 관한 구체적이고 정확한 시각을 뜻한다. 다시 말해 당신이 커리어로 삼고 싶은 것과 삼고 싶지 않은 것을 정확히 파악한다는 뜻이다. 신념은 이 죽음의 계곡을 빠져나가서 당신이 정한 기준에 부합하는 계곡 건너편에 우뚝 서겠다는 결심을 가리킨다.

기업이 전략적 변곡점에 직면했을 때 CEO는 새로운 산업 지형에 대한 명확한 비전을 제시하고 조직 전체가 죽음의 계곡을 빠져나가도록 리더십을 발휘해야 할 소명이 있다. 자기 커리어의 CEO인 당신 역시 명확한 비전을 제시해야 하고 그 비전에 스스로 헌신해야 한다. 둘 다 버거운 일이다. 스스로 질문하고 답하기를 통해 방향의 명확성을 유지하는 것. 한밤중에 문득문득 잠이 깰 정도로 의심이 가득할 때 신념을 지키는 것은 모두 힘든 일이다. 그러나 당신에겐 선택의 여지가 없다. 스스로 행동하지 않으면 피동적으로 끌려다닐 수밖에 없는 상황에 처할 것이다.

한 개인으로서 당신은 하나의 커리어만 가질 수 있다. 그러므로 커리어 변곡점에서 성공 가능성을 극대화하려면 우유부단하지 않고 최고의 집중력과 에너지를 발휘해 변곡점의 주도권을 장악해야 한다.

'커리어 지원 시스템', 경험, 자신감을 예전과 같은 수준으로 재구축하려면 많은 시간이 소요된다는 사실을 인정하고 마음을 단단히 먹어야 한다. 당신이 잃어버릴 '지원 시스템'의 대표적인 예는 고용주가 당신에게 주었던 정체성, 즉 브랜드다. 다른 회사로 옮기든 자신만의 사업을 시작하든, 당신은 기존의 정체성을 떠나보내고 새로운 정체성을 구축해야 한다. 그러기 위해 노력과 시간이 필요할뿐더러 틀림없이 용기를 시험받을 것이다. 그러나 그러는 동안 당신은 자립심과 자신감이란 선물을 얻게 될 것이며, 앞으로도 언제든 불가피하게 닥쳐올 '다음번' 커리어 변곡점에 잘 대처할 역량을 갖출 수 있을 것이다.

뒤돌아보지 말고 새로운 세계로 나아가라

커리어 변곡점을 통과하는 것은 쉬운 과정이 아니다. 수많은 위험이 뒤따르는 일이다. 그러니 당신이 가진 모든 자원을 쏟아부어야 한다. 새로운 세계에 대한 이해, 자신의 커리어를 주도하겠다는 결단, 자신의 스킬을 새로운 세상에 맞도록 조정하는 능력, 변화에 대한 두려움과 불안을 통제하는 의지력이 필요하다.

이것은 마치 새로운 나라로 이민 가는 것과 같다. 익숙한 언어, 문화, 사람이 있고 좋든 나쁘든 어떤 일이 벌어질지 예상 가능한 곳을 떠나는 것과 마찬가지다. 새로운 습관, 새로운 언어, 새로운 위험과 불확실성을 지닌 새로운 땅으로 들어서는 것이다.

이때 뒤를 돌아보고 싶은 충동이 일지 모르지만 아무 쓸모 없는 짓일 뿐이다. 예전에는 이랬는데, 하며 한탄하지 마라. 다시 그렇게 되지 않을 것이다. 새로운 세계에 적응하고, 활발히 활동하는 데 필요한 스킬을 배우고, 업적을 이루는 데 모든 에너지를 쏟아라.

예전의 땅은 이제 제한적인 기회만을 주거나 아예 주지 못한다. 반면에 이 새로운 땅은 모든 리스크를 감수할 만한 가치가 있는 미래를 당신에게 선사할 것이다.

감사의 말

이 책을 써야겠다는 생각은 2가지 경험에서 비롯되었다. 하나는 인텔의 경영자로 일하는 동안 여러 번 '전략적 변곡점'을 겪었던 경험이다. 다른 하나는 스탠퍼드 경영대학원에서 경영 전략 과목을 가르친 경험이다. 그곳에서 나는 학생들의 관점으로 다른 사람의 경험뿐 아니라 내 경험도 되살려야 했다. 전자가 경영 변화에 대한 내적 경험이라면, 후자는 외적 경험이었다.

그렇기에 나는 나와 함께한 인텔의 동료 경영자들과 스탠퍼드 학생들 모두에게 고맙다는 말을 전하고 싶다. 그리고 강좌를 함께 진행한 로버트 버겔먼 교수에게 특별히 감사의 말을 전한다. 그는 사례 연구 강의법에서 멘토가 되어 주었을 뿐 아니라, 많은 생각을 명확히 하고 발전시킬 수 있도록 도와주었다.

더블데이 출판사의 해리엇 루빈Harriet Rubin이 찾아와 설득하지 않았더라면 나는 이런 주제로 책을 쓸 생각조차 하지 못했을 것이다. 그녀의 주제에 관한 이해력, 명료함에 대한 고집, 기본 개념의 정립 노력 덕에 나는 글의 초안을 발전시킬 수 있었다.

책에 인용된 여러 예시의 원천 자료와 참고 자료를 제공해 준 로버트 시걸Robert Siegel에게 감사의 말을 전한다. 그는 예리한 눈으로 많은 오류와 모순을 잡아내 주었다.

내 생각을 책으로 변환하는 기나긴 과정을 함께해 준 캐서린 프레드먼Catherine Fredman에게 특별히 큰 감사를 드리고 싶다. 그녀는 책의 주제를 훌륭히 이해하고 나의 사고 과정을 잘 따라왔으며 놀랄 만한 구성 능력을 보여 주었다. 특히 개인 커리어와 기업 전략 간 유사점에 관한 그녀의 통찰은 아주 유용했다. 또한 그녀의 유머 감각은 거칠고 딱딱한 내용을 부드럽고 생기 있게 만드는 데 도움이 되었다.

마지막으로 누구보다 아내 에바Eva에게 고맙다는 말을 전한다. 그녀는 아내와 어머니라는 두 역할을 소화하며 오랫동안 희생을 감수해야 했음에도 언제나 나를 지지해 주었다. 또한 이 책에 나오는 여러 상황을 기억해 내는 데 도움을 주어 책 내용이 한층 명확해지도록 만들어 주었다.

옮긴이의 말

"인텔의 CEO였던 그로브가 쓴 책을 제가 지금 번역 중입니다. 출판되면 한번 읽어 보십시오. 지금 고민하시는 문제 해결에 도움이 될 겁니다."

자동차 부품 회사를 경영하는 어느 CEO와 만난 자리에서 나는 이 책《편집광만이 살아남는다》를 읽어 보라고 권했다.

그는 내연 기관 자동차에서 전기차로 전환되는 거대한 흐름을 자기네 기업이 어떻게 돌파해 나가면 좋을지를 내게 물었다. 그도 그럴 것이 그 회사에서 생산하는 부품 대부분이 엔진과 관련돼 있기에 전기차가 확산될수록 입지가 좁아질 수밖에 없다. 누가 봐도 딱 '전략적 변곡점'에 놓여 있는 상황이기에 그로브의 경험과 통찰이 녹아 있는 이 책을 권했던 것이다.

하지만 그의 반응은 내 예상을 빗나갔다.

"그 책이 언제 나온 거죠? 90년대 말에 출간된 책 아닙니까? 좋은 책인 건 알지만 나온 지 20년 이상 된 책인데, 좀 그렇지 않나요?"

그는 최신 태블릿 PC를 쓰다가 5.25인치 디스켓을 꽂아 부팅시키는 그 옛날 PC를 업무용으로 사용하라는 말을 들은 사람처럼 나를 쳐다봤다. 고리짝 같은 책이 무슨 도움이 되겠냐는 표정으로.

그동안 경영의 트렌드가 여러 번 바뀌었고, 수많은 경영 기법이 탄생했으며, 숱한 기업이 흥망을 거듭했으니, 1988년에 초판이 나오고 1996년과 1999년에 개정판이 나온 이 책에서 배울 게 있겠냐고 의심하는 건 충분히 이해할 만하다. 386, 486, RISC, OS/2 등 이제는 '정보 기술 역사 박물관'에서나 접할 듯한 사례들은 인공지능과 블록체인을 필두로 4차 산업혁명을 논하는 지금의 '경영 정신'으로는 고색창연하기 그지없으니 말이다.

"인텔을 지금의 위상으로 끌어올리는 데 지대한 역할을 한 사람이니 그의 경영 철학을 참고하시면 도움이 될 겁니다." 나는 이렇게 말하고는 다른 주제로 이야기를 돌렸다. 그런데 아이러니하게도 그의 책상 위에는 그가 읽고 있는 것이 분명한 마키아벨리의 《군주론》이 놓여 있었다. 16세기에 나온 책은 읽으면서 왜 '20~30년밖에 안 된 책'에는 고개를 흔드는지 알다가도 모를 일이었다.

많은 사람이 경영을 매우 '트렌디'한 것으로 착각한다. 기업이 만들어 내는 제품이 발전을 거듭하고, 기술이 고도화하고, 새로운 개념의 사업과 전략이 시장을 뒤바꿔 놓는 일이 자주 발생하다 보니 기업 경영 역시 그러해야 한다고 여긴다. 클라이언트들이 내게 컨설팅과 강의를 의뢰하면서 '최신 사례'를 강조하는 것만 봐도 그렇다. 고민하는 주제와 꼭 맞는 예전 사례를 알려 주면 "그건 너무 옛날 거잖아요. 최신 사례 없나요?" 또는 "그 사례는 이미 알고 있어요. 최근에 발견한 사례 없나요?" 하며 실망하는 눈치다. 나라고 해서 내밀한 사례를 다 알 수는 없는 노릇이고 게다가 외부에 발설하면 법적으로 문제가 되니 실망을 해도 어쩔 수는 없으나 클라이언트를 만족시켜야 한다는 나의 원칙을 위배하는 것 같아 곤혹스럽기만 하다.

그러나 이 책은 '오래된 경영서에서는 배울 게 없다'는 편견을 깨뜨리는 경영의 고전이다. 인문학 열풍에 편승한 《군주론》 등의 고전보다 리더의 실질적 고심에 훨씬 가깝게 다가서서 '전략적 변곡점'을 어떻게 알아차려야 하는지, 그 '죽음의 계곡'을 어떻게 헤쳐 나가야 하는지를 상세하게 일러 준다. 시간이 흘러도 변하지 않을 '경영의 본질적 고민'을 저자 본인의 뼈아픈 실패와 황홀한 성공 경험을 바탕으로 서술한다.

고전의 가치란 '적확한 해답을 전달'하기보다 '나라면 이런 상황에서 이렇게 할 수 있었을까?'라고 자문하고 그 답을 고민하게 만드는 데 있다. 이런 점에서 이 책은 격조 있는 고전이고 앞으로 계속해서 읽혀야 할 명저다.

부정적인 의미로 쓰이는 '편집광'이란 단어가 책 제목으로 등장한 까닭은 그로브 본인이 실제로 편집광적인 면모를 지녔기 때문이다. 지금이야 인터넷이 우리의 생활과 산업의 지평을 완전히 뒤바꿔 놓았다는 것을 알지만, 그로브가 이 책을 쓰던 무렵에는 인터넷이 '전략적 변곡점'일지가 꽤나 아리송했던 모양이다. 9장을 읽어 보면 알겠지만, 그는 거대 기업의 CEO가 정말 그랬을까 싶을 정도로 스스로 자료를 모으고 관련된 사람들을 만나 이야기를 나누는 등 인터넷의 가능성을 면밀하게 분석해 그 결과를 구성원들 앞에서 직접 발표했다. 그 과정에서 그가 보인 행동과 치열한 고민의 흔적을 살펴보는 것만으로도 리더의 역할을 인지하는 데 부족함이 없다. '밑의 사람들'에게 시켜서 보고서를 받으려는 '일반적인' 리더가 이 책을 읽는다면 뒤통수를 한 방 맞는 느낌이 들 것이다. 리더는 미래를 고민하는 사람이다.

리더가 자신의 시간을 어디에 쓰는가가 매우 상징적인 가치를 지닌다는 점, 그것이 구성원들에게 무엇이 중요하고 무엇이 그렇지 않은지를 훨씬 더 강력하게 전달한다는 점, 전략적 변화는 고차원적인 것에서 시작하지 않고 리더의 '일정표'에서 시작한다는 점은 개인적으로 내게 가장 큰 울림을 주는 그로브의 가르침이다. "우리 회사는 '사람'을 가장 중시합니다"라고 말하면서 일정표엔 골프 약속 따위가 가득한 리더가 좀 많은가!

어쩌다가 나는 그로브의 책을 두 권이나 '재번역'했다. 이전 책

《하이 아웃풋 매니지먼트》와 마찬가지로 이 책의 우리말 초판 번역은 엉성했고 오류가 많았기에 재번역에 만전을 기했다. 초판을 읽고 번역의 질에 실망했던 독자라면 이번의 새로운 번역을 통해 그로브가 농축해 낸 '긍정적 편집증'의 정수를 충분히 경험하기를 바란다.

　개인이든 기업이든 '변곡점'은 반드시 한 번 이상은 찾아온다. 그로브의 통찰은 그 험준한 '죽음의 계곡'을 안내하는 한 줄기 빛이 될 것이라고 나는 믿어 의심치 않는다.

2021년 6월
유정식

주

Chapter 1

1 CAGR. *Intel Annual Report*, 1994.

2 *New York Times*, November 24, 1994, p. Dl. *Wall Street Journal*, December 14, 1994, p. Bl.

3 "매킨토시 사용자들의 불만에 대응하기 위해 마이크로소프트는 지난주에 베스트셀러인 워드 프로세서 소프트웨어의 보강판을 출시했다. 마이크로소프트는 이 보강판이 속도 측면에서 향상되었고 여러 확장 시스템과의 충돌도 해결했다고 밝혔다." "Microsoft Fixes Word for Mac", *Computer World*, March 27, 1995, p. 40. "라이벌인 마이크로소프트에 이어 애플도 지난주로 예정된 새로운 운영 체제 발표를 연기했다. 애플의 코플랜드는 예정됐던 1995년 중반이 아니라 1996년 중반쯤에나 출시될 것으로 예상된다." "Microsoft Not Alone: Apple Delays Copland OS Release", *PC Week*, December 26, 1994/January 2, 1995, p. 106. "'우리는 호환성에 문제가 있었음을 유감스럽게 생각하며 사용자들의 요구에 100퍼센트 응할 예정이다'라고 디즈니 인터액티브Disney Interactive의 사장인 스티브 맥베스Steve McBeth가 말했다. '우리는 호환성 문제가 해결될 때까지 멈추지 않을 것'이라고 회사 간부가 말했듯이, 처음부터 프로그램의 문제를 인지한

상태에서 제품을 출시했고 컴퓨터에 문제를 일으킬 가능성이 희박하다고 생각했다." "A Jungle Out There: The Movie Was a Hit, the CD-ROM a Dud", *Wall Street Journal*, January 23, 1995, p. A1. "인튜이트가 세금 계산 프로그램의 3가지 문제를 제거한 무료 온라인 수정판을 지난주부터 배포했다. … 국세청이 부과한 범칙금을 납부하는 것과 함께 해당 소프트웨어로 야기된 어떤 손실에 대해서든 손해 배상을 하기로 결정했다. 인튜이트는 이 버그로 인한 에러율이 매킨택스MacInTax나 터보택스TurboTax 에러율의 1퍼센트에 불과하다고 주장한다." "Intuit Issues Patches for TurboTax and MacInTax", *PC Week*, March 6, 1995, p. 3.

Chapter 2

1 Michael Porter, *Competitive Strategy: Techniques for Analyzing Industries and Competitors* (New York: The Free Press, 1980), pp. 3-4.

2 Adam M. Brandenburger and Barry J. Nalebuff, "The Right Game: Use Game Theory to Shape Strategy," *Harvard Business Review*, July/August 1995, p. 60.

Chapter 3

1 "5년 조금 넘는 기간 안에 거둔 성과에 힘입어 비용이 90퍼센트 정도 감소했다. 이처럼 소비자가 부담하는 비용의 전례 없는 감소율은 기본적으로 표준화의 결과로 나타난 것이다. 앞으로는 가격 대비 성능 비율이 머리끝이 쭈뼛 설 만큼 훨씬 크게 높아질 것이다." Andrew Grove, "The Future of the Computer Industry", *California Management Review*, Vol. 33, No. 1, Fall 1990, p. 149.

2 "현재 컴퓨터 사업은 두 세계 사이에서 고통스러운 전환 과정에 놓여 있다. 느리게 발전하고 고도로 통합된 시스템의 세계에서 급속도로 발전하고 극도로 비용효과적이지만 별로 통합적이지 않은 기술의 새로운 세계로 전환하는 과정에 놓여 있다. … 컴퓨터 산업의 이런 구조는 PC의 표준화로 인해 극적으로 재편되는 중이다." "PCs Trudge Out of the Valley of Death", *Wall Street Journal*, January

18, 1993, p. A10.

3 "몇 년 내에 NCR의 모든 컴퓨터는 1개나 그 이상의 인텔 마이크로칩을 장착할 것
이다. NCR의 독자 설계 메인프레임컴퓨터, 표준 소프트웨어를 구동하지 못하는
장치들은 사라질 것이다." "Rethinking the Computer: With Superchips, the
Network Is the Computer", *Business Week*, November 26, 1990, p. 117.

4 "1985년 오펠Opel이 CEO에서 물러날 때, IBM은 1990년에 1000억 달러, 1994
년에는 1850억 달러의 매출을 전망했다." "The Transformation of IBM", *Harvard Business School Case*, 9-391-073, rev. September 9, 1991, p. 6.

5 "컴팩은 단 5년 만에 매출액 10억 달러라는 위업을 달성한 최초의 기업이 됨으로
써 새로운 기업 역사를 썼다." *Compaq 1988 Annual Report*, p. 3.

6 브라이언 아서는 앨프리드 마셜Alfred Marshall의 1890년 관찰을 인용해 이렇게 말
했다. "시장점유율이 증가할수록 기업의 생산 비용이 하락한다면, 그저 운 좋게 높
은 시장점유율을 일찍 차지한 기업이 경쟁자를 앞설 수 있을 것이다." 아서 교수는
이 이론을 현대적으로 해석한다. "더 많은 사람이 어떤 기술을 받아들이면 그 기술
은 일반적으로 향상된다. 그리고 기업은 더 많은 개발을 진행할 수 있는 경험을 얻
는다. 이러한 인과 관계는 긍정적 피드백의 회로를 형성한다. 즉 더 많은 사람이
어떤 기술을 채용할수록 그 기술은 향상되고 더 매력적이 된다." W. Brian Arthur,
Increasing Returns and Path Dependence in the Economy (Ann Arbor:
University of Michigan Press, 1994), pp. 2, 10.

7 "하지만 IBM의 PC 매출은 메인프레임컴퓨터와 미니컴퓨터의 성장 둔화를 벌
충하지 못했다. 이 성장 둔화는 대부분 PC의 성공으로 벌어진 것이다. 결과적으
로 1984년 이후 IBM의 매출 증가는 평균 6.5퍼센트 수준을 유지했다." "Is the
Computer Business Maturing? New Technology May Not Halt an Erosion
in Growth and Margins", *Business Week*, March 6, 1989, p. 69.

8 "[이 새로운 소프트웨어는] 정보의 창으로 IBM의 Personal System/2 PC를 사
용할 것이다. … [이 PC에는] IBM 독자 운영 체제인 OS/2의 새 버전이나 2년
전 소개된 기본 소프트웨어가 필요하다." "A Bold Move in Mainframes: IBM
Plans to Make Them Key to Networking—And So Restore Its Growth: The
Software That Ties It All Together", *Business Week*, May 29, 1989, pp. 74-75.

9 "IBM은 OS/2 2.0 버전을 IBM 제조 PC를 판매하지 않는 기업들에 개방할 거라고 강조한다. … 자체 범위 너머로 판매를 확장하는 것은 (OS/2 2.0 버전의 개발과 판매를 책임지는) IBM이 자기네 운영 체제에 대한 관심을 높이는 데 도움을 줄 것이다." "IBM Announces OS/2—Again", *System Integration*, June 1991, p. 38.

10 "Personal Computers Worldwide", *Dataquest*, June 26, 1995, p. 90.

11 "델의 뿌리는 텍사스대학교의 작은 기숙사 방까지 거슬러 올라간다. 1984년 대학 1학년일 때 델은 그 지역 소매업체로부터 몇 대의 컴퓨터를 구입해 성능을 향상시켰고 그 PC를 싼 가격으로 사용자에게 직접 판매하기 시작했다. 1년이 못 되어 마이클 델은 직접 관계 마케팅Direct Relationship Marketing 방식을 통해 월 5만 달러의 매출을 올렸다. 그는 대학을 중퇴하고 급성장하는 자신의 PC 회사 경영에 전력투구했다." "The Story of Dell's Success", Dell's Home Page on the World Wide Web, June 9, 1995.

12 *Bear Stearns Analyst Report*, May 26, 1995.

13 "과거에 존재했던 컴퓨터 사업의 경제 모델과 비즈니스 모델이 완전히 변했습니다. 그러므로 우리는 뒤로 물러서 무엇보다 고객에게 실질적인 부가가치가 되지 않는 일은 하면 안 된다고 말해야 합니다. … 따라서 이것은 매우 다른 전략입니다. 경쟁에서 유리한 위치를 점하기 위해 고객의 정보 관리를 도움으로써 고객과 성공적인 파트너십을 만들어야 합니다. 이것이 우리 성공의 원천이 될 겁니다. … 매출 차원에서 본다면 (지금으로부터 5년 후) 매출의 절반 이상이 소프트웨어 서비스에서 나오고 하드웨어에서는 훨씬 적은 매출이 나온다는 사실을 보게 될 겁니다." Interview with Unisys chairman and CEO James Unruh., "Smooth Sailing on an Ink-Black Sea: Unisys Eyes Information Services", *Computer Reseller News*, June 13, 1994, p. 226.

14 "Note on the PC Network Software Industry 1990", *Harvard Business School Case* N9-792-022, rev. September 5, 1991, p. 5.

15 한 예로 다음 책에 나오는 DEC(디지털 이큅먼트 코퍼레이션)의 '레인보Rainbow' 컴퓨터 이야기를 보라. Glenn Rifkin and George Harrar, *The Ultimate Entrepreneur: The Story of Ken Olsen and Digital Equipment Corporation* (Chicago: Contemporary Books, 1983), pp. 203-42.

Chapter 4

1 "매장에서 통합 제품 코드Uniform Product Code의 전자 스캐닝은 1983년 월마트 에서 시작했다. … 전자 스캐닝 그리고 점포와 유통 센터와 아칸소주 벤턴빌 본사 간 커뮤니케이션 향상 요구에 따라 인공위성 시스템에 대한 투자가 이루어졌다. 월마트의 '허브 앤드 스포크Hub-and-Spoke' 2단계 유통망은 월마트 트럭 트랙터 들이 상품을 유통 센터로 이동시키는 것과 함께 시작되었다. 유통 센터에서는 상 품을 다시 월마트 매장으로 이동시키기 위한 분류를 진행했다. 보통 주문 후 48시 간 이내에 이런 일들이 진행되었다." "Wal-Mart Stores, Inc.", *Harvard Business School Case* N9-794-024, rev. April 26, 1994, pp. 6-7.

2 "5만 제곱피트[약 4650제곱미터] 넓이의 매장과 경쟁할 수 있는 소형 지역 상인 은 얼마 되지 않는다. 자신들이 지불하는 도매가보다 저렴한 월마트의 공장도 가 격과 맞서 싸울 수 있는 지역 상인 또한 얼마 되지 않는다. 그 결과 지역 상가엔 빈 곳이 늘기 시작했고 고등학교 앨범의 광고란을 채우고 리틀야구 팀을 후원하는 상점들이 줄어들었다. '월마트가 들어오면 무언가가 반드시 사라진다'라고 미주 리대학교의 지역사회학 교수인 렉스 캠벨Rex Campbell은 지적한다." "How Wal-Mart Hits Main St.: Shopkeepers Find the Nation's No. 3 Retailer Tough to Beat", *U.S. News and World Report*, March 13, 1989, p. 53.

3 "1980년대에 크게 유행했던 전문 유통업체의 전략은 '카테고리 킬러' 전략이었다. 토이저러스를 본 따 스포츠용품, 사무용품, 전자 제품 등처럼 한 종류 제품을 집중 적으로 취급하는 점포들이 그러했다." Sandra S. Vance and Roy V. Scott, *Wal-Mart: A History of Sam Walton's Retail Phenomenon* (New York: Twayne Publishers, 1994), p. 86.

4 "고객 성향을 파악하기 위해 스테이플스는 구매 습관에 대해 많은 정보를 수집했 고 거대한 데이터베이스에 기록해 두었다. … 스테이플스는 이 지식을 활용해 사 무실 밀집 지역처럼 모든 고객에게 편리한 장소를 선정해 새 매장을 연다. … 스 테이플스는 우수 고객이 재방문하도록 하기 위해 모든 노력을 다한다. 고객 정보 가 전부 데이터베이스에 담겨 있기 때문에 스테이플스는 우수 고객에게 특별 할인 가를 제공함으로써 고객 충성도를 높일 수 있다." "How One Red-Hot Retailer Wins Customers Loyalty", *Fortune*, July 10, 1995, p. 74.

5 "반스 앤드 노블Barnes & Noble, B&N 서점은 테터드 커버Tattered Cover 서점으로부터 2마일[약 3킬로미터]도 안 떨어진 곳에 지난가을 3만 5000제곱피트[약 3250제곱미터] 넓이에 12만 5000권을 보유한 매장을 포함해 모두 6개 매장을 열었다. ... 테터드 커버는 이에 맞서기 위해 영업 시간을 연장하고 커피숍을 열었으며 덴버 시내에 7500제곱피트[약 700제곱미터]의 분점을 열었다. 다음 달 테터드 커버는 덴버시의 우아한 쇼핑 센터인 체리 크릭Cherry Creek 인근의 플래그십 매장 맨 위층에 레스토랑을 열 계획이다. 하지만 지금까지 할인 판매 계획은 없다." "Chain-store Massacre in Bookland?", *Business Week*, February 27, 1995, p. 20D.

6 "겨우 2년 전에 캐논Canon으로부터 1억 달러의 자금을 수혈받은 회사가 다시 자금 위기에 빠졌다." Randall E. Stross, *Steve Jobs and the Next Big Thing* (New Yor: Atheneum, 1993), p. 301.

7 "몇 년 동안 하드웨어에 사로잡혀 있던 37세의 잡스는 넥스트의 보석은 맵시 있는 컴퓨터가 아니라 운영 체제와 그에 따라오는 소프트웨어라는 점을 이제 알아차렸다. ... 그래서 지금 잡스는 넥스트를 다른 회사의 컴퓨터에서 돌아가는 소프트웨어 제조사로 변모시키기 위해 대담하고 필사적인 조치를 취하고 있다." "Steve Jobs' Next Big Gamble", *Fortune*, February 8, 1993, pp. 99-100.

8 "1931년 초에 그는 언론을 향해 몇 가지 의견을 제시했다. '내 생각에 유성영화는 6개월 후에 사라질 것이다. 기껏해야 1년일 것이다. 그 후엔 완전히 없어질 것이다.' 3개월 후인 1931년 5월 그는 자신의 의견을 조금 바꿨다. '대화 장면은 코미디 영화에 한 자리를 차지할 수도 그렇지 않을 수도 있다. ... 단지 내가 제작하는 코미디 영화에는 대화 장면이 들어가지 않는다는 것이다. ... 영화에서 대화를 한다는 건 나에겐 있을 수 없는 일임을 나는 잘 안다.'" David Robinson, *Chaplin: His Life and Art* (New York: McGraw Hill, 1985), p. 465.

9 Barry Paris, *Garbo: A Biography* (New York: Alfred A. Knopf, 1995), p. 194.

10 "기존 시스템은 결국 화물 취급 요금의 지속적 인상을 불러왔다. ... 1870년대 물가 기준으로 볼 때 1870년에서 1975년 사이 선적료는 16배 인상되었다." *The Shipping Revolution: The Modern Merchant Ship*, Conway's History of the Ship (London: Conway Maritime Press, 1992), p. 42-43.

11 "1959년 시애틀항은 당연한 사실을 주장하는, 셀 수 없이 많은 논평의 주제가 되었다. 바로 시애틀항이 죽어 간다는 것이었다. 이에 시애틀항은 새로운 길로 진로를 변경함으로써 전국에서 가장 활기찬 항구가 되었다. 의심의 여지 없이 앞서가는 이 오클랜드 북쪽에 위치한 항구는 세계에서 여섯 번째로 분주한 항구가 되었다." Padraic Burke and Dick Paetzke, *Pioneers and Partnerships: A History of the Port of Seattle* (Port of Seattle, 1995), p. 85. "지난 5년간 세계에서 가장 붐비는 항구인 싱가포르는 이제 세계에서 가장 분주한 컨테이너항으로서 홍콩을 능가했다." "New Hub in Southeast Asia", *American Shipper*, June 1991, p. 93. "더 넓은 면적을 보유하고 고속도로와 철도 접근성이 좋고 현대식 시설을 갖춘 뉴저지항으로 인해 뉴욕의 해상 터미널은 1960년대 이후로 서서히 위상을 잃어 갔다. 맨해튼, 브루클린, 스태튼아일랜드에 있는 국영 터미널들은 지난 2년간 연 4000만 달러의 적자를 기록해 회복 가능성이 희박해 보인다." "Questioning the Viability of New York in Shipping", *New York Times*, August 30, 1995, p. A16.

12 "샌프란시스코의 교역량은 시애틀항이나 LA항의 10퍼센트에도 미치지 못한다. 이런 조짐은 컨테이너화된 화물이 출현한 30년 전부터 시작되었다. 화물을 규격화된 크기의 철제 컨테이너에 실어 트럭이나 철도로 쉽게 운송하게 되자 잔교 finger pier는 쓸모가 없어졌고 샌프란시스코는 해운업의 무덤이 되었다. … 1960년대에 선박 수리 사업으로 2만 명의 사람들을 고용했지만, 이제는 500명도 안 되는 사람들이 드라이독dry-dock을 운영 중이다." "Past and Future Collide on San Francisco's Waterfront", *New York Times*, February 10, 1995, p. A8.

13 "인텔의 80x86 마이크로프로세서를 기반으로 한 NCR의 시스템 3000 라인은 포터블 컴퓨터와 펜 기반 컴퓨터에서부터 데스크톱 PC와 워크스테이션, 서버와 메인프레임컴퓨터, 병렬 프로세서 컴퓨터까지 아우른다." "NCR/AT&T: One Era Ends… Another Begins", *Electronic Business*, May 1993, p. 37. "휴렛팩커드는 한때 PC 사업에서 존재감이 없었지만, 지금은 시장 리더인 컴팩보다 빠르게 성장하고 있다." "Hewlett-Packard: The Next PC Power", *Fortune*, May 1, 1995, p. 20.

14 Rifkin and Harrar, *The Ultimate Entrepreneur*, p. 242.

15 "1962년 말 DEC는 획기적인 주문을 따냈다. 인터내셔널 텔레폰 앤드 텔레그래프 International Telephone and Telegraph가 메시지 교환 시스템을 제어하기 위해 15대의 PDP-1을 구입한 것이다. 이 주문은 DEC에 자신감과 일반 사용자용 시스템 공급자가 될 수 있는 재정적 여유를 가져다주었다." Ibid., p. 44.

16 "IBM의 임원들은 미흡한 재무 성과가 자신들의 통제 범위를 벗어난 요소 때문이라고 평계를 댔다. 에이커스Akers에 따르면 그중 가장 큰 이유는 세제 개혁으로 인해 미국의 자본 지출 패턴이 무너졌기 때문이라고 한다." "Computers: When Will the Slump End?", *Business Week*, April 21, 1986, p. 63. "우리는 놀라운 생산 라인을 가지고 있습니다. … 그리고 우리는 고객의 결정을 지연시키는 경제 환경에 놓여 있습니다. 그런 환경이 영원히 지속되지는 못할 겁니다." Interview with John Akers, *Fortune*, July 15, 1991, p. 43.

17 "2년 전에 다니던 회사를 그만둔 슈퍼컴퓨터 설계자 스티브 천은 한때 자신이 손가락질했던 기술적 접근법을 수용하는 새로운 회사를 차려 다시 등장했다." "Supercomputing's Steve Chen Resurfaces in New Firm", *Reuters*, June 27, 1995.

18 "좋은 회사에 나쁜 일이 발생하는 이유에는 3가지가 있다. 회사가 시장을 떠나거나, 시장이 회사를 떠나거나, 아니면 둘 다 동시에 서로를 떠나기 때문이다." Richard S. Tedlow in a seminar at Intel, October 7, 1993.

19 "11~17세 청소년 중 63퍼센트는 독서보다 컴퓨터를 하겠다고 답했다. 59퍼센트는 TV를 시청하기보다 컴퓨터를 하겠다고 답했다." *San Jose Mercury News*, April 10, 1995, p. 1A.

20 "시장점유율이 수익성의 핵심이었던 산업 구조에서, 1921년 미국에서 판매된 자동차 2대 중 1대는 모델 T였다." Richard S. Tedlow, *New and Improved: The Story of Mass Marketing in America* (New York: Basic Books, 1990), p. 150.

21 "새로운 모델의 변화는 새로운 가치를 창조하기 위해 참신하고 매력적이어야 한다. 말하자면 과거 모델이 새 모델에 비해 크게 불만족스럽다는 점을 부각시켜야 한다." Alfred Sloan, quoted, Ibid., p. 168.

22 "GM은 1920년대에 이익률과 시장점유율에서 포드를 능가했고, 1925년부터

1986년까지 매년 포드보다 높은 이익을 달성했다." Ibid., p. 171.

23 "산업의 쇠퇴가 명확한 상황에서 슈퍼컴퓨터 산업의 아버지이자 개척자인 크레이는 금요일에 자신의 회사 크레이 컴퓨터가 2000만 달러의 추가 운전 자금을 조달하는 데 실패해 파산 보호 신청을 고려 중이라고 말했다." *San Jose Mercury News*, March 25, 1995, p. 2D.

24 "비용 급증으로 침체기를 맞은 델타 항공사는 마케팅 비용 중 4억 달러를 절감하기로 했고, 1997년까지 총 20억 달러를 줄이기로 결정했다. '이 계획을 수립하기까지 엄청난 용기가 필요했습니다'라고 델타의 영업 담당 부사장인 빈센트 카미니티Vincent F. Caminiti가 말했다." "Delta Caps Its Commission on Ticket Sales: End of Fixed 10% Fee Aims to Cut Costs but Risks Angering Travel Agents", *Wall Street Journal*, February 10, 1995, p. A2.

25 "미국에서 규모가 가장 큰 여행사 아메리칸 익스프레스 트래블American Express Travel은 300달러 이하 국내 항공권에 별도 요금 20달러를 부과할 것이고 크루즈 여행이나 패키지 관광 상품에는 그 요금을 공제하겠다고 지난주에 밝혔다. 2위 여행사인 칼슨 왜건릿Carlson Wagonlit은 혼자 여행하고 다른 서비스를 예약하지 않은 '처음 이용 고객'에게 15퍼센트의 별도 요금을 부과하겠다고 말했다." "Coffee, Tea and Fees", *Time*, February 27, 1995, p. 47.

26 "미국여행사협회는 2만 5000여 개 회원사 중 1만 개 여행사가 퇴출될 가능성이 있다고 예상했다." Ibid., p. 47.

27 James Harvey Young, *Pure Food: Securing the Federal Food and Drugs Act of 1906* (Princeton, NJ: Princeton University Press, 1989).

28 "카터폰Carterfone 판결로 알려진 획기적 결정을 통해 1968년 연방통신위원회는 단말기 장비 시장이 AT&T 외의 기업들에 개방되어야 한다는 정책을 처음으로 발표했다. … 연방통신위원회는 자동 응답기, 이동 전화기와 같은 새로운 통신 장비를 만드는 독립 기업들에 과거에는 금지되었던 AT&T의 전화 교환 네트워크와 상호 연결을 허용해야 한다고 결정했다. 그리하여 갑자기 전화 사용자들은 AT&T 장비가 아닌 다른 장비를 구입해도 집이나 사무실에서 전화선에 연결할 수 있게 되었다." Steve Coll, *The Deal of the Century: The Breakup of AT&T* (New York: Atheneum, 1986), pp. 10-11.

29 "1974년 3월 6일 MCI는 독점금지법에 근거해 AT&T를 상대로 수억 달러의 손해 배상 청구 소송을 제기했다. … 1974년 11월 20일 수요일, 펜실베이니아 검찰청 건물 5층에서 AT&T 사건 처리를 위해 검찰총장이 독점금지부 소속 검사들과 만났다. 11시가 되기 전 AT&T의 변호사들이 도착했다. AT&T 측 수석 변호사가 AT&T를 변호하는 진술을 시작했다. 그는 파이프 담배를 뻐끔거리며 검찰총장에게 말했다. '진술을 시작하기 전에 이 사건에 대한 당신의 생각을 알고 싶습니다.' … 검찰총장이 대답했다. '당신들을 상대로 제소할 생각이오.'" Ibid., pp. 52, 65, 67-68.

30 "1974년에 미국 정부는 또다시 AT&T를 상대로 제소했다. … 거의 8년이라는 긴 공방 끝에 1982년 1월 이 소송은 동의 판결로 해결되었다. AT&T는 22개 전화 회사로 분리되는 대신 웨스턴 일렉트릭Western Electric, 벨 연구소Bell Labs, 장거리 통신 부문을 보유하기로 동의했다. … 그린 판사는 후에 최종 수정 판결을 내렸다. … 수정 판결 아래 22개 벨 전화 회사들은 7개 지역 지주회사로 재편되었다." "AT&T and the Regional Bell Holding Companies", *Harvard Business School Case* N2-388-078, rev. March, 1989, pp. 3-4.

31 Arsen Darney and Marlita Reddy, *Share Reporter: An Annual Compilation of Reported Market Share Data on Companies, Products and Services*, Table. 1216, p. 318.

32 U.S. Department of Commerce, *Statistical Abstract of the United States 1994*, issued September 1994, Washington, D.C. Table 882, p. 567.

33 "좀머 씨는 글로벌 비즈니스에 대한 비전과 소비자용 전자 제품의 열띤 경쟁에서 살아남을 감각을 도이체 텔레콤에 가져다줄 것으로 기대된다." "Deutsche Telekom Picks Ron Sommer as Its Chairman", *Wall Street Journal*, March 30, 1995, p. B4.

34 AT&T의 분할 후 1983년 12월 AT&T와 각 분할 회사들의 시장 가치는 600억 달러로 추산되었다. *Capital International Perspective* (Capital International S.A., Geneva, Switzerland), January 1984, pp. 330-332. 1995년 그들의 시장 가치는 약 2400억 달러였다. *The Red Heering*, September 1995, pp. 110, 112.

Chapter 5

1 Andrew S. Grove, "The Future of the Computer Industry", *California Management Review*, Vol. 33, No. 1, Fall 1990, p. 153.

2 "디램 책임자는 이렇게 말하곤 했다. '이 방식으로 우리는 표준 디램의 2배(2X) 가격을 받을 수 있겠지만, 유감스럽게도 우리는 그 'X'를 탐탁해하지 않았습니다'" "Implementing the DRAM Decision", *Graduate School of Business*, Stanford University, PS-BP-256B, 1991, p. 1.

3 다음 문구의 변천에 주목하라. "인텔은 OEM(주문자 상표 부착 생산) 업체들이 자신들의 시스템을 구축하기 위해 사용하는 기초 제품을 생산하는 업체다." *1985 Intel Annual Report*, p. 4. "인텔은 OEM 업체들을 위해 반도체 부품과 그와 관련된 싱글보드컴퓨터, 마이크로컴퓨터 시스템, 소프트웨어를 설계하고 생산한다." *1986 Intel Annual Report*, p. 4. "우리 회사는 처음에 메인프레임컴퓨터와 미니컴퓨터를 위한 반도체 메모리 공급자로 번창했다. 하지만 시간이 흐르면서 경쟁에 직면했고 인텔은 변했다. 마이크로컴퓨터는 현재 가장 크고 가장 빠르게 성장하는 컴퓨터 세그먼트다. 그리고 인텔은 이 마이크로컴퓨터 시장을 리드하는 공급자다." *1987 Intel Annual Report*, p. 4.

Chapter 6

1 "무엇보다 우리는 그것을 80486에 대한 코프로세서coprocessor로 포지셔닝했고 그런 기반이 알맞을 것이라고 확신했다. 우리는 그것을 독립적stand-alone 프로세서로 설계했지만, 486을 위한 액세서리로 아주 유용했다." Comments of Intel designer Les Kohn, "Intel Corporation: Strategy for the 1990s", *Graduate School of Business, Stanford University*, PS-BP-256C, 1991, p. 9.

2 "많은 비즈니스용 애플리케이션에서 CISC는 속도가 더 빠르고 더 저렴하다." "The Reality of RISC", *Computer World*, March 22, 1993, p. 72.; "RISC가 CISC보다 훨씬 월등한 성능을 나타낸다는 초기 광고는 그저 희망 사항에 불과했음이 이제 분명해졌습니다." Open letter from Michael Slater to the heads of IBM, Motorola and Apple, *OEM Magazine*, July/August 1995, p. 24.

3 "프랑스 경제학자 장-바티스트 세J. B. Say는 1800년 즈음에 '기업가는 경제 자원을 낮은 생산성을 보이는 영역에서 높은 생산성을 나타내는 영역으로 이동시킨다'라고 말했다." Peter Drucker, *Innovation and Entrepreneurship: Practice and Principles* (Bungay, Suffolk: William Heinemann Ltd., 1985), p. 19.

4 "찬사는커녕 뉴턴은 게리 트루도Gary Trudeau의 만화 《둔스베리Doonesbury》에 나오는 농담거리가 되고 말았다." "What Apple Learned from the Newton", *Business Week*, November 22, 1993, p. 110.

5 W. Edwards Deming, *Out of the Crisis* (Cambridge: MIT Center for Advanced Engineering Study, 1988).

6 "우리 같은 사업을 하는 기업은 기존 산업에서 사용하는 것과 다른 경영 프로세스를 채용해야 한다. 만약 CEO가 모든 결정을 내리도록 한다면 그 결정들은 최신 기술을 잘 알지 못하는 사람들이 내린 것이다. … 우리 사업은 생존을 위해 반드시 알아야 하는 것에 의존한다. 그렇기에 우리는 지식 수준이 높은 사람들과 조직 관리력이 뛰어난 사람들이 매일 함께 어울리도록 한다. 그렇게 함으로써 그들이 앞으로 몇 년 동안 우리에게 영향을 미칠 결정을 내리도록 한다. 우리 인텔은 조직의 젊은 구성원들에게 고위 관리자들과 함께하는 의사 결정 회의에 참여하도록 자주 독려한다. 회의 참석자 모두가 지위 고하를 신경 쓰지 않아야 자신의 의견과 믿음을 드러낼 수 있다. 그리고 조직이 리무진, 호화 사무실, 개인용 식당 등으로 고위직과 일반 직원을 차별하지 않을 때 이 일은 훨씬 쉽게 이루어진다." Andrew S. Grove, "My Turn: Breaking the Chains of Command", *Newsweek*, October 3, 1983, p. 23.

Chapter 7

1 Elisabeth Kübler-Ross, *On Death and Dying* (New York: Macmillan, 1969).

2 "미국의 최대 임원 리크루팅 기업인 러셀 레이놀즈 어소시에이츠Russell Reynolds Associates의 부회장 퍼디낸드 내드허니Ferdinand Nadherny는 '많은 경우 CEO의 감정적 유대감은 지나치게 강합니다'라고 말한다. … 몇 년간 들쭉날쭉한 매출을 보이다가 1991년에 불황이 테네코Tenneco 사를 덮치자 이사회는 자만에 빠진 수

장 제임스 케텔슨James L. Ketelsen을 해고할 때라고 결정했다. 한 이사는 '마이클 월시Michael H. Walsh는 명확한 안목을 지녔습니다. 구태의연한 사내 정치가 그의 의지를 꺾어 놓진 못했죠"라고 설명했다." "Tough Times, Tough Bosses", *Business Week*, November 25, 1991, pp. 174-175.

3 이 현상에 대해 더 자세히 알고 싶다면 다음을 참조하라. Robert A. Burgelman and Andrew S. Grove, "Strategic Dissonance", *California Management Review*, Vol. 38, No. 2, Winter 1996, pp. 1-20. 나는 또한 인지 부조화cognitive dissonance 개념을 참조했다. "기존의 지식, 견해, 행위 인식과 순간적으로 불일치하는 새로운 사건이 발생하거나 그런 새로운 사건을 알게 될 수 있다. … 그렇다면 사람이 행동을 바꾸기 어렵게 만드는 상황은 무엇일까? 그것은 1. 변화가 고통스럽거나 손실을 동반할 수 있다는 점 … 2. 현재 행동이 어쨌든 만족스럽다는 점 … 3. 변화하는 것이 그저 불가능할 수 있다는 점이다." Leon Festinger, *A Theory of Cognitive Dissonance* (Evanton, IL: Row, Peterson and Company, 1957), pp. 4, 25-27.

4 "6개월간 계속된 매출, 이익, 시장점유율 하락으로부터 회사를 구하기 위한 논쟁을 몇 주간 벌인 끝에 … 컴팩의 회장 벤저민 로즌Benjamin M. Rosen이 문제 해결에 개입했다." "Compaq's New Boss Doesn't Even Have Time to Wince". *Business Week*, November 11, 1991, p. 41.

5 하버드 경영대학원 앨프리드 챈들러Alfred D. Chandler 교수는 자신의 책에서, 많은 산업이 규모와 범위가 핵심인 모델에 적응해 왔음을 보여 주었다. 이러한 역사적 사례들은 우리가 무엇을 해야 하는지 이해하는 데 도움을 주었다. Alfred D. Chandler, *Scale and Scope* (Cambridge, MA: Belknap Press, 1990).

Chapter 8

1 "로터스를 애플리케이션(응용 소프트웨어)의 선두 공급업체 위치로 끌어올림으로써 우리는 관련 동반 제품과 보완 제품의 다채로운 라인을 개발하는 노력을 계속하고 있다." *Lotus 1985 Annual Report*, p. 11.

2 "1991년은 로터스에 전환의 해라고 표현하고 싶다. … 하지만 우리 고객의 세계,

즉 개인 사용자의 세계에는 더 넓은 지평이 열려 있다. 이렇게 더 넓어진 세상에서 사용자들은 네트워크와 네트워크화된 애플리케이션에 연결되어 컴퓨터, 정보, 업무 자체를 공유한다. 우리는 노츠라는, 기업의 사업 방식을 변화시키는 획기적인 협업 컴퓨팅 제품을 보유하고 있다." *Lotus 1991 Annual Report*, pp. 2, 4, 5.

3 Peter Drucker, *Innovation and Entrepreneurship: Practice and Principles*, p. 19.

4 Gary Hamel and C. K. Prahalad, "Competing for the Future", *Harvard Business Review*, July-August 1994, pp. 122-128.

5 "바보가 말했다. '모든 계란을 한 바구니에 담지 마라.' 이것은 이런 말에 불과하다. '재물과 관심을 분산시켜라.' 반면에 현명한 사람은 이렇게 말했다. '모든 계란을 한 바구니에 담아라. 그리고 그 바구니를 잘 지켜라.'" Mark Twain, *Puddin'head Wilson* (New York: Penguin Books, 1986), p. 163. First published in 1894.

6 "인텔과 휴렛팩커드는 지난주 차세대 마이크로프로세서 기술 개발에 대한 광범위한 파트너십을 발표함으로써 컴퓨터 산업의 중심을 뒤흔들어 놓았다." "Intel-HP Agreement Alters CPU Landscape", *PC Week*, June 13, 1994, p. 1.

7 "왕은 그저 그런 기술의 마법사가 아니었다. 처음부터 그는 사업의 모든 분야에 관여하며 조직을 성장시켰고 경영 시스템은 다방면의 지식을 탐닉하는 그에게 완벽하게 맞도록 설계되었다. '왕 박사는 모든 것에 관여했습니다. 그는 엔지니어링 부서에 들러 그곳 수석 엔지니어의 칠판에 자신이 원하는 것을 그리곤 했어요. 왕 박사가 원하는 건 곧바로 설계도가 되었죠'라고 전직 엔지니어는 말한다." "The Fall of the House of Wang", *Business Month*, February 1990, p. 24.

8 "1988년에 매출 30억 달러라는 정점을 찍은 후, 왕은 PC 산업의 발전으로 독립된 형태의 워드 프로세서 기기 시장이 붕괴하자 어려운 시기에 봉착했다. … '그들은 PC 산업을 완전히 잘못 이해한 나머지 엄청난 대가를 치러야 했습니다'라고 페인 웨버Paine Webber Inc.의 애널리스트인 스티븐 스미스Stephen Smith는 말했다." "Wang Files for Chapter 11, Plans to Let Go 5,000", *Computer Reseller News*, August 24, 1992, p. 10.

9 이 주제는 다음을 참조하라. Robert A. Burgelman, "Intraorganizational Ecology of Strategy-making and Organizational Adaptation: Theory and

Field Research", *Organization Science*, Vol. 2, No. 3, August 1991. Robert A. Burgelman, "Fading Memories: A Process Theory of Strategic Business Exit in Dynamic Environment", *Administrative Science Quarterly*, No. 139, 1994.

10 "진정으로 이로운 건 … 실무 지식을 가진 사람들과 권한이 높은 사람들을 한 팀으로 만들어 양측 모두의 관심을 충족시키는 최고의 해결책을 마련하는 것이다." Andrew S. Grove, "My Turn: Breaking the Chains of Command", *Newsweek*, October 3, 1983, p. 23.

11 "조직이란 모든 것에 대해 매번 모두 동의하는 구성원들로 굴러가지 않는다. 조직은 사업 결정과 추진을 지지하는 사람들에 의해 굴러간다." Andrew S. Grove, *High Output Management* (New York: Random House, 1983), p. 91.

12 *Hewlett-Packard 1994 Annual Report*, p. 44.

13 AT&T의 분할 후 1983년 12월 AT&T와 각 분할 회사들의 시장 가치는 600억 달러로 추산되었다. *Capital International Perspective* (Capital International S.A., Geneva, Switzerland), January 1984, pp. 330-332. 1995년 그들의 시장 가치는 약 2400억 달러였다. *The Red Heering*, September 1995, pp. 110, 112.

Chapter 9

1 *Bloomburg Business News*.

2 "컨설턴트이자 캘리포니아 멘로파크에 있는 미래연구소Institute for the Future의 연구원 폴 새포Paul Saffo는 'IT 산업 전체를 휘젓는 창조적 파괴의 강풍이 불고 있다. 그 강풍의 진원지는 바로 인터넷이다'라고 말했다." "Whose Internet Is It Anyway?" *Fortune*, December 11, 1995, p. 121.

3 Joshua Eddings, *How the Internet Works* (San Francisco: Ziff Davis Press, 1994).

4 "인터넷을 통한 개인 통신은 5~6년 내에 전화를 능가할 것이다. 전화 사업자들은 온라인 사업에 매우 큰 관심을 보일 것이다. … 개인 통신에서 전화의 중요성은 팩스가 텔렉스를 대체했듯이 감소할 것이다." *Reuter*, February 1, 1996.

5 "작은 1인 상점부터 명성이 자자한 실리콘 밸리 인사를 고용한 스타트업에 이르기까지 인터넷은 새로운 웹 소프트웨어 기업들로 바글거리고 있다. 대부분은 기존 소프트웨어 시장에서는 가망이 없을 것이다. 그러나 인터넷은 그 어떤 소프트웨어 업체도 차지하지 못한 미개척지를 제공하고 있다." "The Software Revolution: The Internet Changes Everything", *Business Week*, December 4, 1995, p. 82. "최근까지는 소프트웨어를 유통시키려면 기존의 소매 채널 또는 대형 유통업체에 돈을 지불하고 해야 했습니다. 인터넷을 통하면 이러한 중간 유통 메커니즘을 따를 필요가 없습니다. 그러므로 어떤 유형의 지적 재산이든(소프트웨어, 사진, 영화, CD 등 비트로 되어 있는 것이라면 무엇이든) 저비용으로 유통하는 채널이 될 수 있다는 점, 이것이 인터넷의 가장 혁명적인 측면 중 하나입니다." Interview with Jim Clark, *The Red Herring*, November, 1995, p. 70.

6 "컴퓨터 산업에서는 두 시대를 연달아 앞서 나갔던 기업은 없습니다. 그래서 기업으로서 마이크로소프트 또는 개인으로서 폴과 나[빌 게이츠]는 지난 역사를 거역하고 우리의 리더십을 PC 시대에서 새로운 통신 시대로 이끌어 가려고 노력하고 있어요. 비록 가능성은 우리에게 불리하지만 그렇기에 매우 재미있고 도전적인 일이죠." "Bill Gates and Paul Allen Talk", *Fortune*, October 2, 1995, p. 82.

7 "아셰트 필리파키Hachette Filipacchi는 GM과 새로운 미디어 계약을 맺었다고 말했다." "Hachette Entangles GM in Web for '96", *Wall Street Journal*, November 30, 1995, p. B6.

8 1995년 전 세계 광고비 지출액은 3457억 달러로 추산된다. *Standard and Poor's Industry Surveys*, October 1995, Vol. 2, New York, p. M15.

9 "이 기기는 이메일을 보내고 인터넷 서핑을 하고 워드 프로세서를 이용하는 등 PC에서 가장 많이 사용하는 기능을 저렴한 가격으로 제공한다. 하지만 한계가 있다. PC보다 성능이 떨어지고 CD-ROM을 장착할 슬롯이 없다." "Ellison's 'Magic Box'", *San Francisco Chronicle*, November 16, 1995, p. B1. "애플리케이션이 인터넷으로 저장되고 유통되면 데스크톱용 애플리케이션의 시대는 끝난다. … 《업사이드Upside》지는 웹이 '현재의 소프트웨어 산업을 한물간 구닥다리로 만드는 완전한 소프트웨어의 표준'이라고 극찬했다." "Dubious Extinction", *PC Week Inside*, November 13, 1995, p. A14.

찾아보기